JIYU ZHISHIGUAN DE
DAXUE HEXIN JINGZHENGLI YANJIU

基于知识观的大学核心竞争力研究

毛亚庆/吴合文 著

教育科学出版社
·北京·

序

这本专著是在全国哲学社会科学国家级课题(教育学)——基于核心竞争力构建的我国大学发展研究——结题成果的基础上,根据出版的需要作了适当修改而成的。它所关注的问题是市场竞争条件下我国高等教育战略发展的问题。

新中国成立后,我国高等教育运行在以行政约束为主的制度环境,这种以国家集中计划,政府直接管理的制度安排,使高等学校办学的主体是国家及教育主管部门,高等学校隶属于政府,高等学校的建立、经费来源、专业设置、招生计划、教学过程、科学研究、毕业分配、基本建设、后勤服务等方面,都遵循国家或主管部门的指令办事,形成了一种以单一的行政配置机制为主要内涵的运行机制。这种集中控制的制度适应当时我国政治经济发展的需求,但随着时间的推移,特别是改革开放后,这种集中控制的制度安排使高等教育在发展过程中呈现出创新乏力的倾向,长此下去,其必然导致整个高等教育效率的低下。

由于缺乏自主选择的权利,就使得诸多高等学校都缺乏自我发展,自我约束的发展机制,这也意味着这种集中控制的制度下不存在不同效率水平的高等学校之间的竞争以及与这种竞争相联系的筛选机制。因此,整个高等教育自行的制度创新的尝试欲望普遍缺失,创新的机会随之渺茫。为适应社会发展所需要的制度调整通常难以实现,高等教育所呈现的制度僵化以及由此导致的效率低下也就在所难免。因此,长期以来,与高度集中控制相适应的我国高等教育虽然在一定历史时期曾发挥过重要作用,但是它的弊端同它曾经发挥过的作用一样突出,它使国家及其教育主管部门集举办者、管理者、办学者于一身,高等学校完全成为了政府的附属物,只能按照政府的指令办事,政府可以直接指挥学校的教学、科研,高校就失去了面向社会自主办学的活力。

随着改革开放的进行,特别是市场经济在我国的逐步确立,人们逐步认识到我国高等教育在制度安排上的弊端。1985年,中共中央做出了《关于教育体制改革的决定》,明确指出了我国原有高教体制的弊端之一,就是"在教育事业管理权限的划分上,政府有关部门对学校主要是对高等学校统得过死,使学校缺乏应有的活力;而政府应该加以管理的事情,又没有很好地管起来。"第一次明确地提出了"扩大高等学校的办学自主权"。此后,随着建立社会主义市场经济体制的改革目标的确立,我国高等教育的发展进入了新阶段。1993年,《中国教育改革和发展纲要》(以下简称《纲要》)的发表,为高等教育改革奠定了基础,指明了具体发展道路。这就是"在政府与学校的关系上,要按照政事分开的原则,通过立法,明确高等学校的权利和义务,使高等学校真正成为面向社会自主办学的法人实体。……学校要善于行使自己的权力,承担应负的责任,建立起主动适应经济建设和社会发展需要的自我发展、自我约束的运行机制"。《纲要》为高等教育的自主发展奠定了基础,也标志着为适应市场经济体制而建立的具有自我定向、自主运动、自我发展和自我约束的高等教育发展的机制开始启动。它的启动就要求高等学校成为独立的利益主体,以"教育规律+利益法则"作为其运行的基础进行自主性的办学。

高等教育运行机制的转换,使高等学校转而对其运作所依赖的环境变化以及自身运行的结果更为关心。在这样的背景下,高等学校如何制定基于自身资源基础上应对外在环境变化的发展战略,从而使高等学校在市场化的过程中谋求自身发展的一席之地,也就成为高等学校的管理者以及高等教育的研究者应该关注的问题。竞争这一远离我国高等教育发展的运行机制从20世纪80年代中期开始进入高校管理者和研究者的视野,我国社会主义市场经济改革的不断深化,导致中国高等教育领域里的竞争愈演愈烈。竞争机制、效益观念、企业化经营以及顾客导向的服务意识等市场因素对高等教育的发展产生的作用越来越明显,因此,高等学校在面临日益激烈的竞争的情况下,如何制定自己的发展战略也就被提上了大学发展的议事日程。

大学发展战略的实质是大学面对激烈的市场竞争,如何开发自身的竞争优势,从而使大学基于在管理能力、学科发展、研究能力、组织文化以及市场营销等自身具有独特资源的基础上不断组合自身要素和调适自身的结构,以适应和引导外在环境变化对高等学校提出要求的持续能力和平衡能力。因此寻求在管理能力、学科发展、研究能力、组织文化以及市场营销等方面的竞争优势也就成为了大学在发展过程中如何进行战略定位的关键。从这个意义上来说,大学发展战略就是对竞争力的一种有效的管理,是一种开发竞争优势的精密计划,是一种不断适应环境变化以保持与外在环境之间平衡的能力。

竞争所具有的残酷性决定了高等学校都力图在激烈的市场竞争中倾力追求一种竞争优势,而高等学校竞争优势的获取很重要地依赖于高等学校拥有什么样的核心竞争力。在面对竞争的时候,大学需要塑造基于自身知识基础上的核心竞争力,这种核心竞争力就是大学以技术能力为核心,通过对战略决策、科学研究、成果产业化,课程设置与讲授、人力资源开发、组织管理等的整合或通过其中某一要素的效用凸显而使学校获得持续竞争优势的能力。

同时,随着中国成为世贸组织的成员国以后,根据WTO《服务贸易总协定》的规定,各成员国必须逐步开放服务市场,高等教育作为服务贸易的范畴,国外的组织和个人可以参与中国高教市场的争夺。这从客观上对我国高等教育的质量和效益提出了挑战,中国高校与国际之间的竞争态势已不可避免,中国高校如何在全球化的竞争中获得持久的优势并进行明晰的定位,构建和提升大学自身的核心竞争力就成了一种必然的选择。

因此,基于这样的背景,如何培育和增强我国大学的核心竞争力,使我国大学在国内把竞争的焦点放在大学核心竞争力的构建上,从而提高我国大学的整体实力,实现教育资源的优化配置;同时,在国际范围的竞争中能够进行自我的定位,具有自己的竞争实力,因此,这项研究就显得具有时代意义。

本专著主要就以下几个方面对我国大学基于核心竞争力的战略建构进行了探讨:大学核心竞争力内涵及构成要素;大学核心竞争力的生成与影响发展的内外因素;大学核心竞争力的判断指标体系;大学核心竞争力培育与提升路径;大学核心竞争力建构的保障机制等。

在课题研究的过程中,参阅了相关领域研究者的研究成果,对这些研究者为本研究能够进一步前行奠定的坚实基础表示深深的谢意;同时,在课题的研究中,我的学生夏仕武在课题资料的收集以及初期成果的一些撰写等方面做了前期的一些工作,在研究成果即将出版之际,对他的辛勤劳动表示衷心感谢。

毛亚庆

2009年12月16日

目　录

图表目录

(一)图

（二）表

第一章
现今我国大学的竞争分析

第一节　转型期大学竞争的引入

我国大学在很长一段时间里是缺乏竞争的，这既和高等教育宏观管理体制有关，也和我国相对封闭的对外高等教育市场有关。随着我国市场经济体制改革的深入以及对外开放的扩大，大学逐渐面临越来越严峻的竞争。

一、自主性与大学发展战略的提出

我们讨论大学的发展战略原因很多，但根本的原因是当前我国大学的发展获得了一定的自主权。回溯改革开放以来我国高等教育改革的进程，人们逐步认识到我国高等教育在制度安排和管理体制上存在的弊端。新中国成立以后，我国高等教育的发展长期以来运行在一种以强调政府作用为基础的行政约束的制度环境中，这种制度环境有其独特的作用方式。

第一，资源使用集中控制，由教育主管部门以行政指令或计划指令的形式调动和配置资源，决定各个高等学校占有资源数量的多少。

第二，资产使用收益的集中化，由中央主管部门决定组织和个人的收益水平。

第三，由政府或教育主管部门对高等学校的运作方式和行为方式做出一系列的正式决定，并由此形成一套严格控制、管理和安排的行为规则。

第四，在高等教育的管理中形成一个等级结构，由上级对下级进行垂直管理，上级规定下级的任务并对下级的成绩进行考核。

第五，通过政治压力和行政强制等手段来保障下级对上级的必要服从，并通过这种服从模式来防止和制止下级及一般成员越轨行为的出现。

在这种制度安排中，高等学校办学的主体是国家及教育主管部门，高等学校隶属于政府，高等学校的建立、经费的来源、专业的设置、招生的计划、教学的过程、科学研究、毕业分配、基本建设、后勤服务等方方面面，都遵循国家或主管部门的指令计划办事，形成了一种以单一的行政配置机制为主要内容的运行机制，这种制度安排适应了当时我国社会经济发展的需要。但随着时代的发展其自身存在的缺陷也日趋突出，表现在以下几个方面。

一是“集权”。在严格集中控制下，国家及教育主管部门集举办权、办学权、管理权于一身，自上而下做出决策并进行管理，学校没有自主办学的权利和独立做出决策的权力。

二是“封闭”。表现在目标的制定上，高等学校只需服从政府或教育主管部门制订的计划，无需了解现实的需要，从而严重削弱了高等学校与经济、社会发展之间的密切联系。表现在管理上，在这种集中控制模式中，集中控制规则通过上传下达不断地扩展，在整个高等教育系统内建立起一整套复杂的规章制度，事无巨细地界定了高等学校的职能及其应当遵循的行为规则和行使权力的空间，高校的管理行为被这些规则所束缚。

三是“划一”。政府及教育主管部门无视地区、行业、学校发展的不平衡性，以统一计划、统一政策、统一模式来发展学校，极大地限制了学校之间的竞争和教育资源的优化配置。

1985 年，中共中央做出了《关于教育体制改革的决定》，明确提出了我国高等教育体制的弊端之一，就是“在教育事业管理权限的划分上，政府有关部门对学校主要是对高等学校统得过死，使学校缺乏应有的活力；而政府应该加以管理的事情，又没有很好地管起来”。① 在这个决定里第一次明确提出了“扩大高等学校的办学的自主权”。此后，随着我国经济体制改革的目标确定为建立社会主义市场经济体制，高等教育的改革发展也进入到了新阶段，它的标志是《中国教育改革和发展纲要》（以下简称《纲要》）的出台。《纲要》明确指出，“在政府与学校的关系上，要按照政事分开的原则，通过立法，明确高等学校的权利和义务，使高等学校真

① 蔡克勇. 我国高等教育体制改革及其综合效益分析 [M]. 北京：人民教育出版社，1997：4.

正成为面向社会自主办学的法人实体。……学校要善于行使自己的权力，承担应负的责任，建立起主动适应经济建设和社会发展需要的自我发展、自我约束的运行机制。"① 《纲要》为高等教育的自主发展奠定了基础。虽然"在中国高等教育的各项改革议题中，'扩大高校自主权'其实是最早受关注的，但同时也是进展最缓慢的"，但为适应市场经济体制而建立的具有自我定向、自主运行、自我发展和自我约束的高等教育发展的机制已经启动，这就要求高等学校成为独立的利益主体，以"教育规律+利益法则"作为其运行的基础，进行自主性的办学。高等教育运行机制的转换，使高等学校转而对其运作所依赖的环境变化以及自身运行的结果更为关心。在这样的背景下，高等学校如何制定基于自身资源基础上的应对外在环境变化的发展战略，从而使高等学校在市场化的过程中谋求自身发展的一席之地，也就成为高等学校的管理者以及高等教育的研究者应该关注的问题。

大学的发展战略来自于竞争，竞争曾经是远离我国高等教育发展的一种运行机制。在很长的一个历史时期，我国的高等教育运行都处在以强调政府的作用为主的行政约束的制度环境中。在这种制度安排中，由于高等学校运作的条件完全由上级主管部门所占有和支配，高等学校为获得其运作所必须的条件，就必须努力实现主管部门下达的计划和相关目标，而无需考虑外在的要求和社会的需要。所以，高等教育在一定程度上呈现了以集中控制和服从模式为特征的运行特点。"在这种高度集中控制下，高等学校由于缺乏退出的自由和不接受效率低下的制度安排的权力，这就意味着高等学校缺乏自我发展、自我约束的发展机制，意味着不存在不同效率水平的高等学校之间的竞争和与这种竞争相联系的筛选机制。"② 在这种制度的安排下和外在压力的强制之下，高等学校丧失了自身寻求发展的权利和机会，也就更谈不上制定基于自我发展基础上的战略了。

从20世纪80年代中期开始，中国高等教育经历着市场化的洗礼已经是一个不争的事实。随着社会主义市场经济改革的不断深化、竞争机制的引入，中国高等教育领域里的竞争在近年来越演越烈。竞争机制、效益观念、企业化经营以及顾客导向的服务意识等市场因素对高等教育的发展产生的作用也越来越明显，因此，高等学校在面临日益激烈的竞争情况下，

---

① 卢乃桂，操太圣．中国改革情景中的全球化：中国高等教育市场化现象透析［J］．北京大学教育评论，2003（1）．

② 毛亚庆．论我国高等教育制度创新乏力分析［J］．北京师范大学学报，1998（2）．

如何制定自己的发展战略也就被提上了大学发展的议事日程。

大学发展战略的实质是大学在面对激烈的市场竞争时，如何开发自身的竞争优势，从而使大学基于在管理能力、学科发展、研究能力、组织文化以及市场营销等自身具有独特资源的基础上不断组合自身要素和调适自身的结构，以适应和引导外在环境变化对高等学校提出要求的持续能力和平衡能力。因此，寻求在管理能力、学科发展、研究能力、组织文化以及市场营销等方面的竞争优势也就成了大学在发展过程中如何进行战略定位的关键。从这个意义上来说，大学发展战略就是对竞争力的一种有效的管理，是一种开发竞争优势的精密计划，是一种不断适应环境变化以保持与外在环境之间平衡的能力。

大学发展战略的关键是开发自身的竞争优势，而要确立这一优势就必须了解市场竞争的法则。市场竞争的法则主要有两条。

一是资源的有限性。资源的有限性决定着竞争的残酷性和排他性。如今，在自己的发展过程中，随着外在环境变化的多样性、复杂性以及可能遇到的不可预知性，高等学校为了适应这种变化，自身的生命有机体也就必须变得越来越复杂，它们开始为谋求自身发展所必要的生存资源而展开竞争，并且它们自己的资源组成形式和组织结构也在为了适应这种竞争而发生着巨大的变化。这一切使高等学校的发展呈现出多样性，这种多样性又使得各个高校在发展的过程中凸显出差异性，从而为高等学校的发展赢得了在特定领域里的竞争优势。

二是市场规模的有限性。市场规模的有限性表明竞争的可替代性。如今大学为了使自己在竞争中比其他的竞争对手更为强大，其结构特征和运行模式都会不断地进行调整以适应竞争环境的变化，但高等学校的这种增长总是一个有限度的而且是有所侧重的增长，而不是全面的和无限度的增长。这是因为高等教育市场规模的增长也不是无限的增长，也是存有边际的，竞争永远会呈现出一个此消彼长的过程，具有可替代性。

因此，基于以上市场竞争的法则，我国高等学校在制定发展战略的时候，应当更多地采取“有选择性的卓越”这样一种发展战略，采取一种“有所为有所不为”的发展战略。高等学校发展战略的制定确定了高等学校针对竞争对手的市场边界，而这些边界也是潜在的高等教育的消费者以他们特有的方式和视角来看待竞争中的高等学校的优势和特色的关键，也是左右他们做出消费选择的关键。

二、高等教育国际化对我国大学竞争的影响

虽然大多数学生仍然是在本国接受高等教育，但是随着经济全球化和交通信息技术的发达，跨境高等教育（cross-board higher education）给学生/学习者提供了更多的接受高等教育的机会和途径。根据教育部统计，2008 年度各类出国留学人员总数为 17.98 万人，其中：国家公派 1.14 万人，单位公派 0.68 万人，自费留学 16.16 万人。从 1978 年到 2008 年底，各类出国留学人员总数达 139.15 万人，留学回国人员总数达 38.91 万人。① 自 2006 年起，中国开始全面兑现 WTO 开放市场的承诺，这进一步加速了中国高等教育国际化的进程。国外许多大学瞄准这一时机，已经开始在开放的中国高等教育市场上分一杯羹，与中国大陆高校争夺优秀生源和学费。美国、英国、澳大利亚等国对进入中国高等教育市场表现出极高的热情，每年都展开强有力的宣传攻势吸引中国学生。随着人口数量的变化，吸引留学生将成为维持本国高等教育机构生存的法宝。为生源展开竞争将是高等教育国际化的主要表现之一。这对我国高等教育国际竞争敲响了警钟。

（一）高等教育国际化的定义

“全球化”与“国际化”这两个概念经常被混淆。根据美国学者菲利普·G. 阿特巴赫的相关研究，“全球化”（globalization）主要指对国际社会产生重要影响的世界政治、经济势力等的变化趋势。“全球化”的动力在于国际利益和企业等组织的跨国利益，也包括跨国组织的利益。世界贸易组织对促进经济的全球化发挥了越来越重要的作用。“国际化”（internationalization）是与“全球化”既相联系又相区别的一个概念，其联系在于“全球化”对“国际化”有着重要的推动作用，从某种意义上讲，“国际化”也是“全球化”的一个方面；其区别在于“国际化”包含了参与各方的主动选择，而“全球化”在有的国家则表现为被动接受或被动承认。②

高等教育国际化，就是指各国高等教育机构通过各种形式进行资源交

① 数据来源：教育部公布 2008 年度各类留学人员情况统计结果［EB/OL］.（2009-02-20）［2009-12-08］. http://www.moe.gov.cn/edoas/website18/67/info1242963391971267.htm.

② 菲利普·G. 阿特巴赫，简·莱特. 高等教育国际化的前景展望：动因与现实［J］. 别敦荣，等，译. 高等教育研究，2006（1）.

流与竞争，从而使原来局限于国内的高等教育的服务范围扩大到世界范围，通过贸易形式形成一个国际高等教育市场。高等教育国际化既是一个参与国主动选择的过程，也是一个优质高等教育资源扩张的过程。

在高等教育国际化的进程中，拥有优势高等教育资源的国家在高等教育国际化的进程中获益最多。一些在语言、人才、资源以及科研上拥有相对优势的大学通过全球化在世界各国推销自己的知识。这对那些在高等教育领域相对弱势的国家的大学来说，面临着巨大的威胁。如何认识高等教育国际化对民族国家带来的机遇和挑战，并能积极采取措施去应对，是许多发展中国家的大学未来所要面对的主要问题。

（二）高等教育国际化的表现

1. 生源竞争

虽然高等教育的国际化被宣传为能够促进全球文化交流和融合，并有利于促进发展中国家高等教育的发展，然而，实际上这是一个极不均衡的力量对弈。一些国家成为高等教育主要出口国，而一些国家则成为高等教育进口国。其中，北美、西欧、日本等发达国家通过高等教育贸易成为国际留学生的首选之地，这些学校和国家也从中获取了巨大的收益。对许多国家的大学来说，通过有区别地招收国外学生，达到了以下两个目的：一方面，大量招收自费生，可以弥补国内教育经费的缺口（由于政策限制，

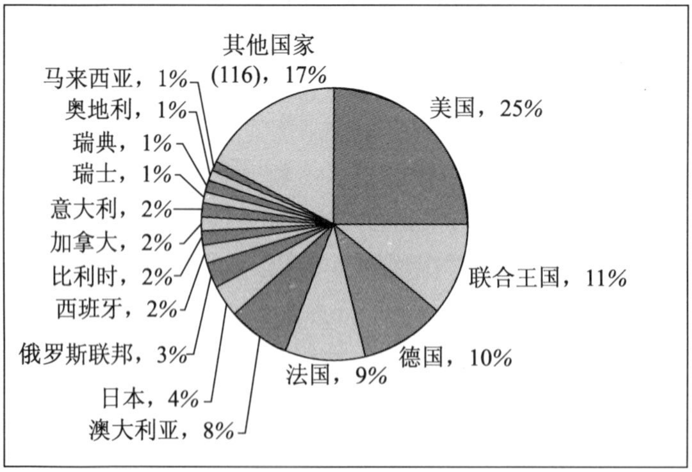

资料来源：教科文组织统计研究所(教育数据库，2005年6月)。

图 1－1　2002 年—2003 年各国、地区留学生分布情况

提高国内教育收费异常困难），优化办学条件；另一方面，通过丰厚的条件在全球范围内招收高水平学生，可以为学校带来巨大的声誉，从而增加学校的吸引力，这是一个获利的过程。

图1-2提供了一个学生全球流动的模式，它表明美国高等教育的巨大吸引力。在这些进口国家中精英大学在其中是一个主要的角色，而位于亚太地区的发展中国家和地区是高等教育的主要出口国。这不仅仅在于国内大众高等教育供给不足，而且在于优质高等教育资源的匮乏。这其中，各所大学在世界中的排名是一个学生流动的指针，国际排名的地位往往代表了该国大学的全球吸引力。

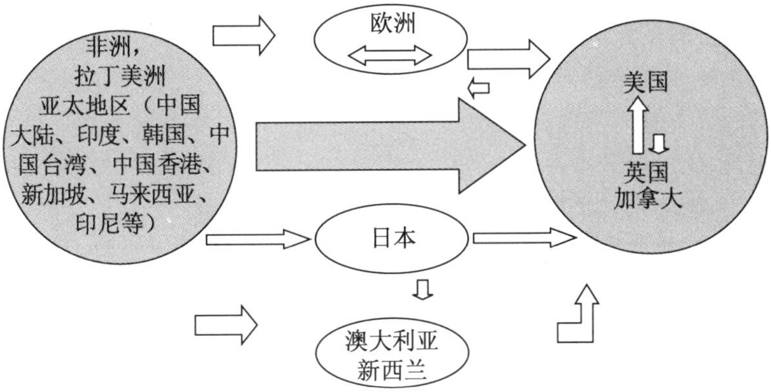

图1-2 高等教育世界范围内的学生流动①

尽管地位的竞争是主要的模式，但是，存在于欧盟内部的学生流动还是表明了高等教育资源的共享机制所带来的教育均衡发展。这一流动模式虽然主要受市场驱动，但是也有文化交流的重要价值。高等教育的竞争也可以是互惠互利的。最近几年，随着中国经济的发展，世界各国表现出对中国文化交流的巨大兴趣。在这种情况下，一些有战略眼光的高校开始积极地拓展汉语教育市场，一方面招收汉语教育留学生；另一方面到国外去开办或者联办汉语教育机构，从而扩大了影响力。大学应该通过国际教育来扩大知名度，并在交流中学习与竞争，而不应该仅仅把对外教育看做是增加收入的一个渠道。

在高等教育大众化阶段，质量决定了一国高等教育机构的竞争力。教

① Simon Marginson. Dynamics of National and Global Competition in Higher Education [C]. Higher Education, 2006, 52 (1): 19.

育部发布的《2008 年全国教育事业发展统计公报》显示，2008 年全国各类高等教育总规模达到 2907 万人，高等教育毛入学率（在国际上，“高等教育毛入学率”是指高等学校在校生人数与规定年龄组人口数的比率，通常被作为衡量一个国家高等教育发展水平的重要指标之一）达到 23.3%。① 但是对于中国巨大的人口资源来说，高等教育的需求仍然是巨大的。而且中国高等教育的跨越式发展，使质量问题成为当前诸多高校面对的首要问题。未来的高等教育需求将重点放在质量的选择上，对质量的竞争是一个任重道远的课题。如果我国高校在这一问题上不能有所作为，那么巨大的市场将被世界优质教育机构所占据。

2. 分割的高等教育国际竞争市场

高等教育的国际竞争是在一个分割的市场中展开的。这一分割的国际竞争市场主要的分割岭是精英大学/大众化大学。随着高等教育市场的细分，这两大阵营内部也开始分化为多个层次，并且各个层次之间也开始交流与融合。

表 1－1　高等教育全球竞争的分割②

部门	说明
部门 1 世界精英大学市场	美国博士学位授予单位，以及英国的高声望大学，获取的声望是非利润驱动的。声望存在于研究的荣誉和学位的全球地位
部门 2 高等教育出口国的研究型大学	英国、加拿大、澳大利亚、欧洲以及日本的研究型大学。在国家水平上是声望驱动的，但是常常将外国学位作为一种获利的商业行为
部门 3 关注教学的出口机构	高等教育出口国家中地位较小的机构，在全球市场上进行商业化运作，适应一个较低成本和质量的国外教育梯队
部门 4 国家范围内的研究型大学	在单一的国家内部具备声望，主要是研究型大学。在国家内部与部门 2 展开竞争（不是与部门 1 竞争），较少提供跨境教育
部门 5 国家/地区地位较小的机构	局限于国家内部竞争和当地需求。不具备跨境角色。最大的一群机构，特别是对高等教育进口国来讲

① 数据来源：高等教育毛入学率达到 23.3%［EB/OL］.（2009－07－20）［2009－12－08］. http：//www.moe.edu.cn/edoas/website18/54/info1248242935195554.htm.

② Simon Marginson. Dynamics of National and Global Competition in Higher Education［C］. Higher Education，2006，52（1）：21.

部门 1 主要有那些英语国家的一流供给者，主要位于美国。这些大学拥有全球声望，是世界科研创新中心，它们在世界范围内吸引人才。它们的资金主要来源于捐赠、科研创收和拨款，而非依靠学费收入。这些大学逐渐将视角伸向国外，中国也是它们主要的战略基地。它们的战略往往不是合作办学，而是在中国市场上拓展它们的品牌，包括课程与合作项目。它们提供的优质教育课程资源已经对国内大学的教学模式引起冲击。在国外先进教学资源冲击的形势下，中国大学必须思考如何去进行教学改革，以应对挑战。同时，这些顶尖大学在中国招募顶尖学生和教师去本校学习或任教。

部门 2 和部门 3 的全球竞争主要是商业驱动的。这些大学一方面通过传统的吸纳全额收费的留学生的做法获得利润；另一方面它们实施多种形式的项目展开竞争。开展的形式丰富多样，包括远程教育、合作学位项目（学士、硕士或博士）、课程输出以及合作办学等。宁波诺丁汉大学就是浙江万里学院与英国诺丁汉大学联合举办的中国第一家独立设置的中外合作高等院校，短短几年的发展已经显示了其旺盛的生命力。

值得注意的是部门 3 中关注教学的出口机构。这一机构构成国际高等教育商业行为的主要群体。部门 1 和部门 2 的主要目标是在正规高等教育系统内进行合作和扩张。而那些关注教学与培训的机构，以其灵活性和营利性很快赢得了在发展中国家的商机。因为对发展中国家来说，教育资源投给了那些国家重点支持的研究型大学。但是，为国家经济发展提供一般劳动者的大众化教育机构却发展缓慢，在数量和质量上都难以跟上经济发展的步伐。因此，国外那些致力于一般劳动者学习和培训的教学机构或公司快速进入了这一市场，以其先进的教学和培训理念赢得了市场，对我国一般大学构成了威胁。阿波罗教育集团目前正忙于在世界各地开办教育项目，形成了自己独特的办学模式。自 1995 年以来，阿波罗还拥有了西部国际大学，后者通过在北京的 3 个商务学院提供西部国际大学的教育项目。①

当然，在国际高等教育机构抢占中国市场的同时，中国的一些大学也开始走出国门，在世界舞台上展开竞争。暨南大学在曼谷开设分院，复旦大学与新加坡国立大学面向中国和新加坡学生开展 MBA 联合培养计划。但是，整体而言，中国大陆的大学在国际舞台上还不具备竞争优势，开办

① 菲利普 · G. 阿特巴赫，简 · 莱特. 高等教育国际化的前景展望：动因与现实［J］. 别敦荣，等，译. 高等教育研究，2006（1）.

教育项目比较单一，层次较低，影响范围较小。因此，在面对国外教育机构在国内抢占市场的同时，如何加强自身能力建设，在世界舞台上与一流大学一争高低，也是我们要面对的主要课题之一。

3. WTO 与我国高等教育贸易

在世界贸易组织（WTO）体系中，《服务贸易总协定》是其核心组成部分。服务贸易的第五类是教育服务，在项目上又分为初等教育、中等教育、高等教育、成人教育及其他教育服务 5 项。服务方式为四种：跨境交付、境外消费、商业存在、自然人流动。教育服务贸易基本原则是市场准入原则和国民待遇原则。

其中，对境外消费方式下的市场准入和国民待遇没有限制，即不采取任何措施限制我国及其他 WTO 成员公民出境（入境）留学或接受其他教育服务。在教育服务的商业存在方面，不允许外国机构单独在华设立学校及其他教育机构；在市场准入上允许中外合作办学，并允许外方获多数拥有权，但没有承诺给与中外合作办学以国民待遇。①

加入世界贸易组织五年后，我国大学面临的国际竞争日趋激烈，主要表现在人才资源的竞争上。在高等教育出口贸易上，来华留学生数在稳步增加，但主要集中在语言学习上，其他专业学科特别是理科、工科、农科以及经济管理类等吸纳的留学生人数很少。这种教育服务贸易的专业失衡反映了我国大学竞争能力不足，缺乏综合竞争优势。在学历层次上本科层次远远多于研究生层次。

由于很多高等教育发达国家的入学人数呈下降趋势，为了争取生源，很多国家近几年加大了对中国优秀生源的争夺。越来越多的全球知名大学向中国敞开大门，外国高等教育正以前所未有的势头，全面抢占中国市场。截至 2005 年，已有 23 所日本大学在中国设立事务所，展开各种招生活动。② 来自英国、德国、法国、澳大利亚、西班牙、新加坡、新西兰、泰国、日本、荷兰以及丹麦和波兰 12 个国家级的教育机构，于 2005 年，先后在中国各主要中心城市举办展览和留学生签证说明会，吸纳中国留学生。第七届中国国际教育展在北京国贸展览馆开幕。作为本届展会的主宾

---

① 靳希斌. 国际教育服务贸易研究——理论、规则与行动［M］. 福州：福建教育出版社，2005：180.

② 周兆军. 日本高校大力吸引中国学生［EB/OL］.（2005 - 12 - 08）［2009 - 12 - 08］. http://www.edu.cn/dong_tai_421/20060323/t20060323_153431.shtml.

国，俄罗斯推出的“21 世纪俄罗斯高等教育展”成为中国“俄罗斯年”的重要活动之一。来自俄罗斯各个联邦区 53 所著名院校的代表在展馆中央区域集体“亮相”，十分引人注目①。到了 2006 年，随着中国加入世界贸易组织，外国教育机构在中国投资办学的有关限制逐步取消，在接下来的几年，中国教育受冲击已在所难免。②

（三）高等教育国际化的应对策略

高等教育对外开放的扩大和交流的加深，既为我国大学提供了机遇，也提出了挑战。随着我国在经济、政治、文化等领域的世界影响的扩大，我国大学在参与国际竞争时具备了优良的国家背景支持。总体来说，我国高等教育资源在近几年有了大幅度的提升，但优质资源还是很有限，面临激烈的国际竞争存在着很多劣势。而且由于我国大学在从计划体制向市场体制的转型过程中，本身存在很多矛盾和痼疾，如，结构失衡、课程陈旧、定位不清、办学资源获取渠道单一以及人才培养规格脱离市场等，如果不能从内部解决这些问题，我国大学将很难融入国际高等教育竞争的市场中。

用“中心—边缘”的概念来看待其他国家发达的高等教育与我国的高等教育，我们可以做出经验上的判断：我们正在从边缘努力向中心靠近。作为世界高等教育中心的大学是那些研究型的精英大学，它们具备优良的教学科研设施，一流的教学和研究团队，良好的教学研究氛围以及完备的知识转化机制。它们培养了大量的高端人才。从某种意义上说，这些大学已经成为其他大学发展的样板。世界上有许多处于边缘的大学试图利用在本国的地位来模仿这些中心大学的发展模式。

但是，仅仅依靠财力还是不够的。有很多例子可以引以为鉴。非洲的内罗毕大学得到了国际组织和美国基金会的认可，并且得到了资助以使它达到国际标准。③ 这种资金和访问学者等的注入有助于这些大学与国际知

① 高帆，王作葵. 21 世纪俄罗斯高等教育展在京开幕［EB/OL］.（2006－10－14）［2009－12－08］. http://news.xinhuanet.com/edu/2006－10/14/content_5203518.htm.

② 熊金超. 海外教育产业热衷中国市场中国教育面临冲击［EB/OL］.（2005－10－10）［2009－12－08］. http://news.xinhuanet.com/overseas/2005－10/10/content_3601208.htm.

③ Edward H. Berman，“The foundations Role in American Foreign Policy：The Case of Africa，Post-1945，” Harvard Educational Review 45（May 1979）：145－180.

识系统联系起来，并提高了其教学和科研水平，但是，维持这些大学的质量和知名度有时很困难。肯尼亚面临的政治和经济问题给内罗毕大学带来了严重的负面影响，以至于给内罗毕大学的大量国外援助并没有使这所边缘大学完全移到中心。而科威特虽然有充足的财力来雄心勃勃地发展世界一流大学，但是由于语言、人才储备以及缺乏对本国“学术气质”的明确理解等原因，使其至今仍然难以迅速建立起一所高质量的大学。①

在国家高等教育体系的既定格局下，一味地模仿只能使这些大学处于依附地位，难以与那些处于中心地位的大学在国际高等教育市场上进行竞争。由于该水平的大学与国家竞争力密切相关，发展中国家都致力于巨额投资建设世界一流大学。但是如果没有在制度建设、人才培养模式、学术规范和知识转化机制上进行相应的本土化改革，这些投资是难以发挥其理想的作用的。而这些“软”的制度和文化建设才是一所大学从“边缘”走向“中心”所必需的。一个世纪以前，美国的学院和大学还毫无疑问是欧洲特别是英国的知识殖民地。②美国当时还没有一所能在世界舞台上立足的中心大学，许多大学的模式还是依据英国学院的模式建立的。但是“通过采用德国新出现的注重科研和研究生教育的学术模式、在教育上投入大量的资金、培育能通过应用研究和发展满足国家及地方需要（并因此获得越来越多的财政资助）的学术系统，并逐步建设学术基础设施，经过半个世纪的调整，美国终于能够建立起具有重大影响的学术系统”。③

可见，一所大学要想在国际舞台上占据前沿，必须考虑如何全面地构建自身的竞争力。这一竞争力不仅需要财力支持，更重要的是从模仿中进行创新，构建适合自己所处背景的发展模式。

第二节　驱动大学竞争的力量

形成竞争战略的实质就是将一个组织与其环境建立联系。波特认为，“一个产业内部的竞争状态取决于五种基本竞争作用力”，如图 1 - 3所示。五种竞争作用力（competitive force）——进入威胁、替

①②③　菲利普·G. 阿特巴赫. 比较高等教育：知识、大学与发展［M］. 人民教育出版社教育室，译. 北京：人民教育出版社，2001：40 - 43，44.

代威胁、客户价格谈判能力、供应商价格谈判能力和现有竞争对手的竞争——反映出的事实是：一个产业的竞争大大超越了现有参与者的范围。客户、供应商、替代品和潜在的进入者均为该产业的“竞争对手”，并且依具体情况或多或少地显露出其重要性。这种广义的竞争可称为“拓展竞争”（extended rivalry）。①

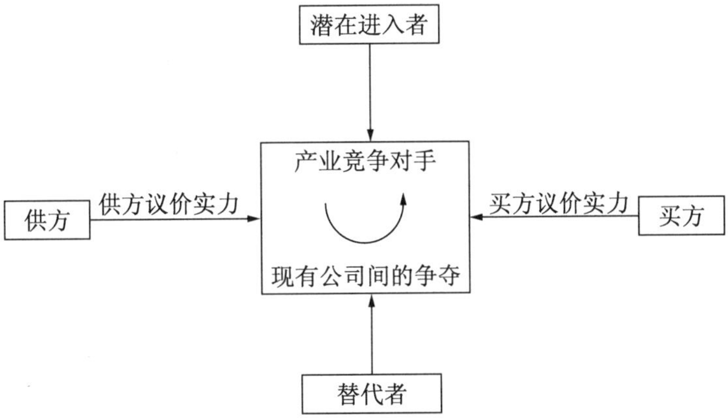

图 1－3　驱动产业竞争的力量

根据波特的“驱动产业竞争的力量”模型图，我们可以分辨出高等教育领域五种竞争作用力：资源供给者、消费者、潜在进入者、替代品、现有大学的竞争。这五种竞争作用力反映出的事实是：真实的大学竞争大大超出了我们常规界定的参与者的范围。这五种基本驱动力可以分为地区、国家和世界的三个层次。驱动大学竞争的力量既可以是在单个层面进行，也可以是在两个或者三个层面进行。

一、资源供给者

对大学来说，可以辨认的资源供给者主要有政府、企业馈赠者以及个体捐赠者，从付费上学来说，学生、家长也是资源供给者。美国教育部教育统计中心（NCES）对 2000 财政年度有学位授予权的高等教育机构进行了财政调查，从大学的收入状况我们可以看到美国大学资源供给者的状况。

① 迈克尔·波特. 竞争战略［M］. 陈小悦，译. 北京：华夏出版社，2005：4－5.

表 1－2 美国 2007 财政年度高等教育机构收入①

（根据机构的层次和控制以及资金的来源）

公立高等教育机构

资金来源	4 年制		2 年制		低于 2 年制	
	收入（千美元）	百分比	收入（千美元）	百分比	收入（千美元）	百分比
全部收入和其他资源	213 133 579	100.0	47 747 294	100.0	1 242 063	100.0
经营性收入	125 077 577	58.7	17 876 282	37.4	467 411	37.6
学费	35 126 676	16.5	7 637 171	16.0	146 700	11.8
赠款和合同	37 908 321	17.8	7 626 341	16.0	208 973	16.8
附属企业的销售和服务（扣除折扣和津贴后）	17 967 295	8.4	1 892 608	4.0	16 035	1.3
医院的销售和服务	20 758 904	9.7	0	0.0	0	0.0
独立运营	663 373	0.3	0	0.0	0	0.0
其他营业收入	12 653 008	5.9	720 163	1.5	95 702	7.7
非经营性收入	74 532 913	35.0	26 914 625	56.4	737 353	59.4
联邦拨款	1 764 493	0.8	131 709	0.3	7 364	0.6
州拨款	48 395 487	22.7	14 302 710	30.0	364 423	29.3
地方拨款	446 923	0.2	8 653 541	18.1	302 517	24.4
非经营性赠款	2 403 244	1.1	1 977 044	4.1	21 750	1.8
捐赠	4 745 220	2.2	256 212	0.5	4 674	0.4
投资收入	13 412 528	6.3	984 209	2.1	20 980	1.7

① 数据来源：Enrollment in Postsecondary Institutions, Fall 2007; Graduation Rates, 2001 and 2004 Cohorts; and Financial Statistics, Fiscal Year 2007 [EB/OL]. [2009－12－08]. http://nces.ed.gov/pubsearch/pubsinfo.asp? pubid＝2009155.

续表

资金来源	4年制		2年制		低于2年制	
	收入（千美元）	百分比	收入（千美元）	百分比	收入（千美元）	百分比
其他非经营性收入	3 365 017	1.6	609 199	1.3	15 645	1.3
其他额外收入	13 523 089	6.3	2 956 388	6.2	37 299	3.0

非营利性私立高等教育机构

资金来源	4年制		2年制		低于2年制	
	收入（千美元）	百分比	收入（千美元）	百分比	收入（千美元）	百分比
全部收入和投资回报	182 020 298	100.0	656 441	100.0	211 553	100.0
学费	47 212 707	25.9	336 380	51.2	79 615	37.6
政府拨款	1 002 871	0.6	18 109	2.8	850	0.4
政府补助与合同	15 842 394	8.7	79 998	12.2	76 957	36.4
私人捐赠与合同	18 978 771	10.4	42 796	6.5	17 909	8.5
附属企业收入	1 168 061	0.6	22 987	3.5	901	0.4
投资回报	55 907 217	30.7	50 931	7.8	3 748	1.8
教育活动的销售和服务	4 097 282	2.3	10 731	1.6	34 576	16.3
附属企业的销售和服务	12 254 583	6.7	52 352	8.0	2 888	1.4
医院收入	12 636 904	6.9	0	0.0	0	0.0
独立运营收入	5 446 222	3.0	0	0.0	0	0.0
其他收入	7 473 287	4.1	42 158	6.4	−5.890	−2.8

营利性私立高等教育机构

资金来源	4 年制		2 年制		低于 2 年制	
	收入（千美元）	百分比	收入（千美元）	百分比	收入（千美元）	百分比
全部收入和投资回报	10 307 793	100.0	4 438 531	100.0	2 875 984	100.0
学费	9 227 102	89.5	3 743 669	84.3	2 172 136	75.5
政府拨款、补助与合同	481 778	4.7	351 848	7.9	322 042	11.2
私人捐赠与合同	2 426	—	1 996	—	2 702	0.1
投资回报与投资收益（损失）	37 052	0.4	13 694	0.3	16 787	0.6
教育活动的销售和服务	211 132	2.0	83 929	1.9	157 114	5.5
附属企业的销售和服务	217 725	2.1	101 047	2.3	53 153	1.8
其他收入	130 579	1.3	142 347	3.2	152 049	5.3

（一）政府

对政府来说，大学通过其人才培养、科技创新、知识传播以及文化引领，对国家、对内部治理以及提升国际竞争力起着举足轻重的作用。政府对大学的认识主要是政治论的，即认为大学的存在价值在于它对国家的深远影响。目前，一个明显的趋势就是大学越来越被当做实现国家发展战略的主要工具。而在事实上，政府也是大学的主要资源供给者，大学从政府那里得到主要的办学资源。根据美国教育部教育统计中心（NCES）对2007 财政年度高等教育机构的财政调查，结果显示 4 年制公立高校最大的经费来源是州拨款，占总经费的 22.7%；2 年制公立高校最大经费来源也是政府拨款，占到总经费的 30%。在美国，公立大学承担了 3/4 以上的大学教育。私立高校也从政府那里得到一定比例的拨款。这都说明政府拨款是美国高等教育资金的主要来源之一。① 我国高校的办学经费主要来源于

① Enrollment in Postsecondary Institutions, Fall 2000 and Financial Statistics, Fiscal Year 2000 [EB/OL]. [2009-12-08]. http://nces.ed.gov/pubsearch/pubsinfo.asp? pubid=2002212.

政府拨款。最近，政府增加了竞争性拨款额度，同时，实施了“211”“985”工程，加大了对优秀高校的支持力度。

虽然大学的运行依靠政府提供的大量资源，但是，大学还是在其发展过程中逐渐形成了自治的传统，不喜欢来自政府的太多干涉。这种自治传统既是大学理念发展惯性的结果，也是大学自身的知识特性所决定的——政府的干涉会损害知识创新。但是，在全球化浪潮成为主宰国家发展的情况下，高等教育也难以脱离其影响。由于人力、资本、产品、科技和信息的快速流动，全球化也造就了一个让个人、企业和国家都难以逃避的高度竞争环境。为了在这个变动的洪流中获得并保持一个相对优势的位置，各国无不积极地寻找自身的利益，以提升国家竞争力。在内外力量的交错影响下，担负开创、传播知识和培育高级人才职责的高等教育自然也成为了在全球化中制胜的利器之一。① 而担负国家竞争力的资质则是高等教育的创造性。创造性如何被激发，不是依靠政府的计划所能达成的。学术自身的创造激发机制是复杂的，甚至是自发运转的，再加上社会对创造性的要求也是灵活多样的，所以，如何根据社会发展的要求，达成自身创新的最大化，具体的微观操作只能由各个大学自己去探求。

鉴于高等教育对国家竞争力的重要性，国家直接或间接地加大高等教育的资助，但如果因为资助就直接参与高校的管理则会影响大学创造性的发挥。在这种状况下，多数政府对高等教育的协调逐渐趋向克拉克“协调三角形”中的市场一方（图 1－4）。

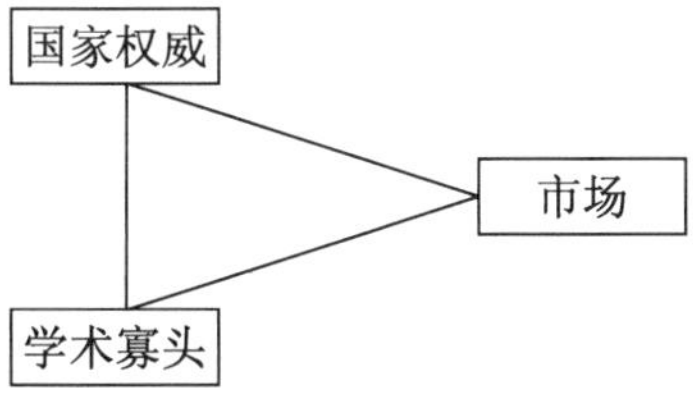

图 1－4　伯顿 · R. 克拉克的高等教育的三角协调图②

政府趋向于不直接干涉大学的具体运作，而是通过各种资源的竞争性

① 戴晓霞. 全球化及国家（市场）关系的转变：高等教育市场化脉络分析［M］//戴晓霞，莫家豪，谢安邦. 高等教育市场化. 北京：北京大学出版社，2004：19－20.

② 伯顿 · R. 克拉克. 高等教育系统——学术组织的跨国研究［M］. 王承绪，等，译. 杭州：杭州大学出版社，1994：159.

分配促使竞争成为高等教育系统的主要特征。政府可选择的竞争性操作工具越来越多：财政拨款向表现优异的大学倾斜、竞争性的科研资助分配、类似于排名的阶段性质量评估。从美国2007财政年度高等教育机构收入统计来看，政府合同是大学一个重要的财政来源。在我国，各种科研经费是大学竞相争夺的对象。相对于政府固定拨款来说，竞争性的科研经费对大学来说是一个重要的激励因素。不管政府是期望一个“分化”的高等教育还是一个“分层”的高等教育，竞争已经成为政府对高等教育系统运行的期望之一。

表1-3　美国著名私立研究型大学政府拨款及合同收入所占总经费的比重①

序号	学　校	所占比例（%）	序号	学　校	所占比例（%）
1	Havard Univ	17.0	8	Geogetown Univ	27.7
2	Yale Univ	28.0	9	Tufts Univ	21.4
3	Univ of Chicago	13.7	10	Wake Forest Univ	16.0
4	Cornell Univ	28.0	11	Case Western Reserve Univ	1.0
5	Rice Univ	18.0	12	Pepperdine Univ	1.4
6	Brown Univ	3.0	13	Syracause Univ	12.0
7	Vanderbilt Univ	12.0		平均值	15.3

表1-4　2005年国家自然科学基金资助面上项目高校经费统计排序表（前30名）②

位　次	项目负责人所在高校	合计经费数（万元）
1	清华大学	7291.1
2	浙江大学	7200
3	北京大学	6930.6
4	上海交通大学	6520.1
5	复旦大学	4941.5

① 高磊．美国著名研究型大学经费收支研究及启示［J］．清华大学教育研究，2006，27（3）．

② 自然科技基金委员会．2005年国家自然科学基金资助面上项目高校经费统计排序表［EB/OL］．（2006-08-11）［2009-12-08］．http：//www.cutech.edu.cn/cn/dxph/kyjj/webinfo/2006/08/1179971252785381.htm.

续表

位　次	项目负责人所在高校	合计经费数（万元）
6	华中科技大学	4866
7	中山大学	4292.1
8	南京大学	4051.7
9	武汉大学	3592
10	四川大学	3549
11	中国科学技术大学	3310.5
12	西安交通大学	3305.2
13	吉林大学	3031.5
14	中南大学	2714
15	哈尔滨工业大学	2394.6
16	山东大学	2261
16	第四军医大学	2261
18	大连理工大学	2260.2
19	中国农业大学	2255
20	第二军医大学	2105
21	南开大学	2086.5
22	天津大学	2074
23	同济大学	1980.6
24	第三军医大学	1919
25	厦门大学	1761
26	东南大学	1674
27	北京师范大学	1657
28	中国地质大学	1570
29	北京航空航天大学	1566.7
30	南京农业大学	1433

（二）企业（产业）

企业对大学的资源提供有两种：一种是无偿馈赠；一种是通过技术转让、商业开发为大学支付相应的资源。前者企业作为资源供给者的姿态出现，后者企业实际上是一个消费者。事实上，大学从企业那里获取的资源已经从技术转让、合同、咨询转向自办公司，通过自办公司的盈利来支持学校的运营。

进入知识经济时代，有知识的劳动者、主要技术人才、创新人才是企业的主要劳动力，这些知识附加型的劳动力主要来源于大学培养的人才。大学也是企业技术发展与创新的一个动力源。企业越来越倾向于对大学进行前期投资，这种投资主要是选择性的。企业的盈利性使得企业即使对大学进行无偿馈赠，也要求从这种馈赠中得到潜在的回报，这种潜在的回报可能是基于促进一个良性发展的社会，是基于学生可能作为未来的客户，也可能是基于企业的广告宣传效应。在这种情形下，在有限的政府资源下，对企业馈赠的争夺就成为大学的重心之一，而这种争夺又是基于大学自身对企业的“效用”，主要取决于大学的声誉。声誉是在一个非货币市场运作的通货，声誉是通过良好的绩效产生的，而且可以变为真正的资源，因为正是那些具有良好声誉的院校，才能获得最多的资源，为学生提供最好的职业。①

产、学、研模式是大学主导自身资源的有利手段之一。大学投入产业是教学和研究的一个重要延伸职能。它塑造了一个大学竞争力的整合模式，通过投入产业将学生培养、科学研究、社会服务整合起来，实现教学、研究、服务和产业的良性互动。大学—产业界—政府关系的三重螺旋关系已经成为大学发展的一种主导模式。这种模式既为大学开展科研工作提供了资金，也开创了大学科研创新的新局面。于是，一批类似沃里克大学的创业型大学便逐渐开始兴起了。柏林工业大学校长库特·赖纳·库茨勒（Kurt Reiner Kutzler）在第二届中外大学校长论坛上谈到柏林工业大学如何成为技术转让的重要参与者时说：从1970年起，从柏林工业大学分离出去的子公司已有330个，其中包括TELES、AVM、IAV、Inpro等著名公司，仅这140个子公司每年创造的价值，就相当于柏林工大每年得到公共财

① 弗兰斯·F. 范富格特. 国际高等教育政策比较研究［M］. 王承绪，等，译. 杭州：浙江教育出版社，2002：8.

政拔款的三倍多。而我国许多知名大学也在开办自己的公司，并申请了大量专利，这为大学发展提供了两种资源：一种是从公司盈利、技术转让中获得了资金回报；另一种是为科研人员提供了研究创新和激励机制的无形资源。

表 1-5　全国高校校办产业收入过十亿元学校排序表（单位：万元）①

序号	学校名称	企业收入总额	利润总额	净利润	纳税合计	净资产
1	北京大学	2 260 908. 39	78 464. 54	30 395. 31	51 057. 99	574 352. 42
2	清华大学	1 784 065. 36	80 455. 11	53 329. 23	69 728. 77	1 307 369. 05
3	浙江大学	497 589. 21	21 484. 98	9 035. 34	54 706. 87	239 604. 18
4	东北大学	358 546. 67	53 204. 88	26 484. 49	31 715. 41	273 057. 89
5	同济大学	294 464. 50	10 873. 60	6 108. 00	19 367. 00	81 602. 70
6	石油大学（华东）	227 312. 06	2 548. 14	1 869. 84	8 963. 21	31 260. 26
7	哈尔滨工业大学	205 890. 07	7 259. 59	4 736. 51	7 230. 47	279 259. 78
8	复旦大学	192 423. 20	27 643. 50	22 469. 40	10 505. 50	274 475. 50
9	武汉大学	189 244. 99	14 355. 07	11 157. 71	8 460. 34	118 865. 13
10	西安交通大学	181 068. 59	10 314. 18	8 574. 29	10 408. 67	198 505. 07
11	上海交通大学	118 124. 85	12 200. 29	11 126. 12	4 928. 73	251 939. 18
12	中山大学	110 487. 73	5 870. 76	4 464. 49	4 245. 66	43 970. 04
13	华中科技大学	108 463. 23	5 533. 10	1 800. 97	6 494. 75	58 298. 42
14	南京大学	106 319. 61	2 036. 84	1 358. 49	3 181. 90	86 954. 20
合　计		6 634 908. 46	332 244. 58	192 910. 19	290 995. 27	3 819 513. 82
统计时间:2004 年 12 月 31 日						

① 资料来源：全国高校校办产业收入过十亿元学校排序表［EB/OL］.（2005-08-18）［2009-12-08］. http://www.edu.cn/shu_ju_pai_hang_1088/20060323/t20060323_135850.shtml.

表 1－6　2005 年高校申请专利数前 10 名排序表①

序号	大专院校名称	发　明	实用新型	外观设计	数　量
1	浙江大学	976	258	10	1244
2	上海交通大学	1049	39	5	1093
3	清华大学	826	102	2	930
4	江南大学	142	13	528	683
5	天津大学	414	32	11	457
5	东南大学	263	84	110	457
7	哈尔滨工业大学	384	20	—	404
8	华南理工大学	292	107	—	399
9	复旦大学	357	18	3	378
10	武汉大学	193	74	12	279

（三）个体捐赠者

对大学来说，私人捐赠为大学发展提供了灵活的补充资源。在一些私立大学发达的国家，私人捐赠是这些私立大学运行的命脉。虽然我国的大学运行对私人捐赠还不够重视，但是，在可预见的未来，随着经济、文化、制度的发展，个体捐赠资金在数量上会不断增长，重要性也会不断增大。但是，由于大学募集资金的能力各有不同，这种收入在大学间的差距也会很大。大学可以从不同角度去吸引个体捐赠者，识别可能捐赠者并进行情感投资和游说。有的捐赠者仅仅是因为回报大学提供给他们教育机会和美好的大学生活；有的捐赠者是出于大学对社会的贡献；还有的捐赠者是希望自己能与大学的某些标志并存……总之，不管出于何种目的，个体捐赠者对捐赠对象都是要经过高度选择的，而围绕个体捐赠的争夺也必将越来越激烈。而且，国家的财政拨款受到很大限制，而收取高额学费又面临各种舆论和政治上的反对，所以，个体捐赠者的资金对大学来说，就成

① 数据来源：教育部科技发展中心．2005 年高校申请专利数前 100 名排序表［EB/OL］．(2006－04－04)［2009－12－08］．http：//www. cutech. edu. cn/cn/dxph/cgzl/webinfo/2006/04/1180054674735025. htm.

为一个极好的补充。从表1-2中我们可以看出，美国4年制非营利私立高等教育机构的私人捐赠占到总经费的10.4%。

私人捐赠者的主体是校友。国外许多知名大学，特别是私立大学在这方面已经形成了一个完备的校友筹款体系。《美国新闻与世界报道》杂志也将"校友捐赠率"（Alumni giving rate）作为大学排名的一个重要指标。"校友捐赠率"反映了校友对大学的满意程度，占总分值的5%。达特茅斯大学塔克商学院院长保罗·戴诺斯在接受三联生活周刊的采访时说：

……在美国，如果没有私人捐赠和政府支持，没有一所学校能靠自身盈利支持下去。像塔克这样的私立学院很大程度上要依靠捐赠，尽管塔克是全美收费最高的商学院之一，但远远不足以支撑它的运营成本。塔克是全美商学院中校友捐赠比例最高的，64%的毕业生向学院提供捐助。塔克的8000名毕业生大多已成为工商业中坚，他们成立了许多联谊会，以联谊会名义向学校捐款。我们的校园设施、教学设备和奖学金大多来自校友捐增。毕业生向母校捐款是比较典型的美国现象，全美前5名商学院靠强大的校友基金会支撑。以塔克来说，这些捐赠占整个学院支出的一半左右……①

除了校友资源，从企业家和知名人士那里吸收捐赠竞争的背后，实质上是学校综合实力和办学水平的竞争。只有加大自身的教育质量，加强自身对社会的贡献，扩大学校的社会影响，才会在私人捐赠上取得较大的成效。

二、消费者

如今流行的看法是大学像一个企业，它以"知识"为产品，供多种群体消费。这是一个"权利"空前受到重视的年代，知识消费的观念已经深入到社会的各个角落。依据大学提供服务的性质，大学的消费者又分为学生、用人单位、合同服务对象以及政府等。

消费者的一个显著标志就是"需求"，需求的数量和质量根据社会的经济文化基础又以多种形式嵌入到社会结构之中。在高等教育精英化时

---

① 专访美国达特茅斯大学塔克商学院院长保罗·戴诺斯［N］. 三联生活周刊，2002（44）.

期，供给远远大于需求，大学没有消费者意识。2008年，全国各类高等教育总规模超过2907万人，高等教育毛入学率达到23.3%。① 与此同时，高等教育机构数量日益增多，形式日益多样化。2007年，全国共有普通高等学校和成人高等学校2321所。其中，普通高等学校1908所，成人高等学校413所。普通高校中本科院校740所，高职（专科）院校1168所。全国共有培养研究生单位795个，其中高等学校479个，科研机构316个。②供给者和消费者之间的选择空间增大了。一般来说，选择空间扩大就会增大大学之间的竞争，并在大学之中进行分化和分层。美国学者亨利·汉斯曼认为：

非营利组织挑选顾客的积极性尤其高，它们在向顾客要价方面受到了约束，平均价格不高于提供服务的生产成本。教育服务的质量是既定的，服务于高质量顾客的成本与服务于低质量顾客的成本没有区别。因此不管顾客质量高低，非营利组织的要价都一样。但是，假如不同商家的要价相同，顾客将优先选择拥有高质量顾客的商家。因为顾客不用付出更高的价格，顾客能付给商家的唯一通货就是他们自身的质量。结果就出现了“群分”现象：每个人都想选择顾客质量最高的商家，但是只有最高质量的顾客才能被吸收为主顾，因为他们对商家有最大的支付能力。结果，高质量的顾客用自身的质量作为通货，走到了一起。一旦高质量的顾客以这样的方式集结于一个既定的商家，他们中那些没选定的人也将集结于另外一个商家，以此类推，直到顾客全被分配到不同等级的商家。这种分层现象在高等教育中表现得非常明显。最高质量的学生倾向于集中到为数不多的几所精英院校，其次的学生群体集中到另外一类院校，以此类推。事实上，在精英院校之间，甚至在同一所大学内不同学院之间，也存在相对显著的分层倾向。③

大学在高等教育市场上占据有利地位的法宝之一就是拥有高质量的学生。而要拥有高质量的学生，大学就必须在这个充满竞争的市场上进行准

---

① 教育部. 高等教育毛入学率达到23.3%［EB/OL］.（2009－07－20）［2009－12－08］. http://www.moe.edu.cn/edoas/website18/54/info1248242935195554.htm.

② 中华人民共和国教育部. 2006年全国教育事业发展统计公报［EB/OL］. http://www.moe.edu.cn/edoas/website18/info29052.htm.

③ 亨利·汉斯曼. 具有连带产品属性的高等教育［J］. 王菊，译. 北京大学教育评论，2004（3）.

确定位，设法提高教育质量，改善师资结构，并在校园文化建设上使自身更具特色和吸引力，以此来满足学生这一“消费者”的需求，提高他们的满意度，以此来吸引生源。

在我国迈向高等教育大众化的同时，作为大学“输出”毕业生的方式也发生着重大的转变。从“统包统分”的就业分配体制到供需见面，再到“双向选择”的就业机制，大学的质量评判标准逐步推向市场。那些先天优势不足的大学在生源市场上不能与优质大学竞争时，如果能从自身学生结构和市场需求的结合点出发，进行人才培养机制转型，不与传统大学进行同质竞争，就会使自身在就业市场上赢得优势，而就业市场的竞争优势又会使大学逐渐获取生源市场的竞争优势。在巨大的人力资本市场上，作为“人才产品加工与输出”机构的大学，只要能定位准确，就会赢得竞争优势。

在满足广大消费者的需求方面，大学面临着越来越大的批评和压力。消费者的规模在扩大，类型越来越复杂化。不同消费者对大学提出的需求大部分不相一致，有时，甚至是以相反的诉求致使大学面临需求满足抉择的困境。一个基本的表现是：依照大学传统社会要求大学具备独立的引领和评判能力，而在现实社会发展面前又对大学提出各种功利主义的需求。

如果说这是一对矛盾，大学将进入两难境地并受制于社会的矛盾诉求，从而对自己的各种行为提供便利的解释，那么这是对大学的社会诉求的严重曲解。纵观大学发展史，大学从来都面临着对社会诉求的满足，其形式却可以以间接或直接的方式表现出来。从需要智者为社会开化提供引导，到中世纪为宗教传播提供人才、思想库，再到近代为工业生产提供“有知识的劳动者”和基于研究的技术，大学都成功地满足了社会的需求。在满足社会这些诉求的同时，大学仍然保留着自己引领和批判社会的独立地位。矛盾的社会诉求并非强加于大学之上的“紧箍咒”，而是促进大学系统更加完善与多样化的“催化剂”。一方面，“高等教育机构通过在类似的环境中试图找准自己的位置以适应环境，这就导致了分化”（Meek 等，1996）；① 另一方面，在相似的环境中对有限的资源和永远有限的声誉的争夺，就导致了竞争。既有分化又有分层，分层寓于分化之中。满足社会的不同诉求需要这样一个多元的系统，我们不能将多种诉求置于一个单位之上，单一的大学也不可能试图满足多元的社会诉求，而在一个系统分化的

① 玛丽·亨克尔，布瑞达·里特. 国家、高等教育与市场［M］. 谷贤林，等，译. 北京：教育科学出版社，2005：20.

前提下，才有可能出现良性的竞争。良性竞争需要的是这样一种竞争格局：各个大学根据自身的资源、地位和优势，进行适切的定位，将竞争范围进行划定，然后进行重点突破。良性竞争要求大学办出特色，而不是要每一所大学都成为研究型大学。在需求多样化的环境下，办出特色，采取“有所为有所不为”的战略是大学“求生存、谋发展”的必由之路。这种良性竞争的格局也能使高等教育系统优化整体结构、提高整体效益。

一个多元消费的时代，危机不会降临到每一所大学身上，只有那些没有战略，没有重点，没有质量意识和竞争意识的大学才会陷入危机。在一个复杂的高等教育系统面前，大学发展的前景既不那么明朗，也不那么难于把握。在这样的情形下，会产生一些适应性强并能坚守一定地盘的学校，也会有一些很脆弱的学校。

三、潜在进入者

高等教育大众化，首先意味着学生人数的增加。这是近代人口剧增的直接后果，人口变化对高等教育的意义是多重的。人口的变化表现为质和量两个基本的形式，高等教育必须满足这两种形式的变化。高等教育在试图满足人口变化的同时，也在不断发展着自己的类型和规模。在大学建立伊始及此后的几百年里，只有少数高智商的精英群体“享受”高深知识带来的乐趣，进入工业化社会以后，美国率先发展了职业性质的大学，此后遍布世界各国。有些国家直接将这类职业性质的学校归于大学之列，有的国家则制造一个双元系统。到了20世纪三四十年代，高等教育从规模到类型都有了急剧的扩张。伯顿·克拉克（1995）说：“大众化教育，甚至普及化教育的完成与实施不仅意味着学生人数的增加，而且还意味着更多不同类型的学生。”①

在全球化和网络化大背景下，高等教育突破以往的制度、机构、形式以及空间，呈现出一种复杂多样的系统。

1. 企业大学

为了保持竞争中的优势地位，许多跨国公司深感有必要为自己的雇员和有关人员提供最新的培训和教育。起初，各公司或是自办培训部，或是

① 玛丽·亨克尔，布瑞达·里特. 国家、高等教育与市场［M］. 北京：教育科学出版社，2005：17.

资助当地大学和学院，为其提供所需的教育项目。后来，有的公司在原有培训部的基础上，办起了企业大学。成立于1956年的克罗威尔学院，就是通用电气公司创办的。《华盛顿邮报》称克罗威尔为“世界上最特别、最有影响力的商学院”。企业大学从20世纪90年代后开始大量涌现，由1988年的400所发展到2004年的2000多所，其数目现在仍在增长。① 比较知名的有阿尔卡特大学、西门子大学、摩托罗拉大学，华为大学、惠普商学院、中兴通讯学院等。这些学院为本公司员工提供培训，成为实践终身学习的最佳模式。一些企业大学还由企业内部转向对外开放，成为供应商、客户和合作伙伴的战略同盟。企业大学还开始与传统大学联合办学，授予学位，大大拓展了自己的职能。

2. 营利性大学

营利性大学是指那些得到政府认证的有学位授予权的高等教育机构，这些机构开设授予准学士、学士、硕士以及博士等学位的课程。这些营利性大学与传统大学的最大区别在于它们是市场化的商业机构，以提供教育服务赚取利润为目的。较早成立的营利性高等教育机构是1892年建于华盛顿的斯特拉耶大学，以及于1931年建立在芝加哥的德夫里技术学院。虽然高等教育中的营利性模式并不是新生事物，但是20世纪90年代在美国大量成立的教育上市公司却是一个最新发展模式。② 1991年，第一家营利性高等教育学位授予机构DeVry有限公司在证券交易所上市，到了1999年，这样的上市公司已达四十多所。③ 长期以来营利性大学并不为传统大学视为强有力的竞争对象。直到它们占据越来越大的市场份额，并在质量上缩小与非盈利性大学的差距时，公众和传统大学都开始改变对营利性大学的看法。凤凰城大学、阿波罗教育集团、西部国际大学等突破传统意义大学的局限，以非常规的形式将高等教育向全球化扩展，形成了对相关国家高等教育市场的冲击。

3. 虚拟大学（Virtual University）

虚拟大学是由美国学院管理委员会提出的。“虚拟大学”是一种没有

① 张宝蓉. 无边界高等教育：西方发达国家高等教育发展的新概念——以 美、英、澳三国为例［J］. 外国教育研究，2005（12）.

② 理查德·鲁克. 高等教育公司：营利性大学的崛起［M］. 于培文，译. 北京：北京大学出版社，2006：3.

③ 温松岩. 美国私立营利性高等教育的崛起［N］. 科学时报，2007-02-06（B03）.

物质化的校园，全部课程都是通过远程学习方式来进行的具有学位授予权的中学后教育提供机构。虚拟大学的开设大致有两种不同情况：一种是某些原来以开展远距离教育为主的高等教育机构，采用网络等最新信息技术对其传统的远距离教育技术进行改造，逐步升级、过渡到第三代远距离教育，从而部分或全部成为虚拟大学。这种类型的虚拟大学，当首推美国凤凰城大学网上校园。另一种虚拟大学是完全新建的，即一开始就是通过国际互联网开展高等教育与培训，如，琼斯国际大学、美国西部州长大学以及国际信息技术管理学院（大学）等。① 1969 年，经英国皇家特许令批准，1971 年，正式成立的英国开放大学（the Open University）是一个独立、自治的国家高等教育机构，有学位授予权，是全球远程教育领域的领袖，虚拟大学利用当前网络技术迅猛发展的势头，已经开始渗入到传统大学的校园，一些传统大学也开始在虚拟大学“充电”，以弥补传统大学在一些课程提供上的不足。虚拟大学正以其灵活性、应用性、便捷性在全球扩张。

随着参与者的数量增多和复杂化，高等教育市场的竞争将更加激烈。企业大学、营利性大学以及虚拟大学在兴起伊始并不被传统大学看做威胁，一个主要的原因是在人们的观念中这些机构是商业机构，不能称之为大学。但是，随着教育供给的质量和适应性问题不可避免地变得更加尖锐，不论第三级教育制度的机构和组织是一元的、二元的或是多部门的，私立的或是公立的，营利的或是非营利的，如果要对差异巨大的学生客户具有不同的价值，并且满足社会和经济需求的话，教育供给就需要多种多样并具有广泛的适应性。② 正是由于这些机构适应了市场的需求，它们逐渐成为高等教育新的发展模式，并逐渐进入传统大学的领地，成为传统大学的有力竞争者。

四、替代品

“替代品”一词，是新古典经济学用来解释无差异曲线的光滑性的一个术语，简单地说，就是指两种货物或者投入具有替代性，可以相互替代，则互为“替代品”。将替代品应用于公共市场，替代的机制主要不是

① 董秀华．从网上看国外虚拟大学［J］．教育发展研究，2002（5）．

② 经济合作与发展组织．重新定义第三级教育［M］．谢维和，等，编译．北京：高等教育出版社，2002：2．

价格的自发调节机制，而是选择主体根据投入产出比以及质量来进行替代调节。

当高等教育走向市场化，经济、效率、效益成为高等教育机构的目标时，大学面临的替代品就会逐渐改变大学的竞争态势。这里需要明白的是，谁（who）认为什么（what）是大学的替代品。对政府来说，当大学的研究投入很高，产出较低的时候，科研机构就成为大学从事科研功能的替代品，而当大学不能成功地对学生进行职业教育时，各种职业培训机构就成为大学职业教育的替代品。在高等教育机构展开竞争的时候，各种公司开办了内部大学，一些培训机构开展了信息技术的培训认证工作，而一些机构开展了网络学术、职业教程。新的教育提供者和新技术的结合为消费者提供了多种选择机会。当高等教育机构的比较优势降低，而其他一些相应替代品能更好地满足消费者需求的时候，大学的地位就会受到动摇。这些替代品的进入使大学竞争变得更加复杂，大学仅与“同类”竞争的局面已经消失，围绕知识生产给大学带来的是全社会范围的竞争。

1. 教育服务机构

教育服务机构的主要功能是为一些个人和组织提供教育和培训或中介服务。这些专业教育服务机构开展的培训灵活多样，并具有针对性，已经成为培训市场上的一个主体。传统大学也在从事培训服务作为其社会服务职能的主要形式之一，但是，由于其服务的市场意识不强，因而逐渐丧失其在培训市场的地位。国内很多高校的培训工作是在行政规划的保护下，开拓精神不够，竞争力也不是很强。新东方教育集团开始建立时只从事留学外语培训，经过十多年的发展，今天的新东方已经全面进军外语教育市场，它的吸引力已经超越传统的大学英语课堂教学。各种文化传播机构也看到教育市场的巨大潜力，开始从事教育服务。

2. 传媒与出版集团

传媒集团通过巨大的网络覆盖，提供形式多样的教育服务。我国的广播电视大学便是传媒介入高等教育领域的一种模式。英国的 BBS 在全世界提供英语语言与文化教育服务。世界知名的出版集团，如，兰多姆出版公司、培生教育出版集团、麦格劳—教育出版公司、汤姆森学习出版集团都提供了丰富的学习资料，包括各类学术书籍。

史密斯等人提醒人们注意，面对社会需求，高等教育正失去其对知识生产的垄断地位。① 潜在的进行知识创造的场所逐渐增多，不再仅仅是大学和学院处于它们的互动之中，而且各种研究中心、代理机构、工业实验室、智囊团、顾问也如此。如果说潜在进入者的增加改变了大学机构的边界，那么这些替代品则构成了对大学机构的实质性威胁。在高新技术改变了知识传播途径的现代社会，这些大学的替代品更容易引起部分“客户”的青睐。

第三节　大学竞争的三种逻辑

改革开放以来，在我国经济体制走向市场化的同时，高等教育市场化的步伐也在前进。被推向市场化的高等教育主体——大学，经历着愈来愈激烈的市场竞争。围绕生源、师资、资金等的市场竞争在我国大学的运行中日益彰显，而在计划经济体制下形成的以政府管制为主导的竞争思维开始转型，以另一种形式显示其左右大学运行的力量。市场与政府双重影响下的大学竞争，呈现出两种不同的思维和逻辑。这两种逻辑对大学竞争提出了不同的规则，高等教育产品的准公共产品性质以及我国的行政体制使得大学必须同时适应这两种逻辑，矛盾和冲突就成为必然，化解之道需要从大学发展的内在逻辑当中去寻找。

一、大学竞争的政治逻辑

大学与政府的关系影响着一个国家高等教育能否良性发展。根据国家卷入高校事务的程度，将政府的作用区分为“起促进作用的国家”和“起干预作用的国家”两种。“起促进作用的国家”的概念，指一个政府赞同高等教育为那些具有正式资格进入高等教育的人提供一个机会，但政府并不实际指挥高等学校的核心。“起干预作用的国家”指一个政府积极地卷入试图影响诸如学生产品的性质、学校的内部事务、一所大学和它环境之间的关系等方面的工作。②

我国大学与政府的关系显现出一种“起干预作用”的模式，大学的行

① 玛丽·亨克尔，布瑞达·里特. 国家、高等教育与市场［M］. 北京：教育科学出版社，2005：6.

② 弗兰斯·F. 范富格特. 国际高等教育政策比较研究［M］. 王承绪，等，译. 杭州：浙江教育出版社，2001：6.

为规范主要受政府的约束与支配。我国大学对政府的依赖表现在多个方面：办学资源主要来自政府财政，学校有相应的行政级别，决定学校发展的学位审批权集中于政府。科研经费、基本建设经费以及名目繁多的项目经费都由中央宏观调控拨付。此外，还有来自政府的各种评估。

政府支配下的大学竞争会产生以下几种倾向。

（一）追求“数字工程”

政府主导的高校竞争首先表现为高校追求各种“数字工程”。政府设置各种直观的量表，加强对大学的评估，并将评估与拨款以及行政审批挂钩。这种情形造成的结果就是高校形成了一套对付评估的“数字工程”。

一个学校的教学质量是吸引学生的重要因素，教学质量评估如果运用得当，将会成为促成学校之间良性竞争的有力手段。教学质量的时效性长，对它的效果判定要等毕业生到就业市场上接受检验之后几年才能明确。因此，对一个学校教学质量的评价一般是一个长期的过程。教学的评估很难用数据来说明，如果无法深入具体的课堂和学生的表现，很难对教学作一个客观的评价。而那些用外部数据来代替内部行为评价的做法，使大学的教育功能受到侵蚀。目前，我国对教学质量的评估只是在行政框架下进行，而且一般是在一段时期内对某一大学的各种材料进行核实和评定，这就造成高校为了评估，在数字上大做文章，浮夸风气比较严重。

一所大学的学术质量是大学吸引教师和高级研究人才的关键。政府规划的科研项目是大学科研的重头戏，这些科研的审批、经费、评价都是在政府主导之下进行的，这本质上是一种“计划科研”。科研项目的多寡也是评价大学地位的一个指标，为了能在科研上获取较高的评价，各校都花费很大精力去争取科研项目，而在科研的结果评价上却不甚严格。这种“重投入不重产出”的科研竞争机制，导致了大学科研的数量化倾向。

最重要的还是在行政主导下的选拔机制使校长的激励机制发生了偏差。我国大学的校长与其说是校长，倒不如说是官员。大学校长是受上级指派的，这就使校长对上不对下，而对上最佳的手段就是大造“数字工程”。相比那些难以评价的大学文化建设、价值追求，数字工程是很容易被辨别的政绩。

这种倾向导致大学之间形成了一种不正常的竞争氛围。为了达到某种并不客观、科学的指标，学校将精力放在应付评估上，提高教学质量的精力则相对较少。

（二）关系至上

在中央集权的高等教育管理体制下，一所大学的发展在很大程度上依赖于与政府的关系，而且政府也在有意通过行政手段影响学校的发展。在这种背景下，大学、地方政府以及教育部作为利益集团都参与了博弈竞争。由此，大学在与其他大学竞争以及政府的博弈过程中演化出了一种特有的“关系竞争”。在这种情况下，争得政府支持，获取大量的政府资金以及政府所赋予的地位便成为大学追求的重要目标。而政府作为一个官僚机构，既不能深入学校去实地调查所有学校的质量细节问题，也不能避免其间出现的“寻租”现象。所以，“跑部钱进”、争学科点、争项目、争重点学科和基地、争行政级别等就成为大学互相竞争的一个大舞台。

由于个别组织或机构垄断着科研项目的审批，这就造成这些人手里拥有寻租权力。科研的规划和审批也要遵循政治权力的规则。行政资源和学术资源交织在一起，因此，各个大学竞相聘请官员或者掌握着科研审批权的人士兼任学校某些职务，以便为学校申请科研项目提供方便。

关系竞争的一个重要表现是大学的隶属关系。那些隶属于部委的高校在资源获取上就拥有高于地方高校的优势。这种优势主要体现在那些竞争性的项目上，包括重点学科、研究基地、竞争性拨款以及科研项目，等等。而且，隶属于部委的高校面向全国招生，它们的生源是在全国范围内进行选拔，所得生源往往高于那些面向地方招生的地方高校。而且，由于这些隶属部委的高校在全国的知名度高于地方院校，因此，它们的毕业生在就业市场上占据优势。最终，学校又形成一个校友圈，这些校友又成为学校发展的又一竞争资源。

这种高校竞争的“人格化”方式造成了当前整个高等教育竞争的不良氛围。虽说高校竞争避免不了要依靠人脉资源，但是对公共资源的竞争却不能“人格化”。这种“人格化”的竞争容易造成教育腐败，并使教育资源不能得到最佳配置。

（三）资金配置低效

政治逻辑下运转的大学成本意识薄弱。由于政府机构的有限精力，因此对高校的财政拨款主要是基于传统测量方式（教职工数、生均成本、固定基建拨款等)，而不是基于产出或结果。这种方式导致学校将精力放在经费获取上，经费到手后，却没有在经费科学使用上进行精打细算。而且，政府的竞争性财政拨款是大学竞争的主要对象，但是作为经费提供方的政府，其划拨机制对所有大学都适用，这种相似的激励机制将磨灭大学之间的多样性。

（四）制度创新乏力

我国高等教育高度集中控制模式造成整个高等教育效率的低下。在高度集中控制下的高等学校，缺乏退出和拒绝效率低下的制度安排的选择权和另择的自由，这就意味着高等学校缺乏自我发展、自我约束的发展机制，意味着不存在不同效率水平的高等学校之间的竞争和与这种竞争相联系的筛选机制（这里指的是良性竞争不存在，而那些政治逻辑下特有的竞争机制就占据主要地位)。因此，整个高等教育自行的制度创新的尝试欲望普遍缺失，创新的机会也随之渺茫，为适应社会发展所需要的制度调整通常难以实现，高等教育所呈现的制度僵化以及由此导致的效率低下也就在所难免，为实现社会经济发展所必需的制度安排就难以实现。因此，长期以来，与高度集中控制相适应的我国高等教育虽然在一定历史时期曾发挥过重要作用，但是它的弊端同它曾经发挥的作用一样突出。它使国家及其教育主管部门集举办者、管理者、办学者于一身，高等学校完全成为了政府的附属物，只能按照政府的指令办事，政府可以直接指挥高校的教学、科研，学校失去了面向社会自主办学的活力。

（五）高校模式趋同

高校是一个资源依赖型组织，提供资源者的激励方式必然左右着大学的发展。在这种机制下，来自政府的偏好被广大高校所推崇，模仿成为一个主要的竞争策略，而不顾及自身的地方需求、传统职能以及内在优势。于是，专科升本科，学院升大学，各种升格热蔓延在中国高校之中。而近十年来政府主导的合并战略，以多学科作为增强大学竞争优势的策略，迄今没有获取明显的竞争优势。实力一流的大学在追求多学科、研究型的同时正在弱化自己的教学功能。而这一空白并未被其他高校填补，而是大家都争相扩展研究功能。对政府的依赖又使得大学与企业的关系淡漠，科研转化受到扼制。大学与政府成为一个封闭的公共领域，其外围功能难以有效发挥作用。这种缺乏理性的竞争策略，产生了“学术漂移”现象。大家都以处于金字塔顶端的高校作为模仿对象，金字塔顶端的高校又以国外研究型大学为模仿对象，追求大而全，以规模优势作为竞争优势。采取上移战略，造成大学同质化，不能适应高等教育大众化的要求。

在这种局面下，我国大学发展受到其所置身的行政体制的深刻影响，对政治的依附性造成了大学自身对社会经济、政治与文化反应的僵化，影响了大学的健康发展。很多激励措施只能表现在上层的规划当中，而一旦落实到具体的大学里，不是无法实施，就是以扭曲的形式表现出来。大学形成的政治思维逻辑使大学缺乏动力去修炼内功，而是将注意力放在上层的检查、评估以及偏好上，片面追求数量指标，各种发展对策对上不对下。由于政府财政经费投入的有限性、选择性已经使得这种竞争思维难以适应未来的大学发展要求，明智的大学正在改变这种依附性的发展策略。

二、大学竞争的市场逻辑

从 1998 年开始，我国大学扩大招生，很快迈入高等教育大众化阶段。这不仅是一个扩大高等教育供给的政府举措，规模的扩大也带来了结构的转型。高等教育规模的扩大，超出了政府财力的限度，多元化的高等教育财政格局开始形成，独立学院、私立大学也开始兴起。高等教育两大市场——供给市场和需求市场——真正开始交互作用。高等教育市场化理念和实践逐渐渗入，它带来了高等教育竞争的新局面。

“市场化”是指运用“私有领域”（private sector）或市场（market）的概念、原则和做法，来营运公共事业和公营部门，其目标是要使公共服务变得更能适应市场的需要（Aucion，1990；Flynn，1997）。[①] 在高等教育领域，“市场化”指的是“一个过程，通过这一过程，教育成为由相互竞争的供应者提供的商品，教育服务按质论价，能否取得这种服务取决于消费者的精打细算和支付能力”（Yin，White）。[②]

高等教育市场化的一个重要目的就是要改变大学由于严重依赖政府规制而不能灵活适应社会的各种需求，并期望在一个竞争的环境下驱使大学去面向社会办学。在计划体制转向市场体制的社会大背景下，在市场逻辑

① 戴晓霞，莫家豪，谢安邦. 高等教育市场化［M］. 北京：北京大学出版社，2004：34.

② 同①，第 42 页。

下，我国大学竞争呈现出一些基本的趋势。大学在市场逻辑上虽然先天不足，但是却可以依托社会变革发展出一套独特的市场竞争逻辑。

（一）竞争主体多元化

从投资主体来看，政府投资办学为主导的情况已经发生改变。社会力量办学、投资主体多元化已经成为我国高等教育发展的基本方向之一。《中国教育改革和发展纲要》提出："改革办学体制。改变政府包揽办学的格局，逐步建立以政府办学为主体、社会各界共同办学的体制。在现阶段，基础教育应以地方政府办学为主；高等教育要逐步形成以中央、省（自治区、直辖市）两级政府办学为主、社会各界参与办学的新格局。"《中华人民共和国高等教育法》在总则里提出："国家鼓励企业事业组织、社会团体及其他社会组织和公民等社会力量依法举办高等学校，参与和支持高等教育事业的改革和发展。"

经过十几年的发展，目前，我国形成了公有公办、公有民办、民有民办、公民联办、股份合作制办学、公立高校转制、独立学院、中外合作办学等多元化的高等教育机构。表 1 –7 列举了一些主要类型的高等教育机构。

表 1 –7　我国多元化高等教育机构

<table>
<tr><th>类　型</th><th>描　述</th><th colspan="2">数　量</th></tr>
<tr><td rowspan="3">公办高校</td><td rowspan="3">以国家财政拨款为主、其他多种渠道筹措教育经费为辅的国家举办的大学、学院、高等专科学校，其资产属于国家所有</td><td>本科</td><td>674 所</td></tr>
<tr><td>专科</td><td>868 所</td></tr>
<tr><td>高等职业学校</td><td>704 所</td></tr>
<tr><td>民办高校</td><td>以国家机构以外的社会组织或者个人，利用非国家财政性经费，面向社会依法举办的高等学校</td><td colspan="2">334 所（截至 2009 年 6 月 19 日）①</td></tr>
<tr><td>独立学院</td><td>独立学院是由普通本科高校（申请者）与合作者（包括企业、事业单位、社会团体或个人、也可以是其他有合作能力的机构）按新机制、新模式合作举办的进行本科层次教育的高等教育机构</td><td colspan="2">322 所（截至 2009 年 4 月）②</td></tr>
</table>

① 教育部. 教育部批准的高等学校名单、新批准的学校名单［EB/OL］.（2009 –06 –19）［2009 –12 –08］. http：//www. moe. edu. cn/edoas/website18/12/info1245740273339612. htm.

② 教育部. 独立学院名单［EB/OL］.（2009 –04 –01）［2009 –12 –08］. http：//www. moe. edu. cn/edoas/website18/67/info7067. htm.

续表

类 型	描 述	数 量
中外合作办学	外国教育机构同中国教育机构在中国境内合作举办、以中国公民为主要招收对象的高等教育机构	审批的机构有13所（截至2007年1月1日）①
其他还有军事、警察、党政高等院校		

注：公办高校统计数据来自中国统计年鉴2006，为2005年数据。

高等教育机构多元化强化了高等教育的竞争。在世界范围内，那些古典大学，特别是那些享有高等教育政府特权的大学，那些对学生的需求、学生家长的需求或社会及经济的需求缺乏响应动机的大学，被人们看成是一成不变的、只为自己利益考虑的。② 我国公立高校长期在政府计划的保护伞下缺乏竞争意识。如今，各种满足社会高等教育需求的机构加入进来，其中不乏质量上乘的机构，这就扩大了高等教育的供给，高等教育机构面临的竞争逐渐激烈起来。如今，无论是公立还是私立的大学或者其他高等教育机构，都必须为生源而竞争，并为无效率和不关心社会需求而承担后果。从这个角度出发，高等学校就更有可能提供优质的教育，在时间和方式上满足学生的需求，而不仅仅是为政府的利益和教师的便利而开办。③

（二）师资流动市场化

2000年，中共中央组织部、人事部关于印发《关于加快推进单位人事制度改革的意见》的通知中指出："从总体上看，事业单位人事制度改革的进程，与社会主义市场经济体制和各项事业发展还不适应，主要表现在：符合各类事业单位特点的人事管理制度还没有完全建立起来，有效的竞争激励机制和自我约束机制还很不健全，能上能下、能进能出的用人机制还没有形成。"通知要求进一步扩大事业单位的人事管理自主权，建立健全事业单位用人上的自我约束机制，贯彻公开、平等、竞争、择优的原则，引入市场激励机制，通过建立和推行聘用制度，搞活工资分配制度，

① 部分中外合作办学机构和项目相关信息［EB/OL］.［2009-12-08］. http://www.moe.gov.cn/edoas/website18/top_zwhzbx.jsp.

② D. B. 约翰斯通. 高等教育财政：问题与出路［M］. 沈红，李红桃，译. 北京：人民教育出版社，2004：178.

③ 同②，第179页。

建立充满生机活力的用人机制。

目前，高校正在探索实行一种建立在竞争和流动之上的用人新机制。人事管理体制由教师任命制转向教师聘任制，打破了此前人员“能进不能出”“职务能上不能下”的格局。薪酬改革力度逐渐加大，取消了以前那种“按级定酬”的做法，建立了以国家基本工资为基础，通过岗位津贴、业绩奖励拉开教师收入差距的新机制。教师收入结构的变化给教师带来了很大的物质刺激。并且，不同学校教师之间的收入差距有扩大的趋势，教师的收入和学校的经济效益结合起来。这样，在新的人事管理体制下，那些经济实力雄厚、创收能力强的学校就能通过高待遇吸引人才。而这种做法在计划体制下是不可能的，因为那时教师的收入主要是工资，而工资是由国家规定的，学校可以操作的空间有限。如今，大学在人事上拥有的自主权越来越大，各个高校都在自身学校战略发展的基础上强化了人才选拔和淘汰机制。教师和研究人员成为一个人才市场，大学和教师就教师的价值进行“讨价还价”，从而使教师的价值得以彰显。教师本人也从学校的束缚中解放出来，可以寻求能使自己价值最大化的学校。而高校也将人才引进工作当做一个突破学校惯性发展、实施学校新战略的有力手段。师资队伍被激活，由此，我国近几年围绕师资的竞争达到了一个高潮。学校要站在战略的高度看待人才流动，思考人才为什么会走，怎样留住人才，怎样吸引学校需要的人才，这就促使大学必须改革，转变计划体制下那种人事管理的旧思维，只有这样才能在人才市场化的条件下建设好学校的师资队伍，提升学校的竞争力。

（三）办学职能经济化

传统观念认为大学应该根据学术自身的逻辑进行教学与研究，这两项职能是基于社会公共发展需求的。大学的使命被清楚地界定为“服务于公众”，公立大学的公共使命是由政府确定的，早期私立大学也以非营利性为使命。许多国家的公立大学在政府的法律规定下是免费的；许多私立大学也不是通过学费来维持的，而是通过自身的非营利性获得慈善捐赠来维持学校的运转。而且，早期大学从事的研究也主要是基础性研究，遵循的是学术自身的逻辑，不为产业所左右。德国最早实施的研究模式是基于国家政权需求的，学校本身不直接从事基础研究的社会转化和商业运作。因此，大学的研究经费主要是依靠政府和慈善组织的资助。

近年来，大学职能的性质发生了重大的变化，从公益性逐渐过渡到经济性。首先，“人力资本”的理念盛行于高等教育。研究认为，高等教育的个人收益高于社会收益，加上国家公共服务职能的加重，高等教育的财政面临萎缩。在此背景下，大部分国家逐渐向学生收取学费。学生接受高等教育要支付相应的费用，“论质付费”的观念也开始流行。大学的教学职能逐渐经济化。大学教学职能经济化的另一重要表现是大学扩充了自己的教学服务对象，教育开始面向所有需求对象，包括非学历教育的“培训”以及学历教育（比如，MBA、MPA 等专业硕士学位）。“论质付费”的观念则是这里的法则。“优质优价”的法则促使学校在教学领域展开了竞争。由于学生在进入学校之前不知道学校教学质量的真实情况，这就造成学生与学校之间的信息不对称。在市场条件下，为了弥补这一缺陷，各种社会评估逐渐兴起，发挥了向社会大众传递学校教学质量的作用。“客户”依据这些评估、排行对学校的教学质量做出判断，进而选择相应的学校。因此，大学质量的社会评价成为市场体制下促使学校竞争的主要驱动力。这也符合市场运作的基本原则：信息公开、透明。

而科研项目研究的经济化则以“产、学、研”的模式表现出来。基础研究和应用研究的界限逐渐模糊，研究的服务对象也从政府扩大到产业界。20 世纪 80 年代以来，许多工业化国家都出台了促进大学与产业联系的政策和法规。美国于 1980 年出台《贝赫—多尔法案》（Bayh-Dole Act），可以看做是这类政策的里程碑，日本 1999 年也制定了相关法案。这类法案规定，由联邦经费资助的研究所产生的知识产权归大学所有，并且大学可以向商业机构出售知识产权。我国《国家教育事业发展“十一五”规划纲要》也指出要“加强校企合作、校际合作、高校和科研院所之间的合作，形成产、学、研结合的良性机制，强化高校科技成果转化和工程化能力建设，提高大学科技园的产业孵化能力”。同时，大学投资办公司的现象也十分普遍，许多知名大学开办的公司成为盈利丰厚的大型公司，比如，国内的北大方正、清华紫光、交大昂立等。这些公司依托大学的研究机构，将研究成果进行转化并推向市场。大学的竞争已经超越基础研究领域，大学的产业也成为大学排行的一个重要指标。

最后，大学本身也可以成为一个经济体。突出的表现就是营利性大学开始兴起，这些营利性大学突破传统大学的非营利性质，以利润为驱动力，需求为导向，将学校整体推向市场。这些营利性大学构成了对传统非营利性大学的挑战。它们在职业培训、课程教学以及非传统学历教育上已经具备一定的竞争优势。一些欧美的营利性大学已经开始从事传统上属于非营利性大学的研究工作，并显示出某种灵活性。虽然我国现行的《中华人民共和国高等教育法》第二十四条规定“设立高等学校，应当符合国家高等教育发展规划，符合国家利益和社会公共利益，不得以营利为目的”，但是，《中华人民共和国民办教育促进法》第五十一条明确指出：“民办学校在扣除办学成本、预留发展基金以及按照国家规定提取其他必要的费用后，出资人可以从办学结余中取得合理回报。取得合理回报的办法由国务院规定。”

在大学教育职能经济化的时候，大学的教职员工也在经历着价值裂变的考验，一些教师已经懂得将传统知识以全新的形式在市场化背景下进行包装，从而为其在社会上赢得一席之地。而缺乏这种能力的教职员工只能在市场化的逼迫下一步步退缩。与此同时，一些传统上不被看做是“高深知识”的专业、课程在社会需求刺激下，开始冠冕堂皇地走上大学的讲台。很明显，市场的力量在潜移默化地影响着大学的中心地带——讲台和实验室。在市场上，生存的压力使很多大学的传统观念以及知识模式开始退化甚至消失。大学办学职能的经济化使大学的“自我筹资”能力显得尤为重要。大学竞争力获取与提升的基础在经历着巨大的转变，美国高校之所以能获得全球竞争优势，原因之一就在于它的公立和私立高校能够成功地将大学职能予以经济价值提升，而欧洲许多高校竞争优势的下降正在于它们在这方面能力的欠缺。

（四）经费筹措资本化

高等教育在快速发展之际，许多大学开始面临经费短缺的瓶颈，而经费是大学竞争的基础之一。在政府财政有限的情况下，为了获取大学的跨越式发展，许多大学开始从资本市场上获取办学经费。经费筹措资本化有两个表现：一个是间接地通过中介作用使金融机构贷款给学生上学，这实质上是大学筹资的金融化，只是以学生学费的形式表现出来；另外就是学校以法人资格直接在金融市场上进行筹资。

1. 贷款

随着高等教育规模的扩大，政府财政拨款压缩，而学校基建又难以满足学校跨越式发展，由此学校将目光放到了银行借贷上。中国社会科学院发布的《2006 年：中国社会形势分析与预测》蓝皮书宣称，我国公办高校向银行贷款大致为 1500 亿 ~2000 亿元。① 借贷行为本身是学校走向市场的表现。由于借贷需要在盈利的基础上进行还贷，但是高校作为一个“非营利性组织”，仅靠自身力量难以还贷，这就造成许多高校“负债运行”。这一方面是因为高校竞争的非理性，在基建上盲目攀比，走的是一条“粗放型扩张”的道路；另一方面是因为高校的借贷只是学校融资的一条渠道，这条渠道必须与其他融资渠道结合才能使高校良性运转。如果学校单一依靠银行贷款盲目扩张，而不是从战略角度量力而行，并且拓展其他融资渠道，最终会影响学校的正常运转，降低学校的整体竞争力，在市场化高的国家或地区，学校甚至会被兼并或关闭。

2. 基金投资

由顶级金融管理专家管理学校捐赠基金，将这些基金投放到证券市场上以获得增值，是英美国家的高校走向金融市场的一个普遍做法。2005 年 4 月，牛津大学宣称，各学院筹集到的 17 亿英镑总捐款获得 10.7% 的平均收益率。② 截至 2006 年 6 月 30 日的 10 年期间，耶鲁基金从 40 亿美元猛增至 152 亿美元，（扣除管理费用）平均每年获得 17.4% 的投资回报率。其他诸如剑桥、哈佛等高校也聘请金融人士加盟学校，出任首席财务官，打理学校捐赠基金，提高基金的收益率。耶鲁大学和斯坦福大学已经将基金投资目光指向中国市场。2006 年 8 月初，国家外汇管理局批准了耶鲁大学和斯坦福大学的合格的境外机构投资者（QFII）资格。③ 高效的基金运作又为学校吸引更多的捐赠。财务状况的优异表现确保了这些高校未来的可持续发展。但是，我国高校基金会数量及运作与英美高校相比，差距还很大。在国家民政部登记的基金会里，高校基金会只有 5 家。而且，我国高

---

① 黄燕芬，李宏梅. 金融风险新表现：过热的高校圈地贷款［M］//汝信. 2006 年：中国社会形势分析与预测. 北京：社会科学文献出版社，2005：299.

② 乔恩·布恩（Jon Boone）. 走进牛津剑桥的金融“管家”［N］. 国际金融报，2005 - 05 - 10（4）.

③ 陈宜飚，徐炯. QFII 新军. 耶鲁、斯坦福大学基金解密［N］. 21 世纪经济报道，2006 - 08 - 12（26）.

校基金会在投资收益率方面也非常低，清华大学教育基金会2005年的投资收益也只有828万元。① 金融融资能力的欠缺造成我国高校单一依赖银行贷款。由于政策限制，我国公立高校在基金投资方面也受到限制，而私立高校则可利用自身的民间性质提高资本市场融资能力，进而提升学校整体办学水平。

3. 发行债券

有些高校在融资方面走得更远，从基金投资发展到直接发行债券为学校融资。美国很多公立和私立高校都在发行债券，日本政府已经取消了对高校发行债券的限制，一些高校已经开始通过放债来融资开设新机构或盖新楼。② 2005年5月15日，康奈尔大学就出售了价值2.5亿的债券，而且，哈佛和德州大学也以这种方式筹集了数亿元的基金。③ 发行债券的优点在于：大学可以分散和平衡年度经费支出，并且通过投资获得长远利益。④这一投资市场虽然起步较晚，试行的学校也有限，但这是高等教育经营走向市场最深层次的行为，它的发展将会改变整个高等教育的传统经营模式。体制上的限制一旦放开，围绕证券市场的竞争能否像公司证券那样成为左右学校运转的命脉，我们将拭目以待。

三、大学竞争的知识逻辑

以上两种逻辑其实有一个归结点，就是政治和市场对大学知识的定义与价值诉求。政治和市场赋予知识的定义是“政治工具主义”的和“经济工具主义”的，都是从外部对大学操作知识做出定义和价值诉求，要求稳定性、可靠性、工具性等，评价的尺度是科学原则。专注于政治和市场的思维都会给大学带来致命的威胁，寻求一个更加有效的竞争思维还需要思考大学的内在逻辑。找寻大学发展的内在逻辑，需要从大学的历史发展和大学的内在构成要素入手。无论从大学的历史演变中挖掘，还是从时代对大学提出的新要求，知识逻辑无疑是大

---

① 邬大光．高校贷款的理性思考和解决方略［J］．教育研究，2007（4）．

②④ 金子元久，刘文君，钟周．高等教育市场化：趋势、问题与前景［J］．清华大学教育研究，2006（3）．

③ 庞娟．走向金融市场的美国大学教育［N］．社会科学报，2006-06-15（7）．

学发展的内在逻辑。

在中世纪欧洲最早创办大学的斗争中，意大利北部的博洛尼亚（Bologna）及其模仿者幸存下来，而萨莱诺（Salerno）的更早和同样有前途的努力却消失了。英国历史学家科班（A. B. Cobban）指出："萨莱诺的主要弱点在于它没有发展一个保护性的和有凝聚力的组织以维持它的智力活动的发展。"① 博洛尼亚的学生型大学制度的建立则保证了学者的生活和学生的求学自由，从而在那一时期得以发展。同时期产生的巴黎大学及其模仿者建立的教师型大学模型，由于更适合大学作为一个知识行会组织的性质而战胜了博洛尼亚模式。博洛尼亚以及其模仿者帕多瓦大学的极端学生控制模式则衰弱下去。从巴黎大学分裂出来的牛津大学在英国奠定了其一流地位的根基，同时从牛津大学分裂出来的剑桥大学则以自然科学的优势和牛津大学分庭抗礼。此后经历了漫长的中世纪，英格兰的这两所大学在沉溺于经院哲学的烦琐论证中，变得"死气沉沉"。而在19世纪20年代末建立的伦敦大学则适应了产业革命需要而成为享有盛誉的大学。

德国大学在19世纪前一直未能处于中心地位。1806年，拿破仑击败普鲁士，激起了普鲁士对大学的重视。在国家意志驱动下建立的"适应一个当时尚未存在的工业德国需要的，以研究为方向的，尤其是有关自然的科学"② 的柏林大学，通过对知识的重新定义对大学进行了一次重要的使命转型。以柏林大学为首的德国大学也赢得了其应有的声望，以至于当俾斯麦战胜拿破仑三世时说，"1870年战争的胜利是普鲁士校长们和德国教授们的一场胜利"。③ 德国这种专业化的、以研究为方向的大学模式成为当时世界各地大学羡慕和效仿的对象。

美国在学习德国大学的经验后，对本国的传统学院进行了改造，加入了研究职能，为了不排斥本科教学而设置了研究生院，构成了美国研究大学的特色。依据《莫雷尔赠地法案》创办的州立大学和学院以适应地方农业技术教学研究的需要。一个有代表性的大学——康奈尔大学，表达了美

---

① 伯顿·R. 克拉克. 高等教育系统——学术组织的跨国研究 [M]. 王承绪，等，译. 杭州：杭州大学出版社，1994：4.

② 伯顿·R. 克拉克. 高等教育新论——多学科的研究 [M]. 王承绪，等，译. 杭州：浙江教育出版社，2001：38.

③ 奥尔特加·加赛特. 大学的使命 [M]. 徐小洲，陈军，译. 杭州：浙江教育出版社，2001：47.

国高等教育的理想：大学和学院是“任何人都可以获得任何方面教学的机构”。① 这种美国特色的大学一改往日普通教育目的以及德国式的纯研究性质，走出校园，直接服务于社会。毫无疑问，美国人的做法获得了成功，20 世纪成为美国大学的世纪。

进入 21 世纪，美国大学依然独占鳌头，德国大学继续衰落，英国大学还在奋起直追，而中国大学则仍徘徊在一流学府之外。传统的竞争格局还在继续，一个新的迹象是新的大学组织形式开始冲击传统大学组织形式，比如，英国的开放大学、美国的凤凰城大学。这些大学开始并不被传统大学视为真正的竞争者，但是，在这些大学的不懈努力下，公众和传统大学正在改变对它们的看法。传统大学组织却在经历一次次知识内涵的争论与动摇之后，正在改变自己看待知识的传统眼光。

历史的经验告诉我们，成功的大学是如何保持竞争优势的。大学在立足社会资源的基础上，在追求自身独特价值的过程中，形成了独特的知识生产、传播和运用体系、组织结构程序以及价值观。这些独特的组织元素植根于特定的环境系统和集体学习模式中，因此很难被其他组织模仿，这正是大学的竞争优势之源。“知识材料，尤其是高深的知识材料，处于任何高等教育系统的目的和实质的核心”，② 对知识操作的重新思考和组织不断地改变着世界大学竞争的格局。

大学一再受到外在的压力与权威而不能保持自身的完整，然而，正是大学的内在知识价值使大学虽然没有直接创造生产力的功能，却能保证大学一再走向社会的中心。时至今日，知识超过资源，知识的增长超过了以往所有时代的总和。对大学的需求超过它们做出反应的能力，知识的操作方式日趋多样化。在这种局面下，社会的发展要求大学的竞争回归自我，要求大学对自身的竞争战略与实践进行反思。而回归自我也就是要求大学能从自身的材料、知识出发，去获取和提升竞争力。如何保证在知识社会中获得持续的竞争优势，是所有大学面临的重要命题。

大学竞争的知识逻辑是一种“内生型”竞争思维逻辑。大学的竞争来源于大学的内在价值——知识的定义，表现为知识的倡导方式。大学要立

---

① 伯顿 · R. 克拉克. 高等教育新论——多学科的研究［M］. 王承绪，等，译. 杭州：浙江教育出版社，2001：41.

② 伯顿 · R. 克拉克. 高等教育系统——学术组织的跨国研究［M］. 王承绪，等，译. 杭州：浙江教育出版社，1994：12.

足于对自身在知识联系方面所处的位置来发展自己的竞争力。“大学需要有中心去帮助它们解决严重的不平衡问题，重新规定它们的社会用处，它们需要在知识产业的生态学中找到足可支撑的位置。”①

四、大学三大竞争逻辑的关系：历史、现实与未来

大学竞争的三大逻辑是不同历史阶段的产物。大致来看，大学竞争逻辑经历了单一知识逻辑—政治逻辑—市场逻辑—复杂知识逻辑的发展轨迹。

（一）单一知识逻辑

中世纪大学成立之初，大学竞争的逻辑是单一的知识逻辑，表现形式则是教师的流动。中世纪大学是一种行会组织，一种以意大利博洛尼亚大学为代表的学生控制的大学，一种以巴黎大学为代表的教师控制的大学。最后，教师控制的大学占据主导地位，成为当时大学模式的主导。中世纪教师控制的大学有四个特点：一是教师为中心，教师管理学校；二是教师可以自由流动；三是学校具有独立的法人地位，享受一些特权；四是学科水平高低主要表现在少数几个教师身上。由此，大学之间的竞争主要表现为教师的竞争。巴黎大学聚集了当时欧洲最优秀的师资，在神、法、医、文等领域首屈一指，吸引了众多学子前来学习，使其成为欧洲教育的中心。牛津大学借助从巴黎大学来到英国的学者而成为一所知名大学，这些从巴黎大学来到牛津的学者开始从事经院哲学，从而使牛津大学成为经院哲学研究的中心。剑桥大学同样是借助从牛津大学逃出来的学者而建立的，并逐渐成为和牛津大学分庭抗礼的著名大学。由此，我们可以看出中世纪的大学竞争主要是教师的争夺，其原因在于当时的知识主要垄断在教师身上，学科形式单一，拥有掌握高深知识的教师就是大学发展的命脉。因此，这一时期的大学竞争表现为单一知识逻辑。

（二）政治逻辑

德国洪堡大学的建立是单一知识逻辑到政治逻辑的转折点。此时，民

① 伯顿·R. 克拉克. 建立创业型大学：组织上转型的途径［M］. 王承绪，等，译. 北京：人民教育出版社，2002：180.

族国家兴起，工业革命进入成熟阶段，国家急需知识来引导民族国家发展，而这一历史重任落到了大学的肩上。在普鲁士成立的洪堡大学是这一时期的代表，并引发了英、美、日等国的大学改革。这一时期的大学表现出以下几个特点：① 政治依附性，民族国家政权加大了对大学的资助和控制。② 高等教育是一种极端的精英教育，精英大学为主要竞争对象。③ 数量少，易于控制。④ 对社会反应不十分敏感。⑤ 大学国际性的降低，民族政权的兴起，使民族语言逐渐成为大学的主要教学研究语言，拉丁文等学术通用语言地位下降。由此，大学由国际性转向民族性，由宗教性转向世俗性，由独立性转向依附性。此时，大学的地位和实力取决于政权对大学的支持程度，大学的竞争实力与国家的发达程度密切相关。因此，这一时期的大学竞争表现出政治逻辑占据主导地位。

（三）市场逻辑

从政治逻辑发展到市场逻辑的主战场是在美国。美国高等教育的起步主要是一种民间行为，私立大学占据主导地位，并在法律上享有不受包括州政府在内的各种行政干预的权利。政府为大力加强高等教育对社会的贡献，又建立了大批公立高校，直接面向社会服务。在高等教育迈入大众化之际，又大力发展社区学院。美国的市场经济和法律制度又为美国营利性大学的发展提供了广阔的空间。在各种因素的综合作用下，美国形成了数量庞大、层次多元、类型丰富的高等教育体系。大学功能在这种丰富多彩的高等教育格局中逐渐拓展，并以市场化模式开始运作。“二战”后成立的关贸总协定及后来的世界贸易组织使得美国将自己的高等教育作为重要的出口资源，从而影响了世界主要国家的高等教育市场化。

然而，市场也不是医治高等教育痼疾的灵丹妙药。在效率之外，高等教育还承担着其他重要的使命：公平、责任、质量、探索未知领域。一些可见的现实是，大学的市场导向并不符合社会的期望，大学的市场竞争思维也并不适合所有大学，并不适合大学内的所有系科。市场力量并不总是建设性的，市场力量有时可能成为一种潜移默化的极具破坏性的力量，它很可能影响大学的主体价值（核心价值）。仅仅依靠市场是不能决定高等教育的方向的。社会的发展是一个长远的可持续发展过程，这一过程不仅包括当前的直接需求，还包括社会未来发展的需求。市场可以做到与当前的社会需求相一致，但是不一定能解决社会的更长远、更大的需求。短期需求与长远需求、个体（团体）需求与社会需求、经济（政治）需求与文化需求之间存在着不可回避的张力。因此，如果一味地响应市场的需求，大学整体很可能会丧失自己的核心价值。因此，我们既要理解那些高度适应市场需求的营利性大学，也要理解那些固守传统价值逆市场潮流而上的大学。很明显，市场逻辑不能作为衡量大学未来方向的唯一逻辑。

（四）复杂知识逻辑

进入21世纪，全球加快了知识社会发展的步伐。知识社会是建立在彻底颠覆传统知识生产、传播、应用的传统结构的基础上的。在知识社会里，高等教育不仅仅是复杂的知识生产网络的一部分，而且，高等教育本身也成为一个复杂的网络体系，其社会边界正在变化，其中心地位正在变成社会其他机构的伙伴。而在这复杂的网络体系中，竞争成为知识生产的主要法则。今天，大学的竞争成为促进大学持续变化的动力。在这一变化过程中，不仅生产市场驱动的知识，也生产关于政治驱动、文化驱动的知识。而大学的地位和实力正是基于对知识生产的有效运作和合理分工。

在这一背景下，大学竞争展现出一种复杂的知识逻辑。复杂知识逻辑下的大学竞争表现出以下一些特点：①大学模式多元化，这使大学可以灵活选择竞争策略。②竞争载体多元化，人才、专利、产业、利润等都可以作为竞争载体，大学既在学术要素上展开竞争，也在诸多非学术要素上展开竞争。③知识的包装和营销成为知识传播应用的主要方式，知识社会信息的泛滥使得大学必须学会包装和营销知识，“酒在深巷无人知”促使大学走向社会展开竞争。④大学自身资源的结构化程度，决定着大学的整体竞争力，大学知识业务单元必须在统一的理念和操作下协同作用，才能发挥最佳效益。⑤诸多竞争者使得大学知识生产和操作的不可模仿性、可持续性成为决定大学核心竞争能力的基本准则。

图1－5说明了大学竞争逻辑的历史演变。

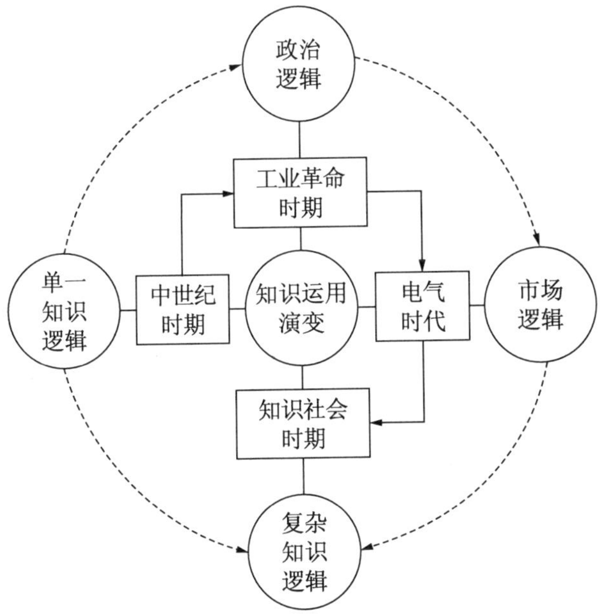

图 1-5　大学竞争逻辑的历史演变与发展

五、大学竞争的知识逻辑与核心竞争力

自普拉哈拉德（C. K. Prahalad）和哈默（GaryHamel）于 1990 年提出了企业核心竞争力的理论以来，核心竞争力成为了当前企业管理中人们关注的热点问题。他们把企业核心竞争力定义为“核心竞争力是组织的集体学习能力，特别是如何协调各种生产技能并把多种技术整合在一起的能力”。企业的核心竞争力就是企业日积月累起来的一种学习能力，这种学习能力是基于企业创造的知识和技能的基础上的。在这一定义中我们可以看出企业核心竞争力的获取要基于以下三个方面。

一是知识性，强调了企业核心竞争力的基础是基于企业自身创造和吸纳的知识。这种知识包括技能知识（know-how）、人为知识（know-who）这样的缄默知识（tacit knowledge），也包括事实知识（know-what）、原理知识（know-why）这样的显在知识（explicit knowledge）。

二是整合性，强调了企业核心竞争力是对这些知识的协调和配置的能力，强调了企业核心竞争力体现在对这些知识的获取、处理、交流、共享的动态过程中。

三是积累性，强调了企业核心竞争力的获取是知识日积月累的结晶，同时，它也表明了企业核心竞争力会随着知识新旧的更替而具有生命的周期。

由此可见，随着企业的发展进入到知识化的阶段，知识管理成为了企业获取核心竞争力的关键，这样的企业也被人们贴上了知识型企业的标签。在知识型企业中，知识、智力等无形资产成为其赖以生存与发展的基础和源泉，直觉经验等缄默知识成为了企业最具战略价值的资源。大学虽然与企业不完全相同，“从整体上来说，高等教育的材料不同于企业组织、政府部门和许多非赢利性机构。但并非所有各方面都有所不同。实际上，由于其他机构组织以知识、科学和专业为基础，它们与高等教育越来越相似”。① 因此，在面对市场竞争的时候，大学同样需要塑造基于自身知识基础上的核心竞争力。

大学的基本生产材料是知识，围绕知识来认识大学的内在竞争优势才真正抓住了大学竞争的实质。大学对知识的倡导方式表现在大学活动的每一个环节中，从知识创造、传播到知识应用、转化，这更加强调了大学的知识中心性、根本性、内在性。我们发现，围绕知识创新以及倡导方式的更新，是大学自产生以来一直存在的竞争主题。在知识社会，知识价值链的每一个节点都成为“创值”的源泉。“仅仅只有少数国家的少数一流大学真的可以自认为是‘世界级’大学。对于大部分高等教育院校而言，应加强自己的特色，加强自己的吸引力来吸引那些被牢牢钉住的客户群。”② 这对大学提出了新的战略选择：在知识社会，大学的竞争需要大学从自身的资源和能力出发，从知识倡导方式的选择和组合中培育和提升自身的竞争优势。

---

① 伯顿·R. 克拉克. 高等教育新论——多学科的研究［M］. 王承绪，等，译. 杭州：浙江教育出版社，1988：11.

② 联合国教育、科学及文化组织. 从信息社会迈向知识社会［R］. 巴黎：教科文组织，2005：95.

第二章 核心竞争力研究综述

核心竞争力（有的译作核心能力）（core competence）是20世纪90年代产生和兴起的企业管理理论。“核心竞争力”一词最早来源于美国著名战略学家普拉哈拉德和哈默尔于1990年在《哈佛商业评论》上发表的《公司核心竞争力》（The Core Competence of the Corporation）。自该文发表以后，管理学界掀起了一股研究公司核心竞争力的高潮，同时，也引起了企业家的高度重视。

本部分首先从企业核心竞争力的理论溯源分析开始，探究核心竞争力理论的社会经济背景和理论承继。然后对当今学术界有关核心竞争力的研究概况进行描述。

第一节 核心竞争力理论溯源

管理理论是历史发展的产物。企业管理理论的产生和发展是紧密联系社会实践的。随着企业所处的社会、经济、政治、文化环境的变化，企业的发展呈现越来越复杂的局面。伴随企业发展阶段而产生的企业管理理论在当时的背景下，对企业的管理起到了有力的解释作用和积极的促进作用。但是，随着社会背景的变化以及企业本身的变化，这些产生于特定时期的理论逐渐变得解释力不足。新的理论应运而生，这些新的理论在汲取以往理论丰富营养的同时，也摒弃了以往理论中不适应时代的部分，同时，在新的社会环境下构建一套新的理论架构。核心竞争力理论是企业管理理论发展的一大里程碑，它的产生和兴起是经济学、管理学不断前进演化的结果。

核心竞争力作为一个企业理论不是偶然的产物，而是多重因素共同作用的结果。本研究从三条主线来看企业核心竞争力理论的渊源：① 企业核心竞争力的历史思想分析。② 经济学视角下的企业理论与发展。③ 战略管理理论的发展趋势。这三条主线体现了核心竞争力的理论发展渊源。这三条主线是为了分析的方便，它们之间相互交错，而非泾渭分明。

一、企业核心竞争力的历史思想分析

国内学者杜云月、袁智德、王毅、魏江等人对企业核心竞争的历史思想都做了相应归纳，本书对这些观点进行了归纳整理。

企业核心能力的思想可以追溯到亚当·斯密、阿尔弗雷德·马歇尔（Alfred Marshall）等的理论中。1776 年，斯密在《国富论》中提出企业内部劳动分工决定企业劳动生产率的最大增进以及劳动的熟练程度、技巧和判断力，进而影响到企业的成长。① 斯密的生产分工理论对企业管理理论与实践产生了深远的影响。20 世纪 90 年代以来的核心竞争力强调企业的能力分工，企业拥有能力的价值、不可模仿、进入多个市场的程度决定了企业的持续竞争能力。

1817 年，李嘉图在《政治经济学和赋税原理》中指出，组织特定的资产、技巧和能力对分工效率影响很大。这可能是竞争力概念的雏形。②

20 世纪 20 年代，阿尔弗雷德·马歇尔在企业完全竞争理论的背景下指出把经济问题看做是静态均衡问题而不是动态成长中的问题是危险的。马歇尔把职能工作连续分解为新的职能单元，不同的次级职能单元产生出一系列不同的专门技能和知识。专业化分工的增加导致了新的协调问题，这又需要产生全新的内部专门职能来进行各原有的和新的各专业职能的协调与整合。这实际上指出了这种职能分工直接与各自的技能和知识相关。马歇尔又提出，生产过程和知识积累不仅发生在企业内部范围内，而且发生在产业中，发生在整个社会中。为此，马歇尔建议应当把源于企业的“内部”经济问题和源于企业之间交互作用的“外部”经济问题区别开来。这两类经济

① 李东红. 企业核心能力理论评述［J］. 经济学动态，1999（1）.

② 杜云月，蔡香梅. 企业核心竞争力研究综述［J］. 经济纵横，2002（3）.

问题后来演变为后马歇尔主义理论的中心内容。①

社会学家赛斯内克 1957 年首先用独特竞争力来表示企业同其竞争者相比做得较好之处。随后，林内德和安德鲁也分别得出结论：拥有独特竞争力的组织有望获得更高的经济效益。1980 年，黑特和爱尔兰德研究了公司独特竞争能力与战略、产业、绩效的关系。1989 年夏，爱温和料克尔斯提出，组织拥有的核心技巧能使其开发出带来受益的产品和服务。② 普拉哈拉德和哈默尔提出"核心竞争力"的重要特征和内容就是"不可模仿性"和拥有"协调生产技能和技术的学识"。这些特征和内容与此前研究者提出的"独特竞争力""技能和知识""核心技巧"等概念有某种关联。

由此可以看出，核心竞争力概念的提出是汲取历史上的经济、管理思想的延续，是一个历史发展的结晶。

二、经济学视角下的企业理论演变与发展

经济学对企业的理论认识走过了从新古典经济学到企业资源观的发展历程。③ 从整个经济学理论发展对企业管理的思想影响的脉络来看企业核心竞争力的思想渊源和产生，就会看到核心竞争力提出的真正内涵和意义。

现代企业理论产生的共同基础是对新古典经济理论的批判。新古典经济学将市场中的企业和消费者作为最小分析单元，企业内部问题被忽视，因此被称为"黑箱理论"。在新古典经济理论中，经济体系运转的中心问题是一个经济体如何在给定的技术和个人偏好条件下来配置资源。新古典经济学将企业的目标定义为利润最大化或成本最小化，根据最大化的行为规则来运行。在最大化行为的假设下，企业在给定的技术和各种约束下从一组可能的选择中挑选出自己的生产方案，并且毫无障碍地（即无信息限制又无不确定性）选取能使其利润最大化的行动（价格和产量）。但是，这个貌似无所不能的企业却是彻底被动的：是外生变量，即给定的技术、成本结构和市场条件，来决定企业的活动边界和生产率，而企业自身的能

① 袁智德，宣国良．企业核心能力理论发展评述［J］．上海交通大学学报（社科版），2002（2）．

② 杜云月，蔡香梅．企业核心竞争力研究综述［J］．经济纵横，2002（3）．

③ 王毅，陈劲，徐庆瑞．企业核心能力：理论溯源与逻辑结构剖析［J］．管理科学学报，2000（3）．

力问题被彻底压制了。①

科斯（R. H. Coase）在修正了新古典模型关于市场交易可以顺利进行的假设，认为存在着使用价格机制的成本（即交易费用），企业作为一个替代性的组织，把原来通过市场自由交换的活动置于组织层级的权威关系之下，从而节约由于市场机制而产生的交易费用。因此，企业组织是市场机制的替代物。② 企业存在的原因在于它可以节约交易费用，企业发展的动力就在于减少企业的交易成本。这在一定程度上打开了新古典理论框架下的企业"黑箱"。但是他并没有挑战新古典理论框架本身，他的中心论点——在存在交易费用的条件下，企业产生于对价格机制的边际替换——仍然是以市场均衡论为基础的。威廉姆森（Oliver Williamson）继承了科斯的交易费用经济学，并进一步丰富和发展了科斯的思想。威廉姆森认为，交易相异的主要纬度是资产专用性、不确定性和交易次数。资产专用性最重要，但不确定性和交易次数也起着重要作用。③ 科斯和威廉姆森的交易费用经济学、阿而钦和登姆塞茨的堆生产理论以及委托—代理理论，都没有跳出新古典理论均衡分析的框架，而只是在市场均衡范式下做一些局部修正。路风认为："在这些理论背后，我们仍然可以看到典型的新古典理论信条：市场是第一位的，而企业是第二位的。在这些理论中，由于企业的存在只能归因于市场失败，所以仍然没有企业的主动地位。"

在新古典经济学兴起之后，熊彼特（Joseph Schumpeter）是第一个恢复企业在经济理论中的主动地位的经济学家。熊彼特摒弃了新古典经济理论的信条，对资本主义经济体系采取了一种动态研究方法。他对竞争过程基本性质作了重新定义：实质性的市场竞争不是价格竞争，而是创新竞争，后者较之于前者，"其效力之区别就像大炮狂轰与徒手推门之间相比"。而在新古典理论中，实质性的竞争是价格竞争。熊彼特被认为是动态企业理论的主要创始者，而核心竞争力理论实际上是动态企业理论的主要概念之一。

美国女经济学家潘罗斯（Edith Penrose）出版于1959年的《企业增长理论》一书，是一部继承了熊彼特传统，从经济学角度通过研究企业内部

① 457 路风. 动态企业理论的发展［J］. 国际经济评论，2000（9－10）.

② Coase R. H. The nature of the firm［J］. Economica N. S，1937（4）.

③ 威廉姆森. 治理的经济学分析［M］. 埃瑞克 · G. 菲吕博顿，鲁道夫 · 瑞切. 新制度经济学. 孙经纬，译. 上海：上海财经大学出版社，1998：74.

动态活动来分析企业行为的开山之作。潘罗斯把企业定义为“被一个行政管理框架并限定边界的资源集合”。潘罗斯理论关注企业如何累积“标准操作过程”和“程序性决策”方面的知识。她认为，企业管理就是一个连续产生新的非标准化操作和非程序化决策，并不断把它们转化为标准化操作规程和程序化决策的过程，而这一过程依赖于企业内部的能力资源。潘罗斯是西方经济学思想史上第一个强调企业内部知识创造是企业增长源泉的经济学家。新古典经济理论对企业行为的静态设定是均衡分析所必需的，潘罗斯认为企业是一个学习企业（a learning firm）。潘罗斯关于企业扩张必须以其最具竞争优势的资源和服务为基础的思想，为后来其他学者进一步发展了的企业核心竞争力这一概念奠定了理论基础。

纳尔逊（Richard R. Nelson）和温特（Sidney G. Winter）借鉴了熊彼特的创新理论和赫伯特·西蒙的关于人类行为和组织行为的思想，发展了一个完整的演化经济学。1982 年，纳尔逊和温特的《经济变迁的演化理论》，“论述了在市场环境中经营企业的能力和行为”。① 他们的经济演化理论借用了达尔文生物进化论的基本思想——自然选择思想，认为在经济中也有“自然选择”。企业要在竞争中立于不败之地，需要不断创新，不断扩大自己的优势。演化理论反对正统经济学的两大基本支柱——利润最大化和经济均衡。在不确定条件下，企业行为的最大限制是知识的不完全性。为了说明企业在不确定条件下的竞争行为，纳尔逊和温特认为企业是具有一定的生产技术和惯例的生产者。“惯例”是企业固有的做事方式，生产、管理、销售、投资和研究与开发等方面各有一定的惯例，整个企业的运转离不开这些惯例。企业的“惯例”通常是较为持久不变的，是可以遗传的，但有时需要适应业已改变的市场情况而做修改。企业在市场竞争中处于不利地位，不能保证自身继续存在时，就需要搜寻新的生产技术和惯例。

所以说，经济学对企业的认识走过了一个从均质到异质、从外部到内部、从关注短期优势到持续竞争优势的过程，逐步逼近企业的本质。在 20 世纪 80 年代，许多学者纷纷将视角转向企业内部讨论企业的竞争行为和竞争优势。普拉哈拉德和哈默尔正是在此基础上，提出了“核心竞争力”概念，其实质也正是提倡企业重视内部能力发展。企业核心竞争力汲取了许多经济学理论的思想，这些经济学理论对核心竞争力的研究起了奠基作

---

① 理查德·R. 纳尔逊，悉尼·G. 温特. 经济变迁的演化理论［M］. 胡世凯，译. 北京：商务印书馆，1997：7.

用。其中，演化经济学理论的许多理论和核心竞争力的思想有很多相似之处。在诸多研究者的努力下，核心竞争力理论正在成为一个主要的企业管理流派。①

三、战略管理理论的发展趋势

在经济学理论为研究核心竞争力提供了契机之外，这一时期企业管理实践及各种战略管理理论的应用也对核心竞争力的产生起到了催化作用。

战略管理理论在没有正式提出之前，已经有很多战略思想出现在一些管理学家的著作里。美国哈佛大学教授迈克尔·波特（Michael E. Porter）总结了早期战略管理的三种观点。1916 年，法约尔的《工业管理与一般管理》将企业管理划分五项职能，其中计划是首要职能，这种思想被认为是最早出现的战略管理思想。此后，巴纳德将企业组织与环境结合起来，认为企业组织要与环境相适应。这种主张奠定了现在战略分析方法的基础。20 世纪 60 年代，哈佛大学的安德鲁斯（Andrews）对战略进行了四个方面的界定，包括外部环境因素和企业内部因素。他主张公司应通过更好地配置自己的资源，形成独特的能力，以获取竞争优势。②

1965 年，美国学者安索夫（Ansoff）的《企业战略》出版，这被认为是第一本企业战略著作，成为现代企业战略管理理论的研究起点。项保华和李庆华将此之后至 20 世纪 80 年代这一段时间出现的各种战略管理思想归为传统战略理论阶段。这一阶段分为很多流派：设计学派、计划学派、定位学派、创意学派、认知学派、学习学派、权力学派、文化学派、环境学派、结构学派。其中，迈克尔·波特的五种竞争力的战略分析模型影响很大，但是波特的五种竞争力模型片面强调产业结构、外部环境的重要性，而实际上，同一产业内企业间的利润差距并不比产业间的利润差距小。

随着企业竞争的复杂化和企业经营实践的发展，战略管理理论已经发展到了以资源（以及核心能力）为基础的阶段。袁智德和宣国良认为企业能力学派在这一时期的流行是由于一些战略管理领域的内部原因和外部原因在不同程度地发挥作用，主要包括：①企业合并浪潮的兴衰，回归主业

① 王毅，等. 企业核心能力：理论溯源与逻辑结构剖析［J］. 管理科学学报，2000（3）.

② 项保华，李庆华. 企业战略理论综述［J］. 经济学动态，2000（7）.

又一次成为众多企业的选择。②企业内因在企业竞争中的重要地位。③经济理论研究取得新的进展。④经济学界对企业非对称性产生的极大兴趣。⑤知识在企业的重要性方面引起各方面的兴趣。资源学派和能力学派的交叉造就了核心竞争力理论的精髓。[①]

20 世纪 90 年代以来，在产品和市场战略被看做是企业中生命相对短暂的现象的同时，企业核心竞争力则被认为是企业持久发展的特殊本质。这一时期新颖的企业理论随着产品生命周期的日渐缩短和企业经营的日益国际化而迅速崛起。[②]

可见，企业核心竞争力的兴起既是前人研究的继承，也是各种理论发展融合的结果。它的出现不是一个偶然的产物，而是管理实践和理论相互激励的产物。

第二节　核心竞争力理论体系

核心竞争力是一个产生时间较短，但迅速成为研究热点而又争论颇多的概念。自从普拉哈拉德和哈默尔于 1990 年正式提出“核心竞争力”这一概念以来，诸多研究者进一步丰富和发展了其概念的内涵。而《The Core Competence of The Corporation》也成为《哈佛商业评论》所有论文中被引用最多的文章。目前，这一概念已经进入大众生活，成为社会各行各业都在引用、讨论的话题。围绕核心竞争力的概念，已经形成了多种观点。

一、核心竞争力内涵

国内外学者基于不同的理解，就核心竞争力的内涵提出了不同的观点。

杜云月和蔡香梅将这些观点归纳为：资源论、能力论、资产机制融合论、消费者剩余论、体制与制度论以及创新论。[③]

张炜将核心竞争力定义分为三类：① 核心竞争力就是核心能力。② 核心竞争力是资源的函数。③ 核心竞争力是能够提供最大战略价值且

①③　杜云月，蔡香梅．企业核心竞争力研究综述［J］．经济纵横，2002（3）．

②　袁智德，宣国良．企业核心能力理论发展述评［J］．上海交通大学学报（社科版），2000（2）．

有别于竞争对手的组织资源的组合。①

国内学者赵国浩研究国外核心竞争力概念与内涵的观点时，将它们分为：整合观的核心竞争力、知识观的核心竞争力、文化观的核心竞争力以及组合观的核心竞争力。

王毅将核心竞争力的内涵归纳为八大观点：整合观、网络观、协调观、组合观、知识载体观、元件—构架观、平台观、技术能力观等。

魏江基于技术和技术创新观、知识观、资源观以及组织和系统观来区分核心竞争力内涵的不同观点。

此外，还有许多种划分核心竞争力观点的说法。这些观点划分在一定程度上说明了核心竞争力概念的分歧。但是，各位学者关于核心竞争力的内涵的理解是纵横交错，有分歧之处，也有共同之处。本书认为，划分核心竞争力的流派不宜过分复杂，抓住核心竞争力概念分歧的本质不同才是划分不同流派的根本。围绕核心竞争力的内涵分析形成的主要流派有：基于资源（能力）观的核心竞争力，基于技术或技术创新的核心竞争力，基于知识的核心竞争力以及基于文化的核心竞争力等。

（一）基于资源（能力）观的核心竞争力

许多学者虽然是从不同角度提出了基于资源观的核心竞争力概念和基于能力观的核心竞争力概念，但是，实际上二者在本质上是相似的，只是在说法上有所差异。基于能力观的核心竞争力概念在某种程度上就是企业配置资源的能力，而企业的能力其实就是企业拥有的资源，不过是一种特殊的无形资源。任何一位学者在基于资源来界定核心竞争力概念的时候，都是从企业配置资源能力的角度来论述的。因此，本质上很难将核心竞争力的资源论和能力论区分开来。而核心竞争力的资源、能力观又分为整合观、组合观、网络观以及协调观等。

基于资源论、能力论来定义核心竞争力概念的代表人物主要有以下一些代表人物。

核心竞争力概念的创始者在《公司核心竞争力》一文中是这样描述的：核心竞争力是组织的集体学习能力，特别是如何协调各种生产技能并

① 张炜．核心竞争力辨析［J］．经济管理，2002（12）．

把多种技术整合在一起的能力。① 普拉哈拉德和哈默尔并没有给核心竞争力一个确切的定义，而只是一个描述性的概念。普拉哈拉德和哈默尔定义中的“集体学习能力”是企业独有的资源；但是，核心竞争力不是企业技能和技术的简单组合，而是需要协调及组合能力，因而，这又是一种基于能力整合观的界定。此后，1993 年，福斯发表了“核心能力论”，1994 年，哈默尔和哈尼发表了“企业能力基础竞争论”等论文，基本上都是把核心竞争力当做某种能力或某些能力的组合进行定义。

麦肯锡咨询公司的专家建议将核心竞争力进行如下定义：“核心竞争力是群体或团体中根深蒂固的、互相弥补的一系列技能和知识的组合，借助该能力，能够按世界一流水平实施一到多项核心流程。”核心竞争力包括两类能力：洞察力、预见力和业务一线的实施能力。② 该定义给出了核心竞争力的绝对水平——世界一流水平，同时，也是一种能力组合观的核心竞争力。

Mansour Javidan（1998）认为核心竞争力是全部战略业务单元（SUB）共享的技能和知识域，是不同战略业务单元竞争能力的整合与协调。③

库姆斯（Coombs）认为，企业核心竞争力包括企业的技术能力以及将技术能力予以有效结合的组织能力。④

在《核心竞争力和竞争优势》一文中，鲍哥纳（William C. Bogner）和托马斯（Howard Thomas）认为，企业核心竞争力是企业的专有技能和与竞争对手相比能够更好地指导企业实现尽可能高的顾客满意度的认知。这里的认知其实是企业的隐含性知识和价值观系统。⑤

资源观的核心竞争力的思想渊源来源于潘罗斯。这种观点认为核心竞争力是一种企业拥有的难以移植的并使公司获得持续竞争优势的资源，或者是企业以独特方式配置资源的无形资源。核心竞争力就在于资源的异质

---

① Gary Hamel and C. K. Prahalad. The Core Competence of the Corporation [J]. Harvard Business Review, 1990, 68 (3): 82.

② 欧高敦. 亦真亦幻的核心竞争力 [A]. 麦肯锡高层管理论层 [C]. 北京：生活·读书·新知三联书店，2001：22－23.

③ Mansour Javidan. Core Competence: What does it mean in practice? [J]. Long Range Planning, 1998, 31 (1): 62.

④ Rod Coombs. Core competencies and the strategic management of R&D [J]. R&D Management, 1996, 26 (4): 345－355.

⑤ 赵国浩. 企业核心竞争力——理论与实务 [M]. 北京：机械工业出版社，2005：4.

性，资源差异能够产生收益差异。

国内学者芮明杰是资源能力论的代表，他认为，“核心竞争力也称核心能力或核心专长，它是企业独特拥有、能为消费者带来特殊效用、使企业在某一市场上长期具有竞争优势的内在能力资源”。① 张维迎认为核心竞争力建立在企业资源有效整合的基础之上，这些有形、无形的资源要变成企业的核心竞争力必须具有 5 个特点：偷不去、买不来、拆不开、带不走以及溜不掉，也即资源的不可模仿性、不可交易性、互补性、归属性以及延续性。② 中国社会科学院副院长陈佳贵认为，“所谓核心能力又称核心竞争力，主要指企业在生产经营过程中的积累性知识和能力，尤其是关于如何协调不同的生产技能和整合多种技术的知识和能力，并据此创造出超越其他竞争对手的独特的经营理念、技术、产品和服务。”③

从以上各种定义中可以看出，基于资源或能力定义的核心竞争力概念，主要差异在于对资源和能力的认知不同，但都强调这些资源和能力具有差异性，可使企业获得可持续竞争优势。能力和资源本身就是相互关联的概念，资源虽然不同于能力，拥有资源不一定能使企业获得成功，但是，这些研究者在讲这些资源的含义时，都不约而同地从资源的配置与运用入手，其实就是一种能力观。

（二）基于知识观的核心竞争力

许多研究者在基于资源（能力）观定义核心竞争力的时候，也认为学识、知识是企业独有的一种资源，这种知识和技能一起构成企业的核心竞争力。还有一些学者是就知识本身来理解企业的核心竞争力。

基于知识观的考察，研究者从知识能否为外部获得或模仿的角度来定义企业核心能力，认为企业核心能力是指具有企业特性的、不易外泄的企业专有知识和信息。该流派认为核心能力的基础是知识，学习是核心能力提高的重要途径，而学习能力是核心能力的核心。巴顿（D. Leonard-Barton）是该流派的代表，他认为核心能力是使企业独具特色并为企业带来竞争优势的知识体系。它包括四个维度：技巧和知识基、技术系统、管理系

---

① 芮明杰. 培养核心竞争力——世界 500 强的成功之道［J］. 管理科学文摘，2001（1）.

② 张维迎. 增强企业核心竞争力的五项要点［J］. 城市开发，2002（10）.

③ 陈佳贵. 培育和发展具有核心竞争力的大公司和大企业集团［J］. 中国工业经济，2002（2）.

统、价值观系统，这四个维度之间有较强的相互作用。① C. Oliver 认为：知识这种构成核心能力的特殊资源，由于在不同企业之间存在“异质性”决定了有的企业存在获得高额经济回报率的可能性。②

魏江认为，由特有知识和知识体系构成的企业核心能力将是知识经济时代企业获得持续竞争力的最根本基础；而对企业自身所拥有知识的激活和应用将是实现持续竞争力的根本保证。在知识经济时代，企业要提高其核心能力和竞争优势，关键是要学习和积累新的知识，并激活知识库的知识存量，而知识的激活，就必须以知识载体的激活为手段。作为核心能力本质——知识的载体是人员、设备、信息和组织。具有自身特性的知识、缄默的知识、嵌入系统的知识、复杂的知识比可表达知识、简单的知识和非企业特性的知识有更大的价值，因为这类知识不易因转移而为其他组织所获取。③

国内学者王毅等认为企业核心能力是一个知识系统，由能力元和能力架构组成。企业核心竞争力是蕴藏于企业所涉及的各个层次（包括经营环境、企业、学科、技术、产品、核心子系统等）、由能力和能力架构组成的、能使企业获得持续竞争优势的、动态发展的知识系统。其含义有四：第一，核心能力是一个知识系统，由能力元和能力架构组成；第二，核心能力具有层次结构，即存在于企业所涉及的各个层次，包括经营环境、企业、学科、技术、产品、核心子系统等；第三，核心能力是持续竞争的优势之源；第四，核心能力是动态变化的。④

（三）基于技术或技术创新观的核心竞争力

梅格（M. H. Meger）和厄特巴克（J. M. Utterback）认为，核心竞争力是指企业的研究开发能力、生产指导能力和市场营销能力。他们将企业的核心竞争力进一步分为四个纬度：产品技术能力、制造能力、对顾客需求的理解能力、分销渠道能力。⑤

国务院发展研究中心副主任陈清泰 1999 年在上海财富年会上说：核心

①③ 魏江. 基于知识的核心能力载体和特征［J］. 科研管理，1999（2）.

② Christine Oliver. Sustainable Competitive Advantage: Combining Institutional and Resource-Based Views［A］. Strategic Management Journal，1997，18（9）：697－713.

魏江. 基于知识的核心能力载体和特征［J］. 科研管理，1999（2）.

④ 王毅，等. 企业核心能力：理论溯源与逻辑结构剖析［J］. 管理科学学报，2000（3）：27.

⑤ 赵国浩. 企业核心竞争力——理论与实务［M］. 北京：机械工业出版社，2005：4.

竞争力是指一个企业不断地创造新产品和提供新服务以适应市场的能力，不断创新管理的能力，不断创新营销手段的能力。这个概念突出企业在研发、管理、营销等方面的创新能力。①

（四）基于文化观的核心竞争力

拉法（Raff）和佐罗（Zollo）认为，企业核心竞争力不仅仅存在于企业的业务运作子系统中，而且存在于企业的文化系统中，根植于复杂的人与人以及人与环境的关系中。企业核心竞争力蕴藏在企业的文化中，渗透到整个组织中，在组织内达成共识，为组织成员深刻理解并指导行动的企业文化，为形成不可模仿的核心竞争力提供了基础。②

此外，国内学者管益忻"消费者剩余"论的核心竞争力界定，左建军的"体制与制度论"的核心竞争力界定，都从新的视角对核心竞争力给出了解释。

二、核心竞争力的构成要素

就核心竞争力的构成要素而言，不同研究者基于对核心竞争力内涵理解的不同，提出了不同的核心竞争力要素论。由于企业的特质，核心技术是核心竞争力的一个重要元素这一观点广受认同。此外，企业经营活动作为一个价值增值链，各种不同的活动都可能对企业产生重要的影响，加之不同研究者观察的角度和对象不同，因而对核心竞争力形成要素产生多种看法也是正常的。围绕核心竞争力构成要素，杜云月和蔡香梅总结为六个构成要素论。本文从要素组成论和系统构成论两个角度来分析各个研究者在核心竞争力构成要素上的差异。

（一）要素组成论

持要素组成论的研究者，认为核心竞争力是"核力"。核心竞争力要与其他竞争力有所分别，不能将核心竞争力泛化为能力。核心竞争力注重企业价值链中的个别关键优势，与能力有所不同（Stalk et al. 1992）。不过，不同的研究者在究竟什么是"核力"上有不同的见解，有的认为是技

①② 赵国浩．企业核心竞争力——理论与实务［M］．北京：机械工业出版社，2005：5，4．

能和管理的结合，有的认为是组织文化，有的认为是技术能力和组织能力的结合……围绕要素组成论又形成了两要素组成论、三要素组成论、五要素组成论以及多要素组成论。

普拉哈拉德和哈默尔在最初发表的《公司核心竞争力》一文中没有明确说明核心竞争力的构成要素，但是从文中的论述来看，其实，他们认为核心竞争力包含两种要素，一种是核心技术（硬的核心竞争力），另一种是整合能力（软的核心竞争力）。核心技术是公司核心竞争力的重要组成部分，但是，软的整合能力才是使核心技术发挥最优作用的关键要素。作者既突出核心竞争力构成要素的技术性，又强调了核心竞争力的形成不是企业内部技能或技术的简单堆砌，而是对各种技能的协调与整合，是一种整合力。这一论述奠定了后来研究者的基调。

麦肯锡咨询专家认为核心竞争力包括两类要素：洞察力、预见力和业务一线的实施能力。洞察力和预见力有助于企业发现并掌握能够形成先行一步优势事实或模式，业务一线实施能力可以定义为交付产品或服务的独特能力，产品和服务达到顶尖的工作者在理想状况下所能产生的最佳水平。这两类能力是可以共存的，但是，二者所要求的管理侧重点却泾渭分明。① 麦肯锡管理专家的核心竞争力的两类要素在表述上虽然不同于普拉哈拉德和哈默尔的两类要素，但实质都是一样的。洞察力和预见力实际上就是技术能力，洞察力和预见力的来源是一些技术，包括能够触发一系列发明的技术或科学知识、专有数据、信息以及创造力和卓越的分析推理能力，这实质上就是企业的核心技术能力。业务一线的实施能力是核心技术应用的最终体现，是软的核心竞争力发挥作用的最重要群体。麦肯锡咨询专家对业务一线实施能力的重视和普拉哈拉德以及哈默尔所强调的“核心竞争力是沟通，是参与”的观点是一致的。

库姆斯（Coombs）认为核心竞争力包括技术能力和组织能力，也属于这种两类要素论。

国内学者王秉安认为企业核心竞争力由硬核心竞争力和软核心竞争力两类竞争力组成。硬核心竞争力指以核心产品、核心技术或核心技能形式为主要特征的核心竞争力，这类核心竞争力在技术密集型行业中尤为重要。软核心竞争力是指企业在长期运作中形成的具有核心竞争力特征的经

① 欧高敦．亦真亦幻的核心竞争力［M］．北京：生活·读书·新知三联书店，2001：22－23．

营管理方面的能力，这类核心竞争力更加无形化，更难识别和模仿。

一些研究者将这两类要素进一步细化，形成三要素组成论、五要素组成论以及多要素组成论。周卉萍认为核心竞争力由领先于竞争对手的三要素构成，这三要素是：技术和体现这一技术的新产品、新服务方式；管理文化氛围；新理论、新经验的学习率和传递率。邹还林认为核心竞争力应由五要素构成：研究开发能力；创新能力；将技术和发明创造成果转化为产品或现实生产力的能力；组织协调各生产要素、进行有效生产的能力；应变能力。管益忻认为，凡是企业特有的、足以胜过竞争对手的所有要素都构成企业核心竞争力的一部分。①

（二）系统构成论

持这种观点的研究者认为，企业的各种活动是一个系统，核心竞争力的形成作用的发挥是多种因素联合作用的结果，很难将它们分裂开去具体强调哪一方面。他们将系统观和能力观结合起来，形成了系统观的核心竞争力。在构成要素上，也是从层次角度来分析的。

持知识观的巴顿就是从系统论的角度来分析核心竞争力的构成要素的。他所认为的核心竞争力不仅包含成员和组织的技能以及知识系统，还包括组织的管理系统以及价值观系统。

王毅认为企业核心能力是由能力元和能力架构与层次组成的一个两维知识系统。企业是一个能力系统，核心能力是其子系统。核心能力作为一个“知识系统”，具有系统的共性，由各种要素以及要素之间的关系构成，各构成要素就是能力元，而能力之间的关系属于能力架构。

在核心竞争力概念上的分歧导致了核心竞争力构成要素的分歧，两者都反映同一种内在分歧。核心竞争力在十几年的探讨研究中，形成了两股趋势：一种是走向精确化的核心竞争力，力求识别、量化及评价什么因素是企业获得持续竞争优势的原因，并尽量能使之确定在某一点或几点上，而且推而广之认为其他企业即使在表现上有所不同，起码也在核心竞争力的理念上表现出类似的地方；一种趋势是并不准确定位企业核心竞争力，而是认为核心竞争力在不同产业、不同企业有不同的表现，从而将核心竞争力的概念泛化，只是将核心竞争力当做一种理念融入企业的经营当中。

---

① 杜云月，蔡香梅．企业核心竞争力研究综述［J］．经济纵横，2002（3）：62.

三、核心竞争力的特征

虽然在核心竞争力的概念界定和构成要素上研究者各有说辞，但是，在核心竞争力的特征上大家的看法比较一致。很多研究者比较认同核心竞争力必须具有异质性、价值性、延展性、可持续性四个特征。这些特性来源于普拉哈拉德和哈默尔最初的阐述中。此外，有些研究者也认为核心竞争力具有卓越性、动态性、资源集中性和非均衡性等特征。

（一）价值性

企业核心竞争力在提高企业效率、降低成本和创造价值上应比竞争对手做得更好，同时也应给企业的目标顾客带来独特的价值和利益。① 普拉哈拉德在《公司核心竞争力》一文中认为核心竞争力应当对最终产品为客户带来的可感知价值有重大贡献。麦肯锡咨询专家认为，企业应量化核心竞争力可产生的潜在价值，核心竞争力的价值性还在于它比其他所有的战略因素更重要。管益忻的“消费者剩余”也是在说核心竞争力的价值性。

（二）延展性

在企业能力体系中，核心竞争力是母本，有溢出效应，可使企业在原有领域中保持持续的竞争优势，也可围绕核心能力进行相关市场的拓展，通过创新获取该市场领域的持续竞争优势。也有研究者将延展性表述为“持久性、衍生性”。② 普拉哈拉德和哈默尔在《公司核心竞争力》一文中就认为核心竞争力能够为公司进入多个市场提供方便。

（三）异质性

核心竞争力融合了组织的文化、工作流程、员工缄默知识等，是竞争对手难以模仿的。普拉哈拉德和哈默尔认为，如果核心竞争力是各项技术和生产技能的复杂的融合，那么这项能力就难以被竞争对手模仿。竞争对手或许能够获得核心竞争力中的几种技术，但是，要复制其内部协调与学

① 杜云月，蔡香梅．企业核心竞争力研究综述［J］．经济纵横，2002（3）：61．

② 同①，第61－62页。

习的整体模式却非常困难。麦肯锡咨询专家模仿的难易程度说明了核心竞争力是否稀缺、要多久才能开发成功。如果一项核心竞争力有赖于组织内多个职能的配合，或扎根于根深蒂固的文化范式，或取决于工作或流程中员工的隐性知识，那么该竞争力的复制将耗费更多时间，难度更大。核心竞争力中蕴涵的组织因素的多少决定了核心竞争力的可持续性和可保护性。①

（四）动态性

动态性是核心能力的重要特性（Sanchez R，Heene A，Thomas H），随产业、技术和产品生命周期的发展而具有生命周期特性。企业核心能力带来的竞争优势的持续性，与其动态性密切相关。如果企业核心能力不再动态发展，就会自我否定，不成其为核心能力。②

（五）资源集中性

企业只有将资源集中于少数关键领域才有可能建立起在这些相关领域的核心竞争力，最终保持持续的竞争优势。③

（六）非均衡性

创新和研究开发能力是核心能力的本质体现。企业在构建核心能力的过程中，既有承继性的技术渐进发展，又有突破性的技术革命。

国内学者史东明认为核心能力是企业制胜的特殊能力，它具有不同于一般能力的一些特性。核心能力具有知识性、辐射性以及不易模仿性。

此外，还有很多用来描述核心竞争力特征的修辞，比如，可持续性、稀缺性、刚性、路径依赖性和累积性、专有性等。很多都是上述特性的另一种表述，有的特性依赖上述几种特性的联合作用。比如，可持续性就依赖于异质性、价值性和动态性的联合作用。

---

① 欧高敦. 亦真亦幻的核心竞争力［M］. 北京：生活 · 读书 · 新知三联书店，2001：25.

② 王毅，等. 企业核心能力：理论溯源与逻辑结构剖析［J］. 管理科学学报，2000（3）.

③ 杜云月，蔡香梅. 企业核心竞争力研究综述［J］. 经济纵横，2002（3）.

四、核心竞争力的构建

核心竞争力理论提出的最终目的是能对企业的发展起到指导意义，因此如何在理解核心竞争力的基础上，结合企业经营运作的实际，研究如何使企业构建核心竞争力是这一理论的重大现实意义。核心竞争力的构建既有研究者的思考和探索，也有企业管理者基于自身企业的实际而做出的判断。归纳目前研究结果，可以发现一些构建核心竞争力的方法和经验。

（一）战略规划

核心竞争力是牵涉企业长远发展和整体协同前进的重大战略问题。这一重大战略问题需要在公司层面展开规划，很多研究结果都强调了这一点。

普拉哈拉德和哈默尔从战略架构角度强调了核心竞争力的目标性。他们认为，高层管理人员应该把大量时间放在制定公司的战略架构上，从而确定打造核心竞争力的目标。战略架构是未来的路线图，它指明需要培养哪些核心竞争力以及这些核心竞争力是由哪些相关技术组成的。战略架构并不只是对某种具体产品或者具体技术的预测，而是一种更宏观的规划，它揭示了客户对功能的要求、潜在技术与核心竞争力这三者之间不断发展的关系。麦肯锡咨询专家认为，核心竞争力必须由企业首席执行官选定，不可由各自为政的部门主管选择。史东明从十年后企业要达到的目标、未来的商机、现有市场空白、填补空白四个角度分析了企业核心能力的培养计划。

（二）组织结构调整

核心竞争力是一个新的战略思维，需要公司采取一种适合核心竞争力培育和发展的组织机构。普拉哈拉德和哈默尔分析了核心竞争力和战略业务单元的区别，核心竞争力的构建需要资源分配的一致性和与之相适应的管理体系的建立。麦肯锡咨询专家认为世界一流的核心竞争力必须左右企业的权力结构。组织机构调整要有利于建立学习型组织，有利于激活组织的学习机制。

（三）人力资源管理

核心技能、组织学习、组织创新、组织文化、组织知识等都是以人为载体，因此核心竞争力的构建和人力资源管理是分不开的。如何建立一支有利于组织核心竞争力产生和发展的高素质的人才结构是研究者关注的焦点。核心竞争力是整个公司的资源，理应由公司总部管理层重新进行调配，任何员工都不应该为某一个业务部门所独占（普拉哈拉德和哈默尔）。核心竞争力的构建需要成员有团队精神，并能激发成员的潜力，成为公司创新的动力。

（四）核心竞争力形成方法

演化法：在不影响相关员工从事日常工作的同时建立某些技能。

孵化法：组建独立的工作组，专门从事核心竞争力的开发。

收购法：企业通过购并其他企业，收获所需的技能。①

战略联盟：通过与其他互补企业建立产品或知识联盟学习组织需要的核心技能。

模仿创新：模仿其他企业的技术，并结合自身特点和市场进行创新，在模仿中实现创新，从而快速构建核心竞争力。

（五）构建核心竞争力的经验及误区

核心竞争力并不是说必须在研发投入上超过对手；核心竞争力也不是指成本分摊（shared costs）；建立核心竞争力与纵向一体化不同，前者的目标更加远大。倘若主要根据最终产品的性价比来判断自己或者对手的竞争力，实质上会破坏自己的核心竞争力，或者说对于增强自己的核心竞争力几乎没有帮助（普拉哈拉德和哈默尔）。

研究者在企业核心竞争力与多元化经营关系上的观点基本上是一致的，即多元化经营必须围绕核心竞争力来展开，离开核心竞争力来开展多元化经营，市场机会就会变成市场陷阱。②

虽然很多研究者都认同核心技能是核心竞争力的重要组成部分，但是，也强调了核心技能不等同于核心竞争力，要避免技术至上的观念和

---

① 欧高敦．亦真亦幻的核心竞争力［M］．北京：生活·读书·新知三联书店，2001：27．

② 杜云月，蔡香梅．企业核心竞争力研究综述［J］．经济纵横，2002（3）：63．

做法。

此外，有些研究结合领导者、企业文化、低成本战略等分析核心竞争力的构建。

目前，核心竞争力的研究在继续深入，围绕指标体系、核心竞争力与企业绩效的关系等问题成为了研究热点。并且，核心竞争力的研究已经突破企业这一主体，很多研究者已经将视野转向非营利性组织。

第三节　大学核心竞争力研究

> 从整体上来说，高等教育的材料不同于企业组织、政府部门和许多非赢利性机构，但并非所有各方面都有所不同。实际上，由于其他机构组织以知识、科学和专业为基础，它们与高等教育越来越相似。
>
> ——伯顿·R. 克拉克

随着大学面临越发激烈的竞争，我国高教界开始借用企业界关于核心能力或者核心竞争力的培育与提升来应对大学竞争，促使大学在竞争中处于不败之地。

本部分对大学核心竞争力研究成果进行综述，以高教界为主，也借鉴企业界的研究成果做一些补充。

一、研究的成果

教育界对核心能力与核心竞争力的研究虽然起步较晚，但是，也有一些可观的成果值得借鉴。本研究选择较为关键的五个方面加以总结。

（一）大学核心竞争力与大学核心能力的关系

大学的核心能力与核心竞争力的关系，在我国高教界有两种观点，一是核心能力等于核心竞争力；二是核心能力与核心竞争力的内涵迥异。

1. 核心能力等于核心竞争力

高教界中，认为核心能力等同核心竞争力的观点是占有主流的，这与企业界的研究倾向相一致。如，李新蛇在《基于核心能力的高校合并模式研究》中将核心能力等同于核心竞争力。

2. 核心能力与核心竞争力内涵迥异

我国高教界学者认为核心能力与核心竞争力内涵迥异的，人数不多。别敦荣和田恩舜在《论大学核心竞争力及其提升路径》里认为，大学核心竞争力包含四层含义：第一，大学核心竞争力是一种竞争性的能力，是一种相对的竞争强势；第二，大学核心竞争力是一种处在核心地位的能力，是大学其他能力的统领；第三，大学核心竞争力是长期起作用的能力，具有随环境的变化而自我重组、自我适应的特质；第四，大学核心竞争力是大学长期孕育、持续积淀而形成的能力，深深扎根于大学的文化之中。① 作者在这里实际上将核心竞争力与核心能力的内涵进行了区分，核心能力是一种居于核心地位的能力，而核心竞争力则具有更加丰富的内涵。

关于这两种概念的区别，在企业界有鲜明的表达——“企业核心能力是企业多种竞争能力处于核心地位的能力，是依托企业核心业务和核心产品而形成的、具有代表性的竞争能力。”而“核心竞争力是核心能力的进一步提升和发展。二者最大区别在于：核心竞争力具有持续性和不可替代性。核心能力存在于一般优势企业并成为企业的优势；核心竞争力存在于优势企业并形成持续竞争优势”。② 企业界的观点可以为高教界借鉴。

（二）大学核心竞争力内涵

普拉哈拉德和哈默尔所指的核心竞争力是“组织的集体学习能力，特别是如何协调各种生产技能并把多种技术整合在一起的能力”。我国学者对核心能力还作了进一步的解释，认为它是一组技能和技术的集合体，而不是某一单个的技术和技能，是组织长期形成的，蕴涵于组织内质中的，是组织独具的，支撑组织过去、现在和未来的竞争优势，并使组织在竞争环境中能够长时间取得主动的关键的能力。这种观点在我国企业界和高教界都得到了较为普遍的认同。

我国高教界对大学核心竞争力的理解同样借鉴企业界的研究成果，在语言表述上，雷同核心能力；在内涵上，却区别于核心能力。最突出的区别是核心竞争力是以技术能力为核心，以组织要素整合或某一要素效用凸显而促使组织保持持久竞争优势的能力，而核心能力是构成核心竞争力的

---

① 别敦荣，田恩舜．论大学核心竞争力及其提升路径［J］．复旦教育论坛，2004（1）．

② 白津夫．关于企业核心竞争力的若干理论问题探讨［J］．哈尔滨市委党校学报，2002（2）．

基础。

围绕核心竞争力内涵的研究，国内研究者形成了多种观点，这些观点的分类和企业核心竞争力类似。这些观点可以分为：整合观、资源观、要素观、文化观和系统观。

整合观就是将大学的核心竞争力看做是整合大学各种资源或竞争力的能力，有的倾向于资源整合，有的强调能力整合。赖德胜教授认为“大学的核心竞争力就是大学以技术能力为核心，通过对战略决策、科学研究及其成果产业化、课程设置与讲授、人力资源开发、组织管理等的整合或通过其中某一要素的效用凸显而使学校获得持续竞争优势的能力”。① 朱永新等认为，大学核心竞争力是指大学整合和大学各种资源与能力提升而成的，并能在持续竞争中保持竞争优势的能力。② 大学核心竞争力是大学内部一系列互补的知识和技能的组合，它具有使大学达到国内甚至世界一流水平的能力。③

资源观是从大学获取、配置、利用学校内外资源的角度，认为大学的资源是大学获取竞争优势的主要因素，而大学在获取、配置、利用资源的过程中所形成的能力是难以模仿的，具有异质性，从而成为大学的核心竞争力。“大学核心竞争力是指一所大学长期形成的，能使大学在竞争中保持可持续发展，建立在大学战略性资源基础之上的获取、创造、整合资源的特有的能力。”④

要素观从构成大学竞争力的要素中识别出一种或几种要素，分析这些要素在大学整体竞争力的地位，认为在大学竞争力中居于统率地位，决定大学整体竞争优势的要素是大学核心竞争力。根据要素的数量可分为单一要素观以及多元要素观。孟丽菊认为大学核心竞争力主要指一个大学在竞争和发展过程中与其他大学相比较所具有的吸引、争夺、拥有和控制、转化资源以及创造社会价值收益并为其社会提供知识和人才的能力，可以表述为 $UC=f$（硬件，软件）。其中，硬件包括师资力量、资本存量、科学研究与开发能力、区位力、结构优化程度、凝聚力；软件由文化要素、制度

① 赖德胜，武向荣．论大学的核心竞争力［J］．教育研究，2002（7）．
② 朱永新，王明洲．论大学的核心竞争力［J］．教育发展研究，2004（7－8）．
③ 林莉，刘元芳．知识管理与大学核心竞争力［J］．科技导报，2003（5）．
④ 刘向兵．大学核心竞争力概念辨析［J］．中国人民大学学报，2006（2）．

要素、管理要素、开放要素、秩序要素构成。① “在既定的外部管理体制条件下，人的因素是高校竞争力的核心，而核心竞争力的形成标志是我们看其直接保障因素——人力资源管理运行机制是否有效。组织中人的因素可以分解为七个方面，即数量、素质、结构、配置、积极性、合作与竞争。”②

文化观和要素观、整合观、系统观是相互交织的。大学文化作为大学隐性要素，是构成大学核心竞争力的重要元素。有的研究将文化看做是大学核心竞争力的最深层次，有的认为大学文化就是大学核心竞争力。王翼生认为文化个性是现代大学核心竞争力之所在，主要包括凝聚力、教育力、创造力和影响力，是现代大学赖以生存、发展、办学和承担重大社会责任的根本。③

系统观认为大学竞争要素难以分解，它们共同决定了大学的竞争优势，这些竞争力体系的性质构成了大学核心竞争力。“大学核心竞争力是一个由其制度体系、学科体系和文化体系有机组合而成的系统。一所大学的核心竞争力是在大学的发展演变过程中长期培育、积淀而成的，它孕育于大学文化，并深深地融合在大学的内质之中。”④

在学术界研究之外，一些大学管理者也在各种场合运用大学核心竞争力的概念。北京航空航天大学党委书记杜玉波认为：大学核心竞争力，是一种竞争性的能力，是一种相对的竞争强势。其中，管理制度和硬件条件是基础和前提，学科建设与人才队伍建设是关键和核心，大学文化是源泉和保障。⑤

复旦大学校长王生洪在第二届中外大学校长论坛上发言指出，科研水平是反映大学科学建设水平最重要的标志，也是学校核心竞争力的重要方面。

北京大学前任校长许智宏认为，大学作为国家创新体系的重要组成部分，应始终紧扣国家发展脉搏、紧跟科学发展步伐。因此，在新的历史时期，创新应该是一所学校的灵魂和核心竞争力。全国人大代表、武汉大学

---

① 孟丽菊. 大学核心竞争力的含义及概念塑型［J］. 教育科学，2002（3）.

② 马士斌. “战国时代”：高校核心竞争力的提升［J］. 学海，2000（5）.

③ 王翼生. 文化个性与争创一流［J］. 西安交通大学学报（社会科学版），2005（4）.

④ 别敦荣，田恩舜. 论大学核心竞争力及其提升路径［J］. 复旦教育论坛，2004（1）.

⑤ 杜玉波. 研究型大学科学发展的四个原则［N］. 中国教育报，2005－05－16（2）.

党委书记顾海良认为大学的核心竞争力主要体现在“五学”，即学者、学科、学术、学风和学生。①

（三）大学核心竞争力的特征与构成识别

1. 大学核心竞争力特征

国家经贸委经研中心的白津夫教授对核心竞争力特征做了系统的归纳总结，他指出：学术界对核心竞争力特征的认识有宽窄之分，前者从价值性、稀缺性、持续性、超群性、独特性、整体性、内在主导性七个方面进行概括；后者则从用户价值性、延展性、独特性、动态性四个方面做了说明。根据研究，他倾向于从价值性、延展性、独特性和组织性四个方面来概括。②

对核心竞争力特征的这些概括，一定程度上体现着核心竞争力的内在属性。在大学领域同样也有相同的概括。赖德胜教授对大学核心竞争力的概括是：技能独特性、用户价值性、资产专用性和价值可变性，这反映着高教界对大学核心竞争力特征的普遍概括。

2. 大学核心竞争力识别

关于大学核心竞争力的判断，目前尚没有系统明晰的表述。但是，也有一些学者有所涉及。孙睿在《论高校的核心竞争力》中指出：“检验一所高校的核心竞争力的标准是什么？这种核心竞争力是否足以使它在竞争中立于不败之地呢？唯一的标准就是社会对该高校的认可度、美誉度。”③

但是，企业界识别核心竞争力的研究成果值得借鉴。企业界判断核心竞争力标准如下。

宋冬英认为，从识别标准上看，核心竞争力至少要满足以下几个方面的测试：① 判断它是否是竞争差异化的有效来源。② 判断它是否有被其他对手感知的价值。③ 判断它是否实现了范围经济。④ 这种观点具有代表性。

王秉安指出，核心竞争力的识别，可以通过查核下面几个问题来判断企业哪种产品、哪种技术或哪种能力是自己的核心竞争力：① 是否能让本

---

① 郑金武．如何塑造大学核心竞争力［N］．科学时报，2006－03－10（A02）．

② 白津夫．关于企业核心竞争力的若干理论问题探讨［J］．哈尔滨市委党校学报，2002（2）．

③ 周进．教育大学中学科核心竞争力［J］．科技导报，2001（10）．

④ 宋冬英．试论高校学报的核心竞争力［J］．北京教育学院学报，2001（2）．

企业给市场（顾客）带来长期性的利益。② 是否能使本企业取得长期性的超过同行业平均利润水平的经济效益。③是否是本企业现有产品组合中最重要、最关键的产品（技术、能力）之一。④ 是否是本企业独家拥有的或者是在同行业中最优秀的，并被公众认为是最优秀的。⑤ 其他企业要模仿本企业的该产品、技术或能力是否是不可能的，或者是要模仿所花的代价极大而使这种模仿几乎不能成功。⑥ 是否能够给企业发展提供很大的延展空间，能使企业在现有事业域或新事业域中捕获富有潜力的新商机。⑦ 是否能经不断研发，保持其相当长的寿命周期，而且企业能够自主地进行这样的研发。①

以上这两位学者的观点是有很大差别的。宋冬英的核心竞争力识别雷同于核心能力的识别；而王秉安的观点很显然认识到核心能力与核心竞争力的区别，反映了核心竞争力作为一切资源与能力有效运作而形成的能够保持持久竞争优势的本质特征。

（四）大学核心竞争力的来源与提升

1. 大学核心竞争力的来源

大学核心竞争力是一组能力与运行机制相结合的产物，是多种因素综合作用的结果。这样的观点在我国高教界（学术界）已经形成共识。现在将一些具有代表性的观点陈述如下。

辽宁师范大学的孟丽菊认为："把影响大学价值或者说影响大学竞争力的复杂因素和力量根据其表现方式的不同概括成两类，即硬件和软件。其中，硬件包括师资力量、资本存量、科学研究与开发能力、区位力、结构优化程度、凝聚力。软件由文化要素、制度要素、管理要素、开放要素、秩序要素构成。"②

华中科技大学的周进在《教育大学中学科核心竞争力》中指出大学学科的核心竞争力是由若干的要素组成的，"学科核心竞争力要素包括：学科研究方向、学科带头人和骨干、学科关键实验设备和学科运行机制"。③

在诸多因素构成大学核心竞争力的认识上，一些学者认识更深远，将

① 王秉安．企业核心竞争力理论应用的探讨［J］．福建行政学院福建经济管理干部学院学报，2000（2）．

② 孟丽菊．大学核心竞争力的含义及概念塑型［J］．教育科学，2002（3）．

③ 周进．教育大学中学科核心竞争力［J］．科技导报，2001（10）．

各种要素的重要性加以排序，使得大学的管理当局能够根据轻重缓急优先地构建自己的核心竞争力。

南京理工大学的马士斌认为，大学核心竞争力“从主要因素及其之间的逻辑关系来分析，可分以下几个层次。第一层次，办学资金；最表层的竞争力标志；第二层次，知名度与美誉度；第三层次，科研成果与毕业生；第四层次，办学方向和办学能力；第五层次，人的因素；第六层次，内部管理体制与人力资源管理运行机制；第七层次，高校主要负责人的素质”。“在竞争环境下，前四个层次的因素，最终取决于第五个层次——人的因素，因为人是唯一能动的因素，而第六层次的管理体制和人力资源管理运行机制，特别是后者为人发挥作用奠定基础，是保障因素，第七层次又是第六层次的保障因素。因此，我们可以得出的结论是：在既定的外部管理体制条件下，人的因素是高校竞争力的核心，而核心竞争力的形成标志是看其直接保障因素——人力资源管理运行机制是否有效。”①

刘向兵在《大学核心竞争力构成要素辨析》一文中指出，大学核心竞争力的构成要素是人才培养能力和学术研究能力，并得出类似于普拉哈拉德和哈默尔的《竞争力：竞争的根系》中的大学核心竞争力树形图（图2-1）。

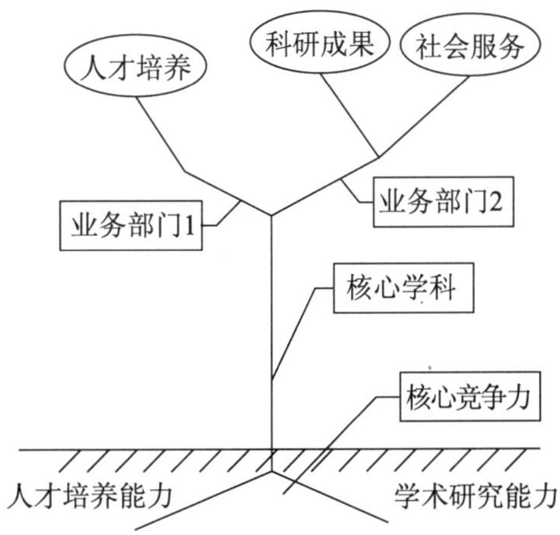

图2-1　大学核心竞争力树形图②

赖德胜、武向荣在《论大学核心竞争力》一文中认为，战略决策、科学研究及其成果转化、课程设置与讲授、人力资源开发、组织管理等任何

① 马士斌.“战国时代”：高校核心竞争力的提升［J］. 学海，2000（5）.

② 刘向兵. 大学核心竞争力构成要素辨析［J］. 中国人民大学学报，2006（2）.

一个要素，只要效用得以凸显就可能是大学核心竞争力的要素。别敦荣、田恩舜则认为大学核心竞争力包括现代大学制度、学科生长机制和大学文化系统。

2. 大学核心竞争力的提升

如何有效提升大学核心竞争力，中国学者有两种看法：一是抓住关键要素来构筑和提升自身核心竞争力；二是要分阶段逐步推行，不断构筑和提升自身的核心竞争力。下面对这两种观点做简要呈现。

(1) 抓住关键要素加以培育自身核心竞争力。高教界学者认识到构成大学核心竞争力的诸要素中，一些要素对大学核心竞争力的构筑非常关键，抓住这些关键要素，大学核心竞争力的提升便指日可待。

"大学在获取、构筑、拓展和强化核心竞争力的过程在不同的大学和大学发展的不同阶段，其表现的形式是不一样的，基于大学核心竞争力表现形式的不同，大学发展战略的建构应从以下几个方面着手：① 建构管理核心能力。② 注重核心知识的创新能力。③ 强化市场营销能力"。①

王继华等在《论大学核心竞争力》中提出，"如何提高我国大学的核心竞争力？笔者认为，从我国大学办学历程和现实国情出发，为积极提高我国大学的核心竞争能力，办学者尤应重视以下核心要素：教师、管理和大学校长。"②

别敦荣、田恩舜在《论大学核心竞争力及其提升路径》里认为，培育和提升我国大学核心竞争力的路径选择有三：① 制度创新——提升大学核心竞争力的前提。② 学科建制——提升大学核心竞争力的关键。③ 文化建设——提升大学核心竞争力的源泉。

抓住关键要素构筑大学核心竞争力是必要的，但是，大学核心竞争力的构筑与提升是长期积累的产物，所以，注重分步实施的战略也有很大价值，两者是相得益彰，相互促进的。

(2) 分步积累核心要素，逐步构筑与提升大学核心竞争力。认为大学核心竞争力是长期积累的，需要分步骤实施不同战略来逐步构筑和提升大学核心竞争力，这种观点在我国的高教界较为普遍。本文以北京师范大学的赖德胜教授和南京理工大学的马士斌学者为代表。

---

① 毛亚庆. 论市场竞争下的大学发展战略 [J]. 北京师范大学学报（社会科学版），2004 (2).

② 王继华，文胜利. 论大学核心竞争力 [J]. 中国高教研究，2001 (4).

赖德胜、武向荣在《论大学的核心竞争力》中指出，大学核心竞争力的培养通常需要经过几个核心阶段：一是开发与获取核心专长和技能的阶段，根据大学的类型来确定相应的核心专长和技能。二是竞争要素的整合阶段，围绕学校的核心价值，将特殊技能、人力资本、领导才能、组织管理甚至大学精神等融合在一起，在要素的相互依存与联系中培养核心竞争力，大学的竞争优势不单纯是规模优势，更重要的是体现在有机整合背后的核心竞争力上。三是核心竞争力的更新阶段，核心竞争力具有阶段性和层次性。同时，赖德胜教授还提出要创新管理体制，建立现代大学制度，处理好政府和大学的关系，让大学拥有办学自主权。①

马士斌在《"战国时代"：高校核心竞争力的提升》中提到，"本文视角是从既定的校级领导班子出发，研究如何提升本校的核心竞争力，不涉及外部管理体制。鉴于高校的现状和人力资源管理的自身规律，在这一进程中，宜分阶段、分步骤地进行"。他认为需要分六步来提升高校的核心竞争力：① 确立人本主义管理哲学和教师中心论观念。② 组织变革。③ 淡化官本位意识，在管理人员产生机制中引进竞争因素。④ 改革分配制度，带动有效激励机制的形成。⑤ 健全非管理人员的竞争机制。⑥ 制定人力资源开发战略，带动人力资源开发机制的形成。"上述步骤中，落脚点应是④、⑤、⑥这三步。实践证明，没有①、②、③三步的准备和到位，那么，④、⑤、⑥三步就不可能到位，只是走过场于事无补。从第①步到第⑥步不可跨越，而应顺次进行，至多可把下一步与上一步几乎同时进行，否则，将会增加改革成本，降低改革收益。"② 马士斌从多个角度对大学核心竞争力的建构提出一些有益的构想，这是值得理论界和实践界的学者借鉴的。

二、研究的不足

尽管我国高教界对大学（高校）核心竞争力或核心能力的研究取得了相当的成果，但是，也存在一些不足。

当前国内高教界对大学核心竞争力的研究多是从四个方面来进行的：大学核心竞争力的内涵、构成要素、大学核心竞争力对大学发展的意义、

① 赖德胜，武向荣．论大学的核心竞争力［J］．教育研究，2002（7）．

② 马士斌．"战国时代"：高校核心竞争力的提升［J］．学海，2000（5）．

大学核心竞争力的培育与提升。

从既有研究文献来看，有以下几种研究偏差。

（一）对大学的界定不明确

大学核心竞争力是“核心竞争力”理论在高等教育领域的运用。因此，第一步首先是要准确界定“大学”的范围。如果没有对大学的准确界定，那么对大学核心竞争力的研究也就没有确切的边界，在分析时就会造成概念内涵和运用外延的不一致。从我们对高等教育市场的竞争现状分析中可以看出，大学的范围已经超出我们传统的种种界定。如果我们仅仅以名称作为界定“大学”的标准，那么很多优秀的学院将被排除在外，而一些冠之以“大学”名称的低层次培训机构则被囊括进来，就会造成机构划分的混乱。如果以国家教委 1986 年 108 号文件《普通高等学校设置暂行条例》对大学冠名的四条限制，那么就会造成大学内涵的单一，不符合当前大学机构多元化的现实和趋势。考虑到“大学核心竞争力”在学界的实际运用范围以及世界还有我国高等教育机构多元化的现实和趋势，本研究将不以名称为限，而是以多元化高等教育机构作为研究对象。不管是研究型大学、教学型大学（学院）、职业高校还是民办高校，都是“大学核心竞争力”的研究对象，并且，只要符合核心竞争力的判断标准，就可认为是具备核心竞争力的高校。实际上，正是高等教育机构的多元化，才使我们研究核心竞争力显示出必要性。

（二）概念上存在偏差

一些研究基于个体经验判断将某些要素看做是核心竞争力的内涵，缺乏对核心竞争力的深层次挖掘。实际上，“因素论”犯了先入为主的错误，核心竞争力是一种竞争战略，它在不同层次、不同类型的高校之间的表现是不一样的。因此，界定大学核心竞争力不应该将大学核心竞争力局限于某一具体的要素，而是要抓住大学竞争的本质，从共性的角度，给大学核心竞争力一个指导性的概念。然后，在此基础上分析大学核心竞争力在不同层次和类型高校中的表现。实际上，普拉哈拉德和哈默尔在最初提出核心竞争力概念时，并没有将核心竞争力限定为某一具体的要素，而只是给出了一个指导性的概念。从共性出发，将共性与个性结合起来是研究大学核心竞争力的有效路径。

还有一些研究过于局限“公司核心竞争力”的表述，将公司核心竞争力的概念移植过来。大学和公司是不一样的，追求利润是公司的本质，而大学的本质是为了知识的发展和人才的培养，即使是营利性行为，也是为了知识的发展服务的，营利性只能是大学的手段而不是目的。因此，大学和公司在目的上的本质差异决定了判断大学成功的标准是不一样的。或者这样说，我们可以从高利润的公司的行为中推导出公司的核心竞争力，但是将这一模式运用到大学就不合适了。因此，我们应该找寻推导大学核心竞争力的独特路径。

（三）要素判断的问题

对于构成大学核心竞争力的要素，人们也都是从不同的角度来分析，分歧较大。学界研究大学核心竞争力的要素构成有两种路径：一种是依据核心竞争力判断指标找出符合其特征的要素；另一种是根据大学组织特性在经验层面上归纳出大学核心竞争力的要素。我们认为，这两种路径都只从一个方面说明了大学的竞争力，只有把两者结合起来才符合理论与实际的联结。如果仅从经验层面考虑大学核心竞争力的要素，那么就会失去了“核心竞争力”理论的精髓，成为一般竞争力的论述；如果仅从核心竞争力的特征出发而不考虑大学的组织特性，得出的结论就可能脱离大学的实际。因此，本研究在论述大学核心竞争力及其要素辨别时，既考虑了核心竞争力的判断标准，又结合了大学的组织特性。

此外，从外部的政策环境、市场需求，内部的领导和管理运行机制等方面来系统研究大学核心竞争力尚未见到。目前，也缺乏对大学核心竞争力评价指标的研究，如果没有系统的指标体系，那么，我们就难以确定不同高校核心竞争力的建设程度。因此，构建基于核心竞争力的独特评价指标体系也是本研究的一个重点。

最后，学界对于大学核心竞争力研究理论建构得多，发展反思得少。比如，我国高校合并这一问题，就是政治逻辑的产物，而如何基于核心竞争力来使合并后高校提高办学效益，或者如何基于核心竞争力理论来使未来的大学合并更加理性化、科学化是这一理论的实际价值之所在。本研究将基于核心竞争力理论对当前我国高等教育出现的问题及发展进行反思，并提出建议。

第三章
基于知识观的大学核心竞争力

企业核心竞争力概念提出的意义在于打破企业“黑箱”，关注企业内部的资源和能力。普拉哈拉德和哈默尔提出“核心竞争力是组织的集体学习能力，特别是如何协调各种生产技能并把多种技术整合在一起的能力”。在这一定义中，我们可以看出企业核心竞争力的获取要基于以下三个方面。

一是知识性，强调了企业核心竞争力的基础是基于企业自身创造和吸纳的知识，这种知识包括技能知识（know-how）、人为知识（know-who）这样的缄默知识（tacit knowledge），也包括事实知识（know-what）、原理知识（know-why）这样的显在知识（explicit knowledge）。

二是整合性，强调了企业核心竞争力是对这些知识的协调和配置的能力，强调了企业核心竞争力体现在对这些知识的获取、处理、交流、共享的动态过程中。

三是积累性，强调了企业核心竞争力的获取是知识日积月累的结晶，同时，它也表明了企业核心竞争力会随着知识新旧的更替而具有生命的周期。由此可见，随着企业发展进入到知识化的阶段，知识管理成为企业获取核心竞争力的关键，这样的企业也被人们贴上了知识型企业的标签。在知识型企业中，知识、智力等无形资产成为了其赖以生存和发展的基础和源泉，直觉经验等缄默知识成为了企业最具战略价值的资源。

大学虽然与企业不完全相同，“从整体上来说，高等教育的材料不同于企业组织、政府部门和许多非赢利性机构。但并非所有各方面都有所不同。实际上，由于其他机构组织以知识、科学和专业为基础，它们与高等教育越来越相似”。[①]

普拉哈拉德和哈默尔提出三种检验方法可以用来确定公司的核心竞争力。首先，核心竞争力能够为公司进入多个市场提供方便；其次，核心竞争力应当对最终产品为客户带来的可感知价值有重大贡献；最后一点，核心竞争力应当是竞争对手难以模仿的。如果核心竞争力是各项技术和生产技能复杂的融合，那么这项能力就难以被竞争对手模仿。竞争对手或许能够获得核心竞争力中的几种技术，但是要复制其内部协调与学习的整体模式却非常困难。[②] 此外，麦肯锡咨询公司专家对核心竞争力“世界一流水平”量的界定也是核心竞争力的一个检验方法。

对大学核心竞争力的界定要结合“企业核心竞争力”概念的意义和内涵，避免一些误区。① 并不是任何一个技能或要素都可以成为核心竞争力，只有那些能为大学带来持续竞争优势，并且是其他组织难以模仿的技能或要素才能成为核心竞争力。② 核心竞争力也不是一个囊括万象的“万花筒”，“它是一种处在核心地位的能力，是大学其他能力的统领”。[③] ③ 要避免简单移植企业核心竞争力概念，应该在大学外部环境变化的基础上，重点结合大学组织特质分析界定大学核心竞争力。④ 核心竞争力中含有比较的意味，量上的界定也是大学核心竞争力的一部分。

第一节 从知识的角度重新思考大学

对大学核心竞争力进行界定时，必须考虑其应用范围。要探明什么是大学核心竞争力，我们首先要明白大学是什么。虽然我们一直在各种场合谈论大学，但是，在不同的情境中我们所说的大学有不同的概念和范畴。出现这种问题的原因在于大学的内涵已经变化，大学的范围扩展了。大学的职能、任务、使命即使没有发生本质的变化，在表现形式上也和以前大不相同了。

---

① 伯顿·R. 克拉克. 高等教育系统——学术组织的跨国研究［M］. 王承绪，等，译. 杭州：杭州大学出版社，1994：11.

② Gary Hamel and C. K. Prahalad. The Core Competence of the Corporation［J］. Harvard Business Review, 1990, 68（3）：83－84.

③ 别敦荣，田恩舜. 论大学核心竞争力及其提升路径［J］. 复旦教育论坛，2004（1）.

伯顿·R. 克拉克曾经这样描述大学：知识就是材料，研究和教学是主要的技术。① 这一判断是对大学的高度提炼，是对大学本质的描述。但是，对大学这一高度凝练的描述需要放置到历史的具体情境中去加以认识。

一、知识内容的演化

大学的材料是知识，这一判定从大学建立到现在一直没有变化，可以说未来也不会改变。知识的内容是在不断演化的。最早进入大学的知识是神学、哲学、医学和法学，萨莱诺大学和博洛尼亚大学曾经分别是当时的医学与法学的教学和研究中心。② 这些学科主导大学好几百年，直到 18 世纪，法国兴建一批新型的高等学校——“大学校”。其中，建立最早的是路桥学校（1747）、巴黎矿业学校（1783），后来又建立了闻名遐迩的综合技术学校（1793 年，即巴黎高等工业学校）和男子高等师范学校（1795 年成立，后来演变为巴黎高等师范学校）。这些学校在当时的世界上是一种新型的大学，学术水平很高，吸引了众多国家的学者前来求学。③在 19 世纪，美国的赠地大学将农业、机械方面的教学和培训引入大学课堂，从此揭开了大学知识开放的序幕。康奈尔大学表达了这种理想：大学和学院是“任何人都可以获得任何方面教学的机构”。④时至今日，多种知识都开始走进大学的课堂。虽然说传统意义上的高深知识仍然是大学的理想和价值所在，但是，在社会需求和知识转型的形势下，大学正在逐步改变它对知识的看法，并以囊括更多形式的知识来拓展自己的使命和任务。社会发展固然需要传播高深知识型大学，也需要那些传播并不怎么高深但是社会却十分需求的知识的大学。并且，由于高深知识的界限也在模糊，虽说高深知识介于已知世界和未知世界之间，但是在已知世界与未知世界之间人们值得探索的范围扩大了，既包括理论上的，也包括那些经验层面的。由此，知识演化到今天，已经将大学的包容性扩大到了社会所需的一切知识层面。

就知识内容演变而言，当今的传统大学模式具有一定的局限性。新的知识生产和传播机制突破了时间和空间的限制，然而传统大学模式以学科

①④ 伯顿·R. 克拉克. 高等教育系统——学术组织的跨国研究［M］. 王承绪，等，译. 杭州：杭州大学出版社，1994：12，41.

②③ 陈学飞. 国家利益与创建世界一流大学［J/OL］. 北大教育经济研究，2004，2（1）.

作为大学的基本单元。目前的知识发展是以网络形式存在的，学科发展的线性模型限制了大学的知识生产和传播的潜能。随着新知识的出现，而且新知识的学科组织越来越专业，“知识网”越来越复杂，同时，又越来越不分等级，使“大学”能否运作和维持下去成为问题。① 一些在高等教育市场上另辟蹊径的院校突破了学科的历史、既得利益、拨款机制和社会合作模式，促成了新的知识，从而拥有了竞争优势。知识内容的丰富化，打破了大学竞争的“单一知识逻辑”。在“复杂知识逻辑”下，拥有比较优势是大学提升竞争力的重要策略。大学对自身知识内容的设定形成了大学的“知识认知”，这种“知识认知”以一种高度结构化的形式表现出来。在“知识认知”模式基础上形成的知识图谱是大学竞争力的基础部分。

二、大学采用技术的演化

知识的内容在演化，大学的技术也在不断地变化。早期的萨莱诺大学、博洛尼亚大学、牛津大学、剑桥大学、巴黎大学等运用的技术是教学，研究还没有成为大学的技术。那时的大学主要是一个传播知识的场所，发现知识并没有成为大学的一个职能。教学作为主要技术特点是，在课堂上鼓励师生自由辩论、探讨，并以小的生师比来确保教学质量。围绕教学出现的组织机构就是学院，牛津大学的学院制代表了教学的精神，一对一的导师制确保了学生获得高质量的教育。19 世纪晚期，大学的技术发生了革命性的变化，大学被改造成为科研和教学中心。大学要确保自己能传播最先进的知识，就必须从事知识的生产。1810 年，洪堡创办的柏林大学，将研究和教学作为大学的两大职能。大学由传授知识的场所转变为知识生产和传授的中心。这时的研究仍然是“象牙塔”内的自由研究，并不追求研究的实用性。由于这一模式对知识自身的价值以及对民族国家工业化的价值，使它很快为美、日这些新兴工业化国家所效仿，最终成为主宰世界高等教育的主要模式。这一理念在刚刚兴起的时候，陷入了一种绝对化的认识。研究被认为是推动教学的有力工具，研究和教学的结合被认为是大学不可分割的技术。

随着科学技术对社会和其他社会机构影响的加大，大学由于提供以科

① 联合国教育、科学及文化组织. 从信息社会迈向知识社会［R］. 教科文组织，2005：96.

技为基础的经济所需的教育而成为现代社会的中心。大学的知识发展与工业界的联系越来越密切。工业界以增加对大学资助为手段要求工业所需的技能能够被反映到课堂上以及科研中。工业界对研究的影响不仅在于轻基础研究，重应用研究，而且使效率成为判断知识价值的标准。对知识效率的重视，使以前那种追求“闲情逸趣”的教学模式开始瓦解，不管是学生还是社会，都要求大学提供能与工业社会经济发展直接相关的知识。于是，一种兼具专业训练（尤其是配合新科技产业的发展），以实用和就业为导向的新型高等教育机构亦应运而生。① 工业企业将自己的研发放到大学里进行，加剧了大学科研的实用化倾向。从事学术研究和精英教育的传统大学现在仅仅是高等教育系统的一小部分，可以替换它的机构现在已经成为大学的一部分，并且成为传统大学有力的竞争对手。例如，英国的多科技术学院（Polytechnics）曾经被认为是二流的院校，现在已经能成为大学的对手了。1969—1973 年，英国建立了 30 所多科技术学院，到 20 世纪 80 年代末，这些多科技术学院在规模上已经可以与大学相媲美。1992 年，多科技术学院被授予“大学”的名称。英国人对“大学”一词的理解扩大了，许多历史悠久的大学可能发觉他们自己在压力下呈现了“多科技术”的特征。②

虽然教学与研究仍然是大学的主要技术，但是对这些技术的不同运作（运用）还是造成了当今大学组织的多样性。大学的技术既包括最专业化的科研，也包括最功利化的培训。不同的大学根据自身的条件和社会的需求，选择对应的某项技术或者技术组合。就技术来评价大学的实力，社会的需求正在打破那种将技术进行等级划分的传统思维。企业大学（公司大学）建立的初衷是为了更新员工的技能，到了 2010 年，很有可能在数量上超过传统大学。商品化大学其首要目的是为了盈利，这有别于常规大学，常规大学的首要目的是提高学术名气。在商品化大学，知识得到应用比生产出新知识要重要得多。③ 毫无疑问，技术上的多元选择正在改变世界高等教育的图谱，也对大学的战略选择和竞争策略提出了新的要求和挑战。

① 郭为藩. 转变中的大学：传统、议题与前景［M］. 北京：北京大学出版社，2006：31.

② 弗兰斯·F. 范富格特. 国际高等教育政策比较研究［M］. 王承绪，等，译. 杭州：浙江教育出版社，2001：368.

③ 联合国教育、科学及文化组织. 从信息社会迈向知识社会［R］. 教科文组织，2005：93.

三、知识操作的资本化

从大学与工业开始联姻时起，大学的性质也在发生变化。大学一直是以一种非营利组织的形式存在，原因是多方面的。其中一个不可不承认的原因是，那时的大学还没有卷入到社会之中，它所传播的知识还不具规模营利的可能，所采用的技术也是忽略投入和产出的。大学开始利用手中的知识资源从事营利性行为，主要原因是这些知识本身具备了营利的资质。首先，这些知识是社会直接需求的知识。工业企业可以运用这些知识来创造经济价值，个体可以通过获取知识提升自身的经济价值。其次，这些知识不再是只为少数人所享用，而是一个工业化社会所需求的。这样，知识生产与传播的规模效益便得以体现，这些因素都使大学萌发了追求营利的动机。再次，“新公共管理”或“管理主义”的兴起，一场追求“三 E”（Economy，Efficiency and Effectiveness，即经济、效率和效益）的运动席卷公共部门，高等教育部门也难以逃避。大学为了“收支平衡”，加之大学的“成本病”① 问题使大学难以降低成本，由此，大学必须考虑营利性行为。目前，不仅几乎所有大学都在从事营利性行为，而且出现了大量以营利为目的的大学，如，美国的斯特拉耶大学、德夫里大学、凤凰城大学等。知识的资本化也改变了一些大学的生存法则，就传统大学而言，当一些大学还在为怎么从政府那里获取经费来资助大学的研究事业而焦头烂额的时候，一些营利性大学已经开始能从技术转让的获利中自主地资助内部的研究和教学。大学的性质在知识的演变下也改变了自身的性质。

大学是一个历史的概念范畴，在不同的历史时期有不同的内涵，我们不能囿于另一个时代背景下形成的大学概念来束缚今日的大学职责及功

---

① “成本病”（cost disease）这一概念为威廉·鲍莫尔（William Baumol）首先提出，用以说明作为非生产性经济部门的特征。这些非生产性部门主要指劳动密集型部门，不太可能用资本或新的生产技术去替代人力，如，剧院、交响乐团、社会福利机构和教育。这些部门的单位成本随着工资的上涨而上涨。原因是，这些行业工作人员的工资一般要与商品生产部门人员的工资同步上涨，而商品生产部门可以通过不断地注入资金和技术带来实际效率，从而使得生产部门的单位成本的上涨幅度低于工资的增长幅度；但非生产部门的单位成本则不可避免地要超过生产部门的单位成本。所以说，高等教育的单位成本的增长速度要高于通货膨胀率。正如第一章所说的，由于通货膨胀率是用多种价格增长的平均数计算出来的，因此，高等教育的单位成本（进而导致学费）通常要高于通货膨胀率。（摘自：D. B. 约翰斯通. 高等教育财政：问题与出路［M］. 沈红，李红桃，译. 北京：人民教育出版社，2004：35 -36.）

能。当几乎所有的知识及其应用方式都在大学寻找其合法地位之时，我们还有什么理由在职能和名称上对大学和非大学进行区分呢？对大学地位和资源的追求使很多非大学机构升格为大学，随着大学机构的膨胀，大学逐渐囊括了多种类型的使命和组织形式，名称逐渐丧失了它作为区分大学与非大学的标准。而世界各国在制定一个什么样的高等教育结构来区分大学与非大学的政策上也往往陷入自相矛盾的境地。

这给我们提出了一个问题：从什么地方入手认识大学才算抓住了本质？仅从教学和研究这些技术出发认识和界定大学已经不能刻画当今大学的丰富内涵，毕竟，教学和研究只是一种技术、一种手段，应该从大学利用这些技术背后的目的去描述大学的本质。在教授和教师的许多活动中，我们可以找到的共同内容就是知识操作，只是发现、保存、提炼、传授和应用知识的工作组合形式有所不同罢了。大学的材料是知识，教学和研究是主要的技术。这描述了一种知识操作模式。将教学营利化、研究营利化也是知识的操作模式，大学的知识操作模式发展到今天已经十分丰富了。知识是我们理解大学的最根本的视角，知识的演化就是大学组织的变迁。大学的知识材料和技能已经分裂成一个复杂的系统，这标志着一个扩展了的大学系统正在形成。认识这一新的大学系统不能再用模糊的用语来描述它，正在发生的事实是一些有远见的大学正在围绕各种类型的知识从事全新的操作形式。

大学的本质是知识操作，那么认识大学的竞争优势就要以知识作为出发点。

第二节　大学竞争优势的来源——知识

对大学来说，知识是材料，知识操作是技能。知识处于大学的中心地位，学科、院系、研究中心、实验室、人力资源、科学研究、文化传播以及管理系统、组织流程的核心要素都是知识。大学的知识操作是大学对知识的组合、运作程序、功能选择以及转化运用的结合。它处于大学各种战略的中心地位，决定了大学活动价值链各个环节的竞争优势。大学本身是一个知识体系，它包含三个系统：知识的生产系统、知识的转化系统、知识的学习机制。分析这三个系统需要在一个改变的知识生产模式下思考。

以往的知识生产模式是以大学学科为主导的，衡量大学竞争优势的主要是该大学学科力量的强盛。相应的学科知识的载体——教师和研究人员个体、获取学科知识的图书资料和相关课程以及以学科为类别进行的科学研究，所有这些质量和数量的叠加决定了一个大学的地位。如今，知识生产的模式已经转变，这一知识生产模式具备一些不同于传统模式的属性：在应用发展过程中生产知识、跨学科性、异质性以及组织多元性、问责（accountability）和反思性（reflexivity）、质量控制的多维性以及协作性等。① 上述传统的知识生产模式被称为"知识生产模式1"，这种新型的知识生产模式被称为是"知识生产模式2"。

表3－1　传统的与新的知识生产模式属性举要②

（根据吉本斯等，1994年）

知识生产模式1（传统）	知识生产模式2（新）
单学科或多学科	跨学科
认知环境	市场环境
等级制、划一、稳定的组织形式	非等级制、多样、变化的组织形式
主要在大学	主要在大学外
基本限于学术	科学的与非科学因素积极互动
更向同仁负责	更向社会负责，对社会做出反应
科学的质量控制	更为广泛的质量控制标准
发现先于应用	发现与应用合在一起
有限的知识分布	知识更广泛的社会分布

一、大学知识生产

在知识生产模式改变的背景下，大学获取、传播、应用知识的途径和方式发生了巨大的变化，这给大学发展提出了新的要求。知识生产已经超

① Michael Gibbons, Camille Limoges, Helga Nowotny, Simon Schwartzman, Peter Scott, Martin Trow. *The New Production of Knowledge: The Dynamics of Science and Research in Contemporary Societies* [M]. London: SAGE publications, 1994: 3－8.

② 阿里·卡赞西吉尔. 治理和科学：治理社会与生产知识的市场式模式［J］. 国际社会科学杂志（中文版），1999（1）.

越了传统的认识论哲学观——把以“闲逸的好奇”精神追求知识作为目的,[①] 而且也超越了传统的政治论哲学观——即认为人们探讨深奥的知识不仅出于闲逸的好奇，而且还因为它对国家有着深远的影响。[②] 新型的知识生产是上述两种高等教育哲学观的融合，也是对上述哲学观的超越。正规的知识被视为关键的个人和经济资源。知识是今天唯一有意义的资源。除了知识之外，传统的生产要素都能获得，而且能轻而易举地获得。从这个崭新的意义来讲，知识就意味着效用，知识就意味着获得社会和经济成果的手段。知识正在被应用于知识，这是知识变革的第三阶段，或许也是最后一个阶段。[③] 经济转型使知识的表现形式、应用方式都发生了转变，一些大学在知识获取和构建上找到了一条适合社会需要的途径，并且通过满足社会需要来获取资源来提升自己的竞争力。这些大学逐渐兴起，一些传统的大学则由于难以灵活面对知识的转型，在目标确立到内部管理上都难以适应社会的变化，因而困难重重，甚至衰落下去。知识生产与大学组织的以下几个要素相关，大学的竞争优势也来源于以下要素的禀赋。

（一）制度结构

一种制度通常被定义为一套行为规则，它们被用于支配特定的行为模式与相互关系。[④] 大学的制度结构是一系列大学内部正式的和非正式的制度安排的总和。大学的知识生产是嵌入这些制度结构中的，制度结构决定了大学知识产出的效率。正式的制度安排包括：学术结构（院、系、所、研究中心）、行政结构、知识转化结构等。非正式的制度安排包括学科文化、院校文化、专业文化、系统文化、师生文化以及潜规则等。虽然大学的制度结构体现出一种层次一致性（即同等层次的大学在制度结构上具有一致性），但是，这种一致性主要体现在正式的制度安排上，而每一所大学的非正式制度安排则各具特色。

那些制度结构合理的大学，能够最大限度地释放组织生产知识的能

① 约翰·S. 布鲁贝克. 高等教育哲学［M］. 王承绪，等，译. 杭州：浙江教育出版社，1998：13.

② 同①，第15页。

③ 彼得·德鲁克. 个人的管理［M］. 沈国华，译. 上海：上海财经大学出版社，2003：40.

④ V. W. 拉坦. 诱致性制度变迁理论［M］//R. 科斯，A. 阿尔钦，D. 诺斯，等. 财产权利与制度变迁——产权学派与新制度学派译文集. 刘守英，等，译. 上海：上海人民出版社，2004：329.

量。如何使制度结构能够激励知识产出，是大学具备竞争优势的重要来源。英国历史学家科班在分析为什么意大利北部的博洛尼亚及其模仿者幸存下来，而在萨莱诺的更早和同样有前途的努力却消失了时，指出，“萨莱诺的主要弱点在于它没有发展一个保护性的和有凝聚力的组织来维持它的智力活动的发展”。牛津创立的导师制则是适应高质量教学的制度安排；霍普金斯大学创立的研究生院是激发大学研究性知识产出和人才培养的制度安排；柏林自由大学校长迪埃特·伦森认为集群发展中心、研究生教育中心和国际交流中心共同构成柏林自由大学创新性知识网络体系的核心构架，正是这三个制度性安排使柏林自由大学在高级研究上具备了竞争优势。①

而当今知识模式 2 兴起的时候，知识生产的基本前提成为“科学走向市场”以及“知识本身成为买卖的商品”② 时，各种新型的制度安排就成为激发知识产出的重要因素。“等级制、划一、稳定的组织形式”转向“非等级制、多样、变化的组织形式，要求大学必须在组织制度结构上予以创新，由僵化的组织结构转化为最大限度激发组织知识生产的灵活的组织结构。比如，沃里克大学通过几项制度安排改革（外围并入核心，各系广泛建立科研中心，创办大学范围的研究生院，引进一个遍及整个校区的富有想象力的和高度吸引人的研究员计划），它们成功地激活了学术心脏地带。最后将创业精神融入到所有的学术领域，成为一种非正式的制度安排。正式的制度安排在大学内部塑造了一种学术文化，这种学术文化最终演化为大学的非正式制度安排，这种非正式的制度安排成为学校竞争优势的来源，而且难以移植。

在应用发展中生产知识，改变了大学传统的学科资源和结构。从“单学科或多学科”到“跨学科”的知识生产模式转变，使得综合性大学竞争优势加强，综合性大学的多学科性质具备跨学科的潜能，但要成功实现转型，还需要大学进行相应的制度安排。一些有创见的综合大学正在改变校内的学术单位，打破学科界限，建立问题导向的学术单位，这些学术单位表现出超越传统学系单位的知识产出。跨学科使大学有一种走向综合化的

---

① 迪埃特·伦森. 促进高级研究的制度性战略［J］. 国家教育行政学院学报，2006（9）.

② Michael Gibbons，Camille Limoges，Helga Nowotny，Simon Schwartzman，Peter Scott，Martin Trow. *The New Production of Knowledge*：*The Dynamics of Science and Research in Contemporary Societies*［M］. London：SAGE publications，1994：91，85.

倾向，很多单科型大学或学院在模式 1 下具有很强的竞争优势，因为它们在符合当时知识生产规范的要求下，有集中资源的优势。然而，在模式 2 下，单科型的大学或学院很难取得竞争优势。为了弥补这些劣势，很多单科型大学或学院正在采取与科研院所、其他大学建立联盟关系或者合并，在保护自己核心知识的同时，拓宽知识生产渠道。

（二）社会资源

随着知识生产机构由大学内扩展到大学外，学校内部已经不能提供一个知识生产的坚实构架，大学不得不通过提供外在的合作平台强大自己来取代内部的自我强大。知识生产按照合作的模式，由形形色色的科学非合伙人搭伙进行。① 知识生产的组织多元性正在打破大学“象牙塔”的堡垒，促使大学拓展发展外围，与研究中心、政府、工业试验室、企业等联盟，把许多社会、经济、政治发展的现实问题带入大学内部，进行研究，并结合课程培养学生的实用技能。创业型大学或者职业技术型大学的兴起正是由于这些大学很好地将知识生产与整个社会结合了起来——工业界、政府、个体等。

“更向社会负责，对社会做出反应”，对质量和问责提出了更高的要求。大学的知识生产不再是“象牙塔”内的“孤芳自赏”，而是要接受来自社会的质量监督。问责和反思就成为知识发展过程的必要程序。对很多大学来讲，一方面要求大学所从事的活动要符合社会价值规范，特别是在知识生产和传播的方面；另一方面，大学要关心社会的现实问题，传统那种由兴趣、智慧、启迪来追求知识的理想不再是大学知识生产的主导，大学只有在关心解决社会现实问题的过程中才能获得更多的资源和认可。当然，一些大学仍然有实力保护那些追求闲情逸致的求知方式，但是，在大众化高等教育阶段，这些大学只能是少数。

二、大学知识的转化

大学知识转化包含两个方面，一方面是知识将一系列投入大学的人、

① 阿里·卡赞西吉尔．治理和科学：治理社会与生产知识的市场式模式［J］．国际社会科学杂志（中文版），1999（1）．

财、物等资源转化为人才①和科研成果等知识产出；另一方面是知识成果被应用于社会，包括技术转让、咨询服务、培训教育等。

（一）知识的资源转化能力

大学组织是资源的集合体，大学活动的开展都是建立在一系列资源的基础上，办学的场地、仪器设备、校舍建筑、办学经费、学生与教职员工都是大学活动所必需的有形资源。这些有形资源也可以看做是大学的输入资源。这些资源的输入状况制约着大学办学的效果，制约着大学与同类大学的竞争效果。学校的品牌、声誉以及大学文化属于大学的无形资源，这些无形资源实际上是大学输入资源经过内部的组合和使用而形成的结果。无形资源包括市场资产和基础结构资产。声誉是一个在非货币市场上运作的通货，声誉是通过良好的绩效产生的，而且可以变为真正的资源，因为正是那些具有良好声誉的院校，能获得最多的资源和最好的职业。② 大学吸引高质量的学生、优秀的教师和研究人员、科研项目以及捐助资金等，在很大程度上受到学校声誉和品牌的影响。而如果大学能在上述要素的竞争中获胜，又决定了大学未来的地位和声誉。因此，这是一种“滚雪球”效应。

上述的有形和无形资源获取中，依赖一个重要的因素就是大学的人力资源。大学的人力资源包括教师、研究人员、管理人员以及学生。贯穿上述两种资源转化的知识操作过程的是大学对人力资源的管理。知识的重要载体——人力资源，是学校获取竞争优势的关键所在，虽然，学校的人力资源在广泛交流的大学网络中也是一种可以转移的资源，但是这些资源不可能完全转移。认识大学的人力资源，不能从单一的个体出发。在当前知识的跨学科、网络化以及大型科研项目的团体合作中，单一的人力资源只能在它所赖以存在的网络中才能显示出价值所在。这些人员的质量和结构一方面决定了学校获取有形资源的能力；另一方面又决定了学校将这些资源进行组合、配置和转化的能力。教授和研究人员在学术上的地位以及在与其他社会机构联系中的地位，将为学校带来科研资助，这些科研资助既

① 人力资源既可是一种投人，也是一种产出。学生经过培养转化为具备一定素质的人才，教师和研究人员在知识生产过程中，也会发生变化。

② 弗兰斯 · F. 范富格特. 国际高等教育政策比较研究［M］. 王承绪，等，译. 杭州：浙江教育出版社，2001：8.

可以吸引到高质量的学生，其出版结果及社会声誉又将决定学校整体的声誉和品牌。学校的领导团队将决定学校的办学方向，这在某种程度上影响了学校的人力资源结构。管理人员对人力资源的配置、激励以及评估机制，是大学人力资源转化为现实资源的重要因素。

在大学战略规划中，这些资源都是大学重点加以描述的对象。这些资源是大学整体竞争的结果，只有这些资源的协同发挥效应，大学才能获取竞争优势。但是如果这些资源杂乱堆积，没有一个核心的力量，或者找不出这些资源竞争的背后因素，大学将很难系统地把握学校的竞争优势。因此，需要从这些资源的背后寻找能使学校获取竞争优势的最根本的资源。作为这些资源的根本载体——知识，将担当这一重要作用。大学的竞争优势取决于大学在适应知识生产模式改变的基础上，如何获取资源并将这些资源转化为高质量产出的能力。

学科、实验室、研究中心是大学的基础资源，这些资源是大学目前静态实力的标志。这些资源仅仅是学校在市场上潜在的静态资源，这些资源要转换成为大学的可持续竞争优势，还需要大学将这些资源激活。很多学校在这些资源上具有相似性，然而，对待这些基础资源的不同处理方式决定了这些资源的内部效益和社会效益。衡量大学竞争优势的是大学的产出，它表现为表示知识结果的出版物、论文、报告、科研结果、学生质量等。能高效地将基础资源转化为产出的能力是大学的知识操作，这是资源转化第一层面的知识操作，传统的教学和研究履行了这一功能。然而，这一功能需要在新的时代条件下转型。

教学与科研的结合曾被认为是一种互补的功能，大学只有致力于这两种功能的相互协作才能取得竞争优势。这种观念在大学功能分裂以及研究资金的不断增长之下，受到了挑战。

就科研来说，如今，很少有大学会希望在多个领域都处在国际领先水平。可能有几个“巨型大学联合体”会希望在每个研究领域都很突出，但是，许多其他大学都发现必须将研究实力侧重在一些个别领域，才能在这些领域中拥有并保持竞争优势。①

---

① 霍华德·戴维斯. 制定21世纪大学的发展战略规划［M］//教育部中外大学校长论坛领导小组. 中外大学校长论坛：第二辑. 北京：中国人民大学出版社，2004：166.

（二）知识的经济获益功能

对现代大学来讲，收入来源是学校的生存根基。如果没有充足的办学经费，将很难保证学校在各种资源的竞争中获胜。在新的知识生产模式下，大学的财政结构也在发生变化。精英高等教育条件下，公共资金可以保证这些少量大学的几乎全部运营。在公共资金之外，大学财政的第二个来源是研究基金会，这为大学的科学研究提供了经费保证，这是科研和教学结合后大学拓展资金的结果。当大学从“两重作用模式（主要是教学和科研）”向“三重作用模式（教学、科研和社会服务）”转化，大学的第三种责任就主要是与社会的直接关系。大学第三作用的真正新特征，是消除了产品和最终用户之间的中介。以前在学术界以外应用的竞争规则也成了大学各系的准则。① 大学开始构架一个不断拓展和加深的第三收入来源的渠道，这些来源从工厂企业、地方政府和慈善基金会，到来自知识财产的版税收入、校园服务的收入、学费以及校友集资。第三渠道代表着真正的财政多元化。② 这种新的责任改变了大学的财政结构，第三种大学财政渠道的比重越来越大，而由于前两种财政渠道数量和结构一定，大学难以灵活处置，因此，第三种财政渠道不仅成为大学拉开与其他大学差距的重要选择，而且也为大学提供了灵活的资金应用方法。资金的灵活处置使大学在学术战略方面有更多的选择性，这将会提高大学的差异化优势。

知识资本化加剧了大学的经济动力。随着知识被专门用来产生收益，科学本身就被从一个消耗社会的盈余的文化过程转变为一种从文化的某一方面产生新收益的生产力。③ 可见，大学的竞争优势不仅取决于大学的知识存量，还取决于知识的转化应用能力。在传统模式下，大学为社会培养人才、好奇心驱使的知识生产以及直接和间接的政治功能，确保了大学向国家提出合理的财政要求。学科优势、人才质量以及无私利性的知识传播的竞争模式是那个时代的主导，而第三个大学财政渠道获取的基础需要的是新的知识操作模式。知识不仅需要被生产、传播，而且也需要用来产生

---

① 朱迪思·苏兹．大学在生产部门的新任务［M］//亨利·埃茨科维茨，劳埃特·雷德斯多夫．大学与全球知识经济．夏道源，等，译．南昌：江西教育出版社，1999：17.

② 伯顿·R．克拉克．建立创业型大学：组织上转型的途径［M］．王承绪，等，译．北京：人民教育出版社，2003：5.

③ 亨利·埃茨科维茨，劳埃特·雷德斯多夫．大学与全球知识经济［C］．夏道源，等，译．南昌：江西教育出版社，1999：230.

经济效益。大学挖掘自身知识价值链上的经济效益，在知识经济时代是大学获取竞争优势的主要来源。在不违背大学核心价值的框架下，这是一种正当合理的大学财政战略选择。

知识着眼于运用，学校的产出要投入社会，为社会直接作出贡献。这是问责和反思的知识生产模式的属性所要求的。这一过程同时也为大学带来了收益。知识成果转化不仅是指科研成果的转化，它包含了整个知识价值链的转化。知识转化的价值不仅有经济价值，还有社会价值以及文化价值等。所有这些转化的价值选择都有可能为大学提供竞争力，造就卓越的一流大学。

三、知识的学习机制

大学通过独特的知识操作在知识生产、转化的过程中赢得竞争优势。大学内部的知识交流、联合研究、与企业/政府部门等解决问题的过程中学习获取知识、出席研讨会、开办国际会议、做新项目、进入新的网络、加盟工业部门都会不断增加大学的知识。在竞争愈来愈激烈的高等教育领域，大学还要设法确保这些竞争优势保持可持续性和难以移植性。一个能保持卓越的大学的优势正在于它的竞争优势不是短时的，而是长期的；不是大众化的，而是自身独有而难以移植的。大学在知识操作上形成的竞争优势，在某种程度上是别的大学经过努力仍然可以模仿的。因此，考察大学竞争优势的关键问题在于具备价值性和异质性的知识操作体系是难以模仿的，并能促使大学不断突破创新。

多萝西·伦纳德·巴顿将知识体系分为四个维度：技巧和知识基础、技术系统、管理系统、价值观和规范。① 大学中知识的载体和知识操作的结果是表征大学实力的指标，很多大学排行榜也是以这些指标为依据进行排序的。这只是可见层面的知识体系，真正造就大学竞争优势的是知识竞争力形成过程中大学内部形成的意会性知识。意会性知识包括价值观和规范，这是大学知识体系学习机制的产物。当我们考察所有不同类型的知识习得模式的时候，我们就会看到，知识竞争优势的形成过程引发了大量的学习现象。

---

① Dorothy Leonard-Barton. Core Capabilities and Core Rigidities A Paradox in Managing New Product Development [J]. Strategic Management Journal, 1992, 13: 111 - 125.

一般而言，知识的创新总是来源于个体，然后由个体的创新知识传递给组织的其他成员，就形成了个体与他人的知识共享，当这种创新知识为组织所共有，便会使这种知识内化为组织成员的自身知识，成为进一步创新的基础。同时，知识共享所形成的隐藏于大学组织成员的知识还必须显性化，使其成为大学知识积累的组成部分。这样，通过个体知识创新、个体知识的组织共享、组织知识积累的过程，就使大学的知识积累不断扩大，这个扩大的过程也就是大学核心竞争力不断增强和更新的过程。

在知识的划分中，知识被划分为缄默知识和显在知识两大类。缄默知识包括技能知识（know-how）、人为知识（know-who），显在知识包括事实知识（know-what）、原理知识（know-why）。缄默知识是高度个人化的难以言传的知识，而显在知识是能够言明的、系统化的正式和规范的知识。在对缄默知识研究的基础上，著名心理学家斯腾伯格提出了实践智力的概念。他认为，只有分析智力或者学术智力可以被传统的智力测验所测试，而基于缄默知识的实践智力是与日常生活紧密相关的，它与学术智力的区别，就好比“街头上的智慧与书本上的智慧”。① 缄默知识具有零碎的、个体的、情景化的特点，它很难通过正常的途径进行共享。这种知识是一种程序化的知识，它与行动有着密切的关系，而且在一个组织的日常生活中，人们达成目标的价值越高，这种知识支持获取的目标越直接，这种知识就越有用。为此，日本学者野中次郎认为这是因为“隐性知识（即缄默知识）是高度个人化的知识，有其自身的特殊含义，因此很难规范化也不易传递给他人。它不仅隐含在个人经验中，同时也涉及个人信念、世界观、价值体系等因素”。② 因此我们应当关注融于经验与技能、信念与价值等方面的个体和组织中的缄默知识，尤其是组织成员个体的缄默知识是建构大学核心竞争力的重要源泉。教师拥有的缄默知识体现出高度个体化、不易言传和模仿的特点，它深置于教师个人行动和经验之中，包括融于教育教学中非正式的、难以明确表达的技能、技巧、经验和诀窍，这些是与教师个人经验、行为和工作内容紧密相关的，是教师在长期的教育教学中积累和创造的结果。教师个体拥有的这种缄默知识体现为教师在教学和研究中的直觉、灵感、洞察力、信念、价值观和心智模式等，它与教师的性格、个人经历、修养等因素有着密切的关系。学校组织中的缄默知识不仅表现在教师个体之中，而且也表现在学校中的群体、职能部门以及学校总

① 唐京，冯明．知识类型与知识管理［J］．外国经济和管理，2000（2）．

② 张庆普，李志超．企业隐性知识的特征与管理［J］．经济理论与经济管理，2002（11）．

体层面上，包括群体掌握的技艺以及群体、部门之间合作过程中的默契和协调能力以及学校的文化、价值体系和共同的组织愿景等。这种管理范式关注学校组织中的缄默知识，注重学校的知识创新和知识文化的建设，强调培育和促进组织成员的成长，从而使学校获得一种长期发展的优势。

优秀大学的优势不仅在于知识体系、师资以及生源的卓越，而且在于组织的价值观系统。人才资源、学科建设、硬件设施等这些硬性资源都容易模仿，基于人力资源、学科建设、知识营运程序以及管理技能等在大学组织内形成的组织程序和组织文化则非常难以模仿。这种能力并不单一存在于某一学科、某个或某些人力资源、某种管理技术、某种社会网络或某种研究水平上，而是分散于大学组织内外各个相关单位并融合起来的集合。正是大学内部的协调与学习的整体模式是大学竞争优势的根本。大学知识生产与操作过程形成的学习机制包括操作规程、知识获取、发展及转化路径、嵌入组织内外各个“行动者”的价值观等。体现于多项个体基础之上形成的知识流程最终转化为组织的模式和价值观。大学竞争力的基石——集体学习是以大学知识生产和操作为中心，在组织内外沟通和共享的，它不仅是组织内部成员集体学习的能力，也是组织内部和环境“协同演进”的能力。

知识的创新总是来源于个体，个体的创新知识传递给组织的其他成员，形成了个体与他人的知识共享，进而成为组织知识积累的组成部分，而这种组织积累的知识要转化为组织发展和前行的推动力，便会有一个知识内化为组织成员的自身知识，成为组织成员进一步进行知识创新的基础的过程。通过这几个环节从而使基于知识创新的组织发展呈现出一个螺旋上升的过程（图 3 - 1）。

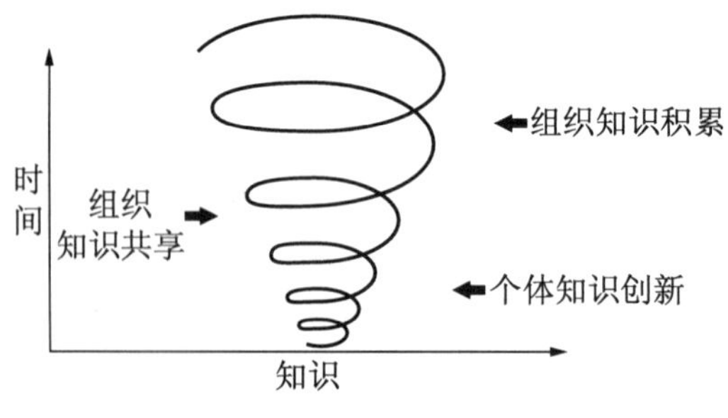

图 3 - 1　学校知识螺旋上升图①

① 李宝山，王连娟. 知识型企业核心竞争力的螺旋推进模式［J］. 经济与管理研究，2001（6）.

高校作为一个知识型组织，它的知识创新也遵循着这样的过程，通过个体知识创新、个体知识的组织共享、组织知识积累、组织知识的个体化的过程，使得学校的知识积累不断扩大，这个知识扩大和积累的过程也就是学校自身实力不断增强、更新和提升的过程。

至此，我们分析了大学竞争优势的三个层次：大学的知识生产系统、知识转化系统和知识的学习机制。这三个系统逐层深入，确定了大学在高等教育市场中的竞争优势。

第三节　大学核心竞争力的水平界定

以上，我们从一般意义上分析了大学的竞争优势的来源。在知识生产和操作上具备竞争优势的大学我们称之为有大学竞争力，但是，有竞争力的大学不一定有核心竞争力，具有核心竞争力的大学应该是高出同行中平均竞争力水平的那些大学，低于同行中平均竞争力水平的大学是缺乏大学竞争力的，更没有核心竞争力。任何核心竞争力导向型的战略都要求大学在自己选定的能力上做到最好，起码是接近最好。①

为了更清楚地表达出大学竞争力与大学核心竞争力的关系，我们将大学竞争力的不同水平状态用一数轴表示（图 3－2），称之为大学竞争力状态轴。

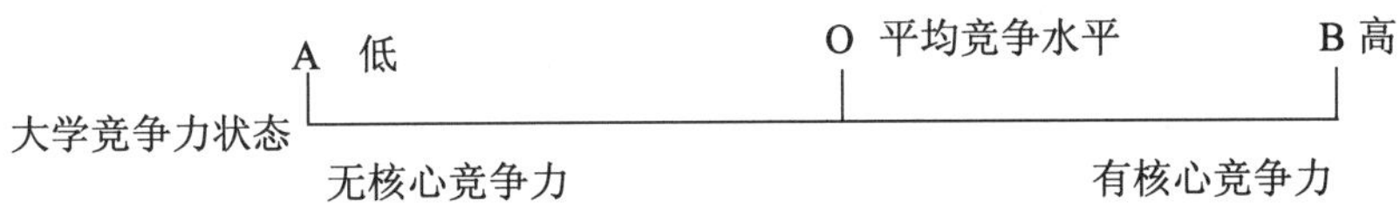

图 3－2　大学竞争力与核心竞争力的关系

同类大学的竞争力水平都放在这条大学竞争力状态轴上来衡量。该轴表示竞争力水平从左向右逐渐增强，A 点表示竞争力水平最低，O 点表示同类大学中平均竞争力水平，B 点表示在同类大学中竞争力最强。图 3－2 中所示的处于 A 点到 O 点之间的大学是缺乏竞争力的，也没有核心竞争力；处于 O 点的大学具有平均竞争水平，但没有核心竞争力；处于 O 点到 B 点之间的大学，其竞争力超出同类大学的平均竞争力水平，具有核心竞争力；越是靠近 B 点的大学，构成其竞争力的核心能力类别就越多，该大

① 欧高敦. 亦真亦幻的核心竞争力［M］. 北京：生活 · 读书 · 新知三联书店，2001：24.

学也就越具有核心竞争力。换言之，大学核心竞争力就是超出同类大学中平均竞争力水平的大学所体现出来的整体竞争能力；处于平均竞争力水平的大学只能说有竞争力，但是不能说有核心竞争力；低于同类大学平均竞争力水平的大学缺乏竞争力，没有核心竞争力。用公式表示为：

有大学核心竞争力 = 高出同类大学平均竞争力水平

无大学核心竞争力 = 等于或低于同类大学平均竞争力水平

如果从核心能力的角度来看大学竞争力状态线，处于 A 点到 O 点之间的大学没有自身的核心能力；处于 O 点的大学没有核心能力；处于 O 点到 B 点之间的大学具有自身的核心能力，越是靠近 B 点的大学，其核心能力类别越多。

总之，大学竞争力与大学核心竞争力既有联系又有区别。超出同类大学平均竞争力水平的才有大学核心竞争力。大学竞争力是大概念，大学核心竞争力是小概念，大学核心竞争力是指竞争力超出平均竞争力水平的部分。换言之，大学有核心竞争力必然具有竞争力，但是具有竞争力的大学并不一定具有核心竞争力。

大学核心竞争力是在竞争中形成的整体竞争能力，是与竞争对象相关联的。与不同实力的竞争对象相比较，会产生不同的竞争后果，这种随着不同竞争对象而产生不同结果的特性，其实是大学核心竞争力的相对性特征。由于大学客观地存在着不同的实力层次，大学之间的竞争结果自然就随着竞争对象的层次性而凸显出层次性的特征。大学的办学实力随着时间的流转、岁月的积淀，实力会发展变化，办学实力发展的大学在竞争中会有不同的竞争力，因而又体现出大学核心竞争力的动态发展性。

大学核心竞争力的相对性衍生出大学核心竞争力的层次性和动态发展性。这三种特性使我国大学在与不同竞争对象比较时都有依据。对于实力不高的大学可以努力达到地区核心竞争力的水平、具有地区核心竞争力的水平可以努力达到国家层次的核心竞争力水平；对于具有国家级核心竞争力水平的大学要争取具有国际水平的核心竞争力。大学核心竞争力的发展性促使大学不断追求新水平。大学核心竞争力的层次性为各种办学实力的大学培育核心竞争力提供足够的信心。认识大学核心竞争力的层次性和动态发展性对大学发展是重要的。

第四节　基于知识的大学核心竞争力

从上述的分析中，我们可以看出知识是大学竞争优势的来源。总结知识在大学竞争中的作用，可以归纳如下。

一、知识体系是大学竞争的最终决定力量

每一次大学重心转移的过程，也是大学知识转型的过程。成功适应时代需求进行知识转型的大学最终成为引领高等教育发展的时代先锋。每一次知识转型之后，大学的竞争就在这一转型后的知识结构中展开。而随着社会环境的变化，该知识结构成为大学发展的禁锢时，就需要一些“敢为时代先”的结构突破这一禁锢，探索另外一条知识发展机制。大学好比一棵大树，学科是核心产品，较纤细的树枝则是院、系、所、研究中心等，培养的学生质量（反映教学质量）、科研产出（反映研究成果）以及社会声誉（反映大学社会服务水平和影响力）则属于最终产品。知识体系则是为大学提供养分和起支撑固定作用的根系。

二、独特的知识体系是大学难以移植的竞争要素

一个组织要想具备长期的竞争优势，那么该组织就必须具备一些难以模仿的资源和能力。模仿至少可以以两种方式发生：复制和替代。① 大学的其他实体资源，例如，师资、图书、实验设备等都容易被模仿，在资源日益丰富化的今天，这些资源很容易被移植。大学的人才是流动性较强的资源，大学的人才很容易因为各种原因被其他组织挖走。人才的流动不仅仅是由于物质吸引的结果，研究组织多元化使得这些人才在其他组织也可通过研究获得个人价值的实现。在多种因素的综合作用下，人才流动已经成为大学的一个不十分可靠的资源。而知识则是基于大学文化、组织程序和团队工作形成的系统性竞争资源，这些资源是不容易被移植的，是大学竞争最本质的要素。

---

① 安德鲁 · 坎贝尔，凯瑟琳 · 萨默斯 · 卢斯. 核心能力战略［M］. 严勇，祝方，译. 大连：东北财经大学出版社，2003：23.

当大学知识体系发生转型和进化时，它带动了人才、学科、组织流程的系统改进，这一进程本身就反映了大学独特的历史路径，从而成为大学的一种反映了大学独特经验的能力。因此，一所大学要想在历史发展中获取持续竞争优势，不仅仅要依靠市场、政治力量，最重要的是要培育和提升自身的独特知识资源，这是一个历史发展的过程。独特的知识体系要求知识的生产系统、知识的转化系统、知识的学习机制形成一个整体，在三个整体的相互关系中表现出独特性。

三、大学价值性在知识发展中得以凸显

在大学竞争的政治逻辑和市场逻辑下，大学成为政治和市场的依附品，大学自身的价值性受到腐蚀。我们讲大学竞争的知识逻辑最重要的一点是要改变大学竞争的观念，促使大学从知识发展这一角度处理竞争问题，并由此协调政治和市场问题。政治力量和市场力量是一种时效较短的势力，而大学自身所拥有的知识力量则是大学竞争的长期效力。作为一所大学，获得社会认同的首要条件是价值性问题。在价值性基础上拓展资源和竞争能力是一种可持续性的发展策略。大学竞争的知识逻辑，虽然不要求大学依附于政治和市场力量，但是要求大学根据社会环境的变化进行战略转型。大学资源在真空中是无价值的，一味地要求大学追求传统意义上的“高深知识”也会阻碍大学前进的步伐。大学需要正确判断社会的知识需求和发展，根据知识本身的发展逻辑，在社会和知识之间找准契合点，塑造自身发展的价值体系。

在价值多元化的时代，不同大学的资源和能力都可以以多种形式表现出价值性。研究型大学以高质量的研究成果促进社会发展，职业大学以高质量的技能、人才培养满足社会最广阔的劳动力需求，创业型大学以高的效率将知识快捷地传递到需求端。可见，知识逻辑下的竞争更多的是要求大学发展的独特价值，而不是在政治和市场逻辑下产生“趋同”效应。

四、知识机制成为综合大学竞争战略的枢纽

在知识发展的逻辑下，大学的战略是一个以知识为中心，其他战略要素相互配合的盘根交错的网路体系。知识的操作机制处于大学战略的中

心，其他的学科、师资、实验设备、图书成为支持大学知识战略的要素。大学的知识战略成为促使其他战略要素协同发展的核心。这一网络体系的竞争力强度取决于其稀缺性、难以模仿、可持续性和组织问题。

图 3-3　大学竞争的知识机制图

知识的生产和操作是大学活动的本质，它是大学其他活动的统领。它是一种能力，是一种大学资源的转化能力系统。大学在知识生产与操作过程中形成的学习机制，是大学在知识生产与转化过程中形成的难以模仿的能力。由此可见，大学核心竞争力是大学在知识生产和操作中形成的系统能力，该系统能力能使大学达到国家或世界一流水平，以及在大学知识生产与操作过程中形成的学习机制。

第四章
大学核心竞争力的培育与提升

大学核心竞争力的形成是一个复杂的过程，它的起点是大学对知识内容和表现方式的选择而形成的大学目标——价值定位。然后，围绕这一目标—价值体系—整合大学内部要素。最后，在组织内部形成一种对待知识的价值观和处理知识的规范。在此过程中，需要一些保障条件和措施。

第一节　大学核心竞争力确定阶段——知识体系的定位

> 在西方，大学是特别持久的。前加利福尼亚大学校长克拉克·克尔计算过，1520 年前建立的组织里仍有 85 个“至今还以同样的方式、使用同样的名字、做着同样的事情”，其中有 70 个组织是大学，其他组织是宗教组织。这不是由于魅力型领导，而是由于组织的特征和使命。①

每所大学都在从事着知识生产、传播与利用的活动，这些活动的方式和具体内容千姿百态。一所大学对特定的知识的生产和操作方式的选择是大学核心竞争力构筑的起点。用传统的大学管理术语就是大学定位问题。大学必须明确什么样的知识生产和操作模式对自己是有价值的、独创的和

① 教育部中外大学校长论坛领导小组. 大学校长论坛文集［M］. 北京：高等教育出版社，2002：105.

有益的。

大学处理知识的方式经历了以下三个阶段：首先是重视理性、论据、知识的概念和方法的探寻，社会的相关性和实用性被放在次要的位置；其次是在知识、能力、伦理和为社会服务方面的高专业标准，这种标准包含在长期的要求严格的课程当中；最后是各种职业教育和公益教育的产生，把工商业的需要提到首要位置，课程设置和传授与就业市场的关系非常密切。① 重心发生了转移，但是传统仍在延续。几乎所有的知识在当今的大学都能找到其存在的位置，并有充足的理论依据对其合法性进行辩护。这为当今大学提供了机遇又提出了挑战。

一、定位的标准

（一）价值性

从大学发展的历史长河中我们发现，大学一次次在价值——目标体系的更新中获得新生。而那些能首先抓住机遇，成功实现大学模式转型的大学就在那一刻为今后的发展奠定了基础。德国大学则是在适应一个尚未成形的工业德国的期望中赋予大学专业研究职能而获得了世界范围的高级地位。美国的研究型大学是移植德国的研究模式，并努力保持普通教育价值的双重选择中建立了自己独特的教学和研究并举的“双元结构”，在组织形式上表现为普通教育之上的研究生院。赠地大学和学院是在满足蓬勃发展的现代化农业技术需求中找准定位而争得在高等教育的一席之地并很好地生存下来。美国很多小规模专注于本科教育的文理学院坚持通才教育适应了现代社会人文素质教育的传统和需求，而成为众多家长和学生的首选，在美国享有很高的盛誉。虚拟大学、开放大学是满足信息社会高等教育需求及组织变革的要求，虽然还处于萌芽阶段，但它们必然在变革迅速的社会中通过不断调适自己的目标、质量标准而走向成熟。适应了社会形势的变化，成功的大学适时地进行了职能和组织重心及结构的变化。一些瞄准社会需求变化的新成立大学也能快速构建起全新的形式和职能，加入大学的竞争队伍，并成功地赢得了认同和声誉。

① 改编自：经济合作与发展组织．重新定义第三级教育［M］．谢维和，等，编译．北京：高等教育出版社，2002：56.

大学是否局限于这些历史孕育起来的目标——价值体系？大学职能的历史演变是否在今天已经终结，剩下的只是对历史遗产的精雕细琢？自然科学发展的经验提供了答案，人文历史的发展也指明了方向，只是时代的障眼和故步自封的思维使我们以为现实就是终结。大学的职能扩展一定有其发展的潜力，有勇气的大学应该担当起这一时代责任。敢为天下先者必定会赢得独特的竞争优势，这是最具价值的竞争力——价值独创性。

获取核心竞争力的途径既可以来源于价值独创性，也可来源于价值增值性。增值性有两种表现方式，一是做好，一是创新。做好意味着在细分的市场里固守自己的品牌，提供更多的价值。作为“常春藤联盟”成员大学之一的达特茅斯学院坚守自己的传统，致力于卓越的本科文理教育，在美国乃至世界享有极高的声誉，2005 年，被 Booz Allen Hamilton 选为“世界上最具坚韧不拔精神的十所大学”之一。创新大学对相应环境的价值需求做出判断，并对自身的任务或战略的适用性做出评价，以合适的方式、高效的组织、经济的组合对传统的价值予以转型。

我们已经进入一个价值多元的时代，价值多元性来自于知识的多种形式和人们如何看待这些形式和大学的关系。有关大学的价值取向有以下两种观点：第一种是学者们倡导的，他们认为第三级教育根据知识的原则，应该与主流社会保持一定的距离。这样才能实现大学独特甚至是基本的使命，使大学与其他机构相区别，又可以触及其他机构。第二种观点认为，第三级教育应该更敏感，积极对“市场”做出反应，引进商业前沿的管理实践，强调实用知识，并建立相应的使命、组织、课程和教育方法。这两种取向被视为相互对立。事实上，许多大学和机构已经成功地整合了多种分歧的观点，从而使得二分法的划分正在失去意义。我们看到许多融合的例子，从挪威的地区学院，到瑞典的大学学院，德国的高等专科学校（Fachhochschulen），法国的新兴大学以及澳大利亚和美国弗吉尼亚的州立大学。①

在一个价值多元存在的现代社会，对一个大学来说，根据形势和环境的要求找准自己的目标——价值定位所能做的选择多了。但是资源的限制和众多的参与者也使得大学不能企图在所有方面都同举并重。一个能赢得

---

① 经济合作与发展组织. 重新定义第三级教育［M］. 谢维和，等，编译. 北京：高等教育出版社，2002：57 -58.

广泛认同、多方满意的大学战略取得胜利的代价和风险太大。大学只能切取蛋糕的一部分，才能更好地消化吸收。普林斯顿是美国最好的大学之一，但这所大学的学生既不能学习法律，也不能学习医学和商业。在芝加哥大学，所有这些学科包括宗教研究都有，但是没有工程。①

目前有很多目标市场供大学个体选择，但是这一选择不是无限制的，而是有一个“资源束”。正是社会环境中资源的多元化，才为合理选择多元化目标市场提供了依据。追求“全方位卓越”的大学是一种战略选择，但是这种战略选择越来越举步维艰。“全方位卓越”的资源限制不仅指那些“硬”的资源约束，还包括那些“软”的资源限制，比如，“组织注意力”这种资源是容易被忽视然而却是限制大学战略实施的重要因素。我们注意到大学市场中有很多大学通过将资源约束追求有限而又独特的目标，将大学运行危险降至最低，而将效益发挥到极致。在一个复杂而又充分的细分目标市场中，有很多大学正是依靠“小而精”的战略获得成功的。选择就意味着限制，功能及学科的选择是一个基本的策略。类似美国威廉斯学院、阿默斯特学院、斯沃斯莫尔学院等文理学院专著本科教育，从而以密切的师生关系、充足的教学资源、高的师生比、充分的学科融合、高质量的人文素质教育而赢得声誉。和哈佛、斯坦福等研究型大学相比，它们并不去追求研究能力，而是关注每个学生作为其个体的成长和发展。也正是那些专用于教学的资源使学生获得高质量的本科教育，也给相应的优秀师资一个宽松的教学环境。“大而全”是一种赢得竞争优势的途径，“小而精”也是一种大可供选择的战略。在资源有限、参与者众多、组织注意力限制的情况下，这种“术业有专攻”的竞争战略可以更容易快速赢得市场地位和竞争优势，而且对环境的反应更加灵敏。

（二）独创性

哈佛大学校长埃利奥特在改造哈佛大学的时候，他的灵感来源于德国大学重视培养研究能力的模式，但是他并没有照搬德国的模式。他担任哈佛大学校长几个月后，曾在《大西洋月刊》中撰文说：“……一所大学，从任何一个有意义的角度来说，都必从根基发展起来。它不可能完全由英国或德国的模式转嫁而成……美国大学并非外国学校的翻版或温床植物，

① 杰拉德·卡斯帕尔. 成功的研究密集型大学必备的四种特性［M］//教育部中外大学校长论坛领导小组. 大学校长论坛文集. 北京：高等教育出版社，2002：110.

而是美国社会和政治习俗缓慢、自然发展而成的结果……美国大学并非总是其他学校的仿制品，他和其他学校一样完全是独创的。”①

在一个激烈竞争的大学市场中，大学的定位必须创新才能具有与众不同的竞争力。成功大学的示范效应引起了很多模仿者。虽然模仿能使大学迅速缩短同竞争对手的差距，但是，大学在模仿阶段还不具有核心竞争力，因为简单的模仿不能产生大学的独有专长。大学必须在模仿学习的基础上，结合自己的历史、传统、资源和社会需求，进行消化创新。

大学知识定位的独创性来源需要大学具备洞察力、预见力。这些能力有助于大学发现并掌握先行一步的事实或模式。这些能力都来自大学对社会需求和知识形式变化的把握。需求是一种资源，是一种有待挖掘的资源。许多优秀的大学都有一种准确判断社会需求的能力。大学在资源、目标定位和社会需求上找到合适的位置，这就是大学的独创性。在今天，具备这种能力要求大学具备调研能力，即要分析知识的需求和供给、知识的价值和如何去增加知识的价值。大学作为一种社会机构已经完好存在了一千多年，它之所以能够这样，其中部分原因是其特殊的应变和转变能力。如今大学的极其多样化，从小规模的文学院到大型的大学系统，从沿街的私立学院到全球性的“网络公司”，都说明了大学的生存、发展以及变化有多么迅猛。②

大学的卓越来自历史，但不能为历史所累。大学要想构筑核心竞争力，首先第一步就是要评估自己的知识体系，包括办学的层次、核心和特色学科、毕业生培养规格、知识的应用方式等。这些目标的定位直接影响到大学利用自身资源和能力能否建构自身的核心竞争力。因为在大学竞争中，发挥自己的优势特长、避免自身的劣势不足才能够赢得竞争优势，形成对手难以企及的核心竞争能力。

（三）效益性

在经费需求不断增加，而财政经费很有限的情况下，大学所选择的定

① 理查德·C. 雷文. 大学校长的领导才能［M］//教育部中外大学校长论坛领导小组. 中外大学校长论坛：第二辑. 北京：中国人民大学出版社，2004：33.

② 郭为藩. 转变中的大学：传统、议题与前景［M］. 北京：北京大学出版社，2006：149-150.

位应该能有利于增强自身吸纳资源的能力。大学必须确定什么样的知识体系对自己是有益处的，它不但能使自己履行正常的教育、研究、培训、转化等功能，而且还能获得额外的效益来扩展这些功能。大学通过自身对知识的利用获得资源，是所有大学的共同事实。

像哈佛、牛津、剑桥之类的一流研究型大学依靠的是高水准的基础研究、最前沿的科技研究、瞄准一流人才培养和培训的课程，吸引了大量的政府研究基金补助、企业合同研究资金以及个体捐赠资金。类似柏林工业大学这样的技术定向的大学，其成功最核心的部分就在于通过与工业界保持密切合作，创造技术知识，并利用这些知识培养学生、吸收合同研究资金以及通过专利为学校带来效益。营利性大学只提供市场急需的学科，为自己吸引了大量的生源、高额的利润。

二、定位的技术

基于核心竞争力构筑战略的大学应该对基于一些核心的问题考察自己拥有的知识体系。要“了解你所处的位置，明确你所在的环境，或者你想要实现的境况，并且决定对于组织的健康、成长和品质而言，什么是最关键的”。①

（一）你的知识体系是否卓越（包括现有的知识体系和计划进军的知识体系）

大学具备核心竞争力的重要依据就是你的核心能力胜过所有的或大部分的竞争对手，包括现有的竞争对手和潜在的竞争对手。② 如果已经存在的核心知识体系不是卓越的，那么就需要采取措施拉近与一流水平的差距。从内部开始着手：重建人力资源系统，改变管理模式。如果内部的资源尚不足使你达到卓越，就需要采取联盟或合并的策略从外部汲取力量。如果一所大学决定要扩展一个新的领域，也需要考察相邻的竞争对手是否已经在这一领域占据绝对优势。如果经过分析发现难以追赶一流水平，那么最好的策略还是不要花费大量的资源从事一个自己难以获取竞争优势的项目。比如，麻省理工学院办得很好，哈佛大学就不办工学院，因为它再

① 乔治·凯勒. 大学战略与规划：美国高等教育管理革命［M］. 别敦荣，主译. 2005：102.

② 欧高敦. 亦真亦幻的核心竞争力［M］. 北京：生活·读书·新知三联书店，2001：24.

办工学院，超不过麻省理工学院，就是低水平重复建设，还会把哈佛大学的整体水平降低。

（二）它在相关竞争者面前是否独特

核心知识体系能带给大学比较优势的是它的个性化。如果其他大学进入你的领域，并模仿了你的模式，采取雄心勃勃的计划要和你竞争，这时需要思考的问题就是你的独特性是什么。如果不挖掘发扬你的独特性，那么很可能被后来者追上，丢掉比较优势。

（三）它是否还有价值

大学应该突破传统的限制，采用价值创新逻辑来引导学校的定位。知识的转型使知识的内容和生产方式不断更新换代，大学必须适应这种变化。社会的需求也是不断变化的，知识需要被整合到社会中才能显示出它的价值。无论其他学校如何定位，致力于价值创新的大学总是要寻求非凡的创意和价值的提升。

（四）你的资源使你难以满足这些目标还是可以再更进一步拓展你的目标

在资源缺乏的基础上，你已经不能高效地合成你的知识体系，那么就有必要采取措施进行转型。丢掉那些看似是核心的知识，发展真正能给你带来优势的知识是明智的。在资源盈余、发展势头很好的情况下，打破惯例实现超常增长是一项有效的原则。

（五）在市场的压力之下，你的核心知识体系是否已经到了必须淘汰的边缘

核心竞争力的定位也不是要大学去追求潮流，而是要大学注重自身知识体系的价值和竞争力。虽然有些学校的定位是随时响应市场的变化，以便招收更多的学生，获取更多的利润。以凤凰城大学为代表的营利性大学就是采取这种战略的代表，这是他们的竞争优势。但是，对很多大学来说，一些传统优势知识体系在市场上遭遇了压力，其他大学都不再进入这一领域，或者竞争对手也开始抛弃这些领域的时候，能固守这些领域的大学能获得独特的竞争地位。在艺术低靡时，茱利亚学院（Juilliard）并没有砍掉音乐教育；在 1965 ~ 1975 年世俗主义盛行期间，伊利斯诺州的维特学

院（Wheaton College）并没有把基督教福音传道弃之一旁。[①] 关键核心竞争力的关键定位在于对知识体系竞争力的选择，它可以来源于市场地位、前沿领域的制高点、卓越的质量、特定的人群，等等。这是一个在变化环境中进行策略选择的技巧，扩展型和保守型都有可能获取竞争力，这要因“校”制宜。

案例分析[②]

卡内基-梅隆大学创建于1900年，学校前身是卡内基理工学院，创始人安德鲁·卡内基所设想的是一个以实实在在行业为基础的学校，学习如何干活，如何做东西，对诸如哈佛之类的高等学府不感兴趣。1967年，卡内基理工学院与附近的梅隆研究所——一所工业研究机构——合并成了现在的卡内基-梅隆大学，并被授权颁发学士学位。当时，它是全美规模最小的大学之一，但它自诞生之日起，就拥有美国最好的艺术学院。

1970年，学校创建了卡内基-梅隆商学院。在此之前，美国商学院基本上是为商人开设的，在学院里无非是谈论他们如何管理公司。卡内基-梅隆开创了建立在社会科学和数学基础之上的商业教育。由于学校规模很小，卡内基-梅隆大学审慎地选择一些重要的学术领域，然后，努力做到与国内任何一所一流大学一样好。1975年，学校建立了计算机科学系，从此计算机科学成为卡内基-梅隆的优势领域之一。1986年，在原有计算机科学系的基础上创建了计算机科学学院。赢得竞争和达到目标的道路，就是抢先占到未来的学术前沿，正如卡内基理工学院率先发展计算机专业一样。学校的艺术优势也得以和计算机软件领域结合起来。

对卡内基-梅隆大学来说，从创建到今天，它经历了多次变革，不断地发展自己的竞争力。占领计算机领域的制高点，创新商业教育模式，都是卡内基-梅隆大学提升竞争力的方式。卡内基-梅隆的特色是重视解决问题，这是学校建立伊始就确定的价值观。并且，卡内基-梅隆大学还通过不断探寻一种方向或新的领域，来贯彻这一价值观。后来，学校发展了研

---

① 乔治·凯勒. 大学战略与规划：美国高等教育管理革命［M］. 别敦荣，主译. 青岛：中国海洋大学出版社，2005：190－191.

② 改编自：乔治·凯勒. 大学战略与规划——美国高等教育管理革命［M］. 别敦荣，主译. 青岛：中国海洋大学出版社，2005：120－124；杰瑞德·柯亨. 提高质量 转变职能［M］//教育部中外大学校长论坛领导小组. 中外大学校长论坛文集. 北京：高等教育出版社，2006：264－284.

究领域，但是它们的理论研究也是深入到生产的层次。学校在维持自己的办学特色时，在具体执行层面也在不断变化，用赛特①的话说，“我们努力保持灵活性和反映的敏捷性”。

由此，我们可以看出：卡内基–梅隆大学核心竞争力的定位是重视技术的、专业的和实用的知识体系，它小心翼翼地选择前沿的知识领域，并将重视解决问题的理念贯彻到这些知识领域。卡内基–梅隆大学的定位十分注重比较优势原则，它不追求大而全，而是追求“有所为，有所不为”，从而创造出一种“小而优”“小而美”的成功办学模式。正因为这样，卡内基–梅隆大学才能从一个二类大学，跻身到如今的一流大学之列。

与此相反，耶鲁大学追求的是一种学术研究的知识体系。耶鲁大学成立于1701年，是美国最早成立的3所大学之一。它是在教会、政府和商界的共同支持下建立的带有强烈宗教色彩并负载沉重宗教使命的大学。耶鲁成立之后的近200年间基本保持着教派学校的特点，学院的培养目标是“训练一代又一代的有知识的正统牧师”。课程以古典文理科目为中心。进入20世纪以后，耶鲁大学虽然已经不再是一个教派大学了，但是耶鲁大学仍然笃信负载道德使命，培养价值观念。1937年上任的赛默尔校长认为，一些学科“可能只有很少的学生学习，可能对普通工种几乎没有价值”，但是大学要保留它们。对耶鲁大学而言，这代表他们的职责。第二次世界大战以后，大学与社会之间联系日益密切，社会的价值观念（特别是市场价值）不断入侵校园，象牙塔开始坍塌。但耶鲁大学并不随波逐流，仍然坚守自己的道德哲学，“努力发展学术，提供服务和精神启蒙”。耶鲁大学的知识体系坚持以学术研究、精神启蒙为价值导向。比如，1958年，格里斯沃尔德校长明确提出大学的存在是为了探索而非应用，因此关闭了护理学院的护士培养计划，将护理学院提升为护理研究院，培养护理科学的研究人员，开展护理科学研究。耶鲁大学的工学院最初建于1852年，但是在反应用技术的文化环境里，它始终时而合并于某所学院或某个系中，时而单独设立，不能取得独立的地位。

耶鲁大学始终如一地反对盲目的综合化，坚持把耶鲁大学所要设置的一切学科都办成美国乃至世界一流的，达不到这一目标就要坚决关掉。1920年，建立的教育系，在耶鲁大学没有得到必要的支持（几任校长都认

---

① 理查德·赛特，1972年–1990年任卡基–梅隆大学校长。

为教学是一门不可能被科学传授的艺术）而达不到一流的标准，终于在1956年关闭了。

反对功利化，以道德培养和精神启迪为取向的知识体系是耶鲁大学的核心竞争力定位。在反对功利化的斗争中，耶鲁体现出一种保守的文化。这种保守的文化使耶鲁大学坚守了自己的价值取向并赢得了很高的声誉。①

从耶鲁大学和卡内基-梅隆大学的核心竞争力定位的取向来看，两者有根本的差异，但也有相似之处。卡内基是以应用的知识体系为中心，耶鲁以精神启迪的知识体系为中心，在知识的价值选择上是截然相反的。二者又在追求一流、有所为有所不为的原则表现出相似之处。对大学来说，核心竞争力的定位都是选择自己核心的知识体系，但是知识体系的选择是多种多样的。何种知识体系对自己是有价值的，这要根据每个学校的历史、传统、使命以及竞争环境来选择，大学正是在这种价值选择上体现出独特性的。

三、内部沟通

大学办学的定位本身需要在调查的基础之上进行，这一过程是一个缜密谨慎的抉择过程。一旦在大学的办学定位上有了一定的方向，那么在一些具体的定位实施计划中，内部沟通就是接下来要重点做的工作。因为，对大学来讲，作为一种既定的模式的组织结构和权力结构，变革就意味着要改变权力和重置资源，其中必然遭遇激烈的反对。研究者的视野和思维范式使很多外来的变革压力很难赢得认同。

一些前景良好的计划，由于没有在组织内部进行良好的沟通而最终失败的例子不胜枚举。沟通一方面要求定位的过程本身是在一个协商、讨论的氛围中进行的，另一方面也需要有一个强有力的领导集体和高效的管理结构。内部沟通的目的在于确保核心竞争力的战略目标能被内部人员清晰地理解、认同和接受，并最终体现到日常的行动中。

对转型的传统大学而言，学术价值的力量主导着学校的核心理念。在市场的冲击下，设置市场经营导向的学科专业，会遭遇更大的阻力。在传统的力量主导学校的权力结构时，富有进取心的改革计划很可能失败。这

① 王英杰．论大学的保守性——美国耶鲁大学的文化品格［J］．比较教育研究，2003（3）．

时，对于改革者来说，沟通的技巧就是如何平衡传统的学术价值观和新的市场价值观。“由于传统的学术文化不能被忽视，不能被推到一边，因此必须使它起作用，从而得到适应。教授参与校部工作，是避免学术人员可能把太多自上而下的命令看做硬性的管理主义的第一步。”① 坚持大学的传统理念，固守那些看似没有市场价值的领域的大学，需要的是在内部使大家理解大学的核心价值以及坚守这些价值的意义所在。

第二节　核心竞争力整合阶段——知识战略要素整合

一、知识战略要素

在大学核心知识体系确立以后，围绕核心知识的战略要素整合是大学核心竞争力培育的第二阶段。大学在这一阶段，通过对知识的操作获得核心专长，激活、配置内部资源，最终转化为一系列产出。这一阶段形成的技巧和操作程序将使大学的竞争力具备难以移植性，最终形成大学核心竞争力。第一阶段的定位以及组织的资源还是大学潜在的竞争力，这一阶段的知识转化是大学的实质竞争力，也是核心竞争力成形的阶段。

什么是战略？韦伯斯特《新世界词典》定义为：战略是计划和指导大规模军事行动的科学，是管理或计划的技巧，尤其是运用战略计谋来管理或计划的技巧（skill）。战略计谋这个术语是来源于两个关于领导（leading）军队的希腊单词：straos（军队）和 agein（领导）。这个术语被用来表达一个欺骗敌人的计划或计谋。

后来战略的理念被用到非军事方面，首先被用到私人企业，然后被用到公共部门和非盈利组织中。在这些环境下，组织战略这个术语就逐渐用来指为达到组织目的和目标所采取的行动（action）。

制定战略就是把你自己的智慧、远见和意志掌握在自己手中，而不是由外力所掌控，或者陷入无序的关注。② 战略的本质是熔铸组织目标、政

---

① 伯顿·R. 克拉克. 建立创业型大学：组织上转型的途径［M］. 王承绪，译. 北京：人民教育出版社，2002：168.

② 乔治·凯勒. 大学战略与规划：美国高等教育管理革命［M］. 别敦荣，主译. 青岛：中国海洋大学出版社，2005：101.

策和行动方案的整体规划。这里将战略与要素相结合，组成“战略要素”，在大学的战略要素中其意是这些要素直接关系到大学组织的发展前景，关系到大学竞争能力的形成与提高，同时，这些要素充分体现整体性与全局性，是多种子要素协同配合产生的关键性要素，这些关键要素之间也是协同配合的，故而将这样性质的要素称之为战略要素。战略要素也就是那些存在于组织内部的要素，这些要素的协同发挥作用能确保组织取得核心竞争力。对大学来说，战略要素就是大学知识体系的一系列载体。

首先，知识依附于人才而存在。大学的人力资源分为三部分。第一部分是从事实质性知识生产与传播的教学与研究人员。在有些大学二者是结合在一起的，要求每位教师都致力于教学和研究的合二为一，期望通过二者的互相促进实现知识生产和传播的目标，这常见于那些一流的研究型大学。有些大学的教师和研究人员是分开的，有专门从事研究的教师队伍，也有专门从事教学的教师队伍，这常见于那些教研型的大学以及部分研究型大学。有一部分大学教师的主要使命就是为了教学，不从事研究。第二部分是管理人员，包括学校校长、副校长、中层管理人员和院系所、研究中心、实验室的负责人。这部分人员，有些是由专职的有管理知识和经验的专业教育管理人士担任，有些是由那些在学术上富有能力的学术人员或教学人员兼任。管理人员也分为教学管理人员、研究管理人员以及那些从事知识转化的专业人员。前两部分人力资源是互相交错的，有些本身就是合二为一的。第三部分是学生，学生是流动最大的，一般也不被看做是学校的人力资源。但是一些有远见的大学早已将学生看做是学校重要的人力资源，他们不但能为学校带来声誉，还是学校捐赠资金的一个主要来源。而且，从知识生产与操作的角度看，他们在知识生产与操作过程中所起的作用也不可小觑。

其次，知识在大学的表现形式是学科、专业、课程、研究项目等。学科和专业属于第一层次。学科明显是一种联结化学家与化学家、心理学家与心理学家、历史学家与历史学家的专门化组织方式。它按学科，即通过知识领域实现专门化。专业也遵循类似原则，将相同的专家汇集一道。①课程或研究项目是知识表现形式的第二层次。学科和专业在不同院校之间还具有共性，而课程或研究项目则更能区分大学知识内容的水平和层次。

① 伯顿·R. 克拉克. 高等教育系统——学术组织的跨国研究［M］. 王承绪，等，译. 杭州：杭州大学出版社，1994：34.

大学对知识操作不同的第一个层次体现在学科和专业的组合，比如，如何实现跨学科，不同学校有不同的选择。第二个层次体现在课程和研究项目的组合上，一流的大学在教学上的卓越正是体现在课程的质量和组合上。课程的质量取决于负载课程知识的教师，课程的不同组合会影响人才的培养。但是没有固定的模式，课程的组合模式和具体内容组合是基于学校的知识结构的。研究项目的选择也是以学校在知识体系价值观为中心的。

知识表现形式的组织化就是大学的系科、学院、研究中心、实验室等。一所大学或学院内的横向区分是以知识领域为出发点的基本区分形式。这种区分一般存在组织的两个层次，但在复杂的大学里有可能存在四个层次，因为为了完成任务每一个主要层次都引申出了下层结构。最广的组合如，医学部（faculty）、专业学院（school）和普通学院（college）这类术语而著称的群类——包含了为某种类型的职业（如，法律和商业）所做的准备，或像人文学科或自然学科这样的一组“基础学科”。稍窄一些的群类，即一般称之为讲座（chair）、研究所（institute）和学系（department）的群类，是基本的建筑块料或操作单位。①

大学对知识的操作最终转化为知识产出：表现为直接知识成果的论文、出版物、专利等以及具备一定素质和技能的毕业生、高素质的教师队伍（教师是知识的初始载体，在知识生产转化过程中也会受到影响，从而成为知识产出的载体）等间接知识成果。对知识结果的期望和运用根植于大学的价值取向，体现了大学在知识操作上的特色。

在知识操作过程中起作用的要素是知识管理系统，包括知识管理人员（可以是专职人员，也可以是教学研究人员）、知识管理制度、知识管理组织结构、知识管理程序等。

综上所述，知识的依附载体——人力资源系统，知识的表现形式——学科、专业、课程等表现系统，知识表现形式的组织化——系科、学院、研究中心、实验室等组织实体，知识转化的管理系统——管理人员、管理制度、管理组织结构、管理程序，对知识结果的期望和运用——技术转化、咨询、培训等共同构成了大学的知识战略要素。对这些战略要素的整合，决定了核心竞争力的成形。

---

① 伯顿·R. 克拉克. 高等教育系统——学术组织的跨国研究［M］. 王承绪，等，译. 杭州：杭州大学出版社，1994：41 - 42.

二、知识战略要素的整合——战略协同的过程

只有当大学的知识战略要素以大学的知识价值取向为中心，相互配合、协调，并且能适应外部机遇和挑战时，战略要素才能转化为大学的核心竞争力。战略协同是指各个战略要素之间的协同。

（一）大学知识组织图

以前我们评价一所大学的地位，主要是看它的各个学科的排名。现在，随着知识产出的变化，评价一所大学，主要是看它生产知识的能力。大学被看做是能力的组合，而不再是单一的学科专业的组合。大学如何在知识的流动中实现增值，是大学核心竞争力构成的一个主要方面。描述知识如何在大学组织内部的流动，需要我们采取一种新的方法——知识组织图。在大学的知识组织图内，有传统的要素，但主要的差别在于组织图的枢纽和网络。大学知识组织图并不详细描述个人或职位，而是提供一张大学知识版图的架构，包括各种知识战略要素。这张知识组织图就是大学的“基因”，也就是该大学之所以为该大学的根本标示。如果从这张知识组织图里能发现大学实现了知识的增值，并达到同类竞争者的一流水平，那么可以说该大学已经具有核心竞争力了。

知识组织图不同于我们在大学网站上、宣传手册上所见的大学组织结构图。传统的组织结构图以条块分割的形式描述了一个分裂的组织，从中我们看到的是权力的流动，而不是知识的流动。作为一个以知识为操作材料的组织，描述知识流动对大学来说是最适宜的。组织结构图本身也是知识变化的产物。大学诞生以后很长时间，大学的组织结构图是很简单的。随着知识的划分越来越细，组织机构逐渐膨胀，学术单位越来越多。大学功能的增多和分裂也形成了不同的大学组织结构。虽然遵循着一般的演化轨迹，但是，不同大学的组织结构呈现出多彩的图景。大学的历史、传统以及战略选择造就了个性化的组织结构。同样是世界一流大学，哈佛大学、牛津大学、东京大学之间的组织结构是不同的。但是，从传统的组织结构图里我们不能看出其间根本的差异，在这些组织结构图背后是知识组织图。

大学知识组织图是描述大学如何通过知识战略要素的协作实现知识的增值。知识组织图可以描述在组织的某处知识是如何运作的，描述人力资源、学科、教学和学术单位、经营单位是如何实现互动的。一个大学想要寻找知识增长点，那么最佳的策略就是描述知识组织图。通过知识组织图，大学可以发现自身的知识生产和操作在效率、效益、创值上所达到的程度，从而引导组织采取正确的战略来实现大学的战略目标。

大学的知识组织图要突破传统组织结构的束缚，如果信息系统、沟通模式、职业发展道路、管理层报酬以及战略制定流程都受制于以学科、权力为基础的组织界限，那么其核心竞争力就必然是支离破碎的。因此，我们认为，大学领导者应该把大量时间放在制定学校的战略架构上，从而确定打造核心竞争力的目标。战略架构是描述大学知识流以及在知识流动中如何增值的路线图，它指明需要培养哪些核心竞争力以及这些核心竞争力是由哪些相关技术组成的。而管理结构、人力资源配置以及沟通模式和绩效评估都是为了更好地增加知识的创制和大学核心竞争力的形成。

在资源的配置上，核心竞争力战略也不是必须在“富者更富，穷者更穷”或“平均主义”两种极端之间进行选择。它是在整个组织架构的基础上，围绕核心战略的利益平衡过程，在这一过程中核心和专长要受到保护。这需要一种长远的眼光，并不只是对某种具体知识价值的预测，而是一种更宏观的规划，它揭示了“利益攸关者”对大学功能的要求、潜在技术与核心竞争力这三者之间不断发展的关系。

案例　沃里克大学(University of Warwick)(英国)的知识组织图

在大学核心竞争力的构建过程中，英国沃里克大学取得了举世瞩目的成就，它自1965年办学以来，历经短短40年，便一跃成为英国高校排名的前列，与建校九百多年的牛津大学，还有建校八百多年的剑桥大学同台竞争。沃里克大学是如何取得如此辉煌的成就呢？在它发展的过程中哪些经验值得今天市场化程度日益加深的中国大学学习借鉴呢？我们将勾画出沃里克大学的知识组织图，来考察它是如何实现知识的增值，并取得卓越的成就的。

我们首先从沃里克大学的组织结构开始说起。

（1）沃里克大学的学术单位包括：文科部、理科部、社会科学部和医学部以及美国式的研究生院。社会科学部由经济系、教育系、法学院、哲学系、社会学系、沃里克商学院等 10 个系/学院以及 29 个研究中心组成；文科部拥有历史系、戏剧学院、电视电影系、美国比较研究学院等 10 个系/学院和 8 个研究中心；理科部由生物科学系、化学系、计算机科学系、工程学院、数学系、物理系、心理系、统计系以及沃里克园艺科学研究所（Warwick HRI）9 个系/学院和 14 个研究中心组成。此外，还有终身教育中心、18 世纪中心、英国法律教育中心等 7 个独立研究中心。①

表 4-1　沃里克大学主要学术单位结构图

学部系和学院	文科部	社会学科部	理科部	医　科
1	古希腊文学与古代史	经济学	生物科学	社区健康
2	比较美语	教育学	化学	临床科学
3	英语与比较文学	英语语言教师教育	计算机科学	医学教育
4	影视	健康与社会	工程学	初级健康保健
5	法语	法律	数学	沃里克糖尿病保健
6	德语	哲学	物理	
7	历史	政治与国际	心理	
8	艺术史	社会学	统计	
9	意大利语	沃里克商学院		
10	戏剧	妇女与性别		
11	8 个研究中心	29 个研究中心	9 个研究中心	

（2）管理机构。主管学术的是三大部类的（自然科学、社会科学、人文科学）学术委员会。创收集团（于 1984—1985 年正式建立）在注册主任领导下，寻找创收来源。联合战略委员会（20 世纪 80 年代中期由校务委员会和评议会组成），统领全校的学术、财务与校舍规划工作，位居创

① 资料来自沃里克大学网站 http://www2.warwick.ac.uk/departments.

业集团与各部学术委员会之上。工业发展办公室是大学和工业的交流平台和联系枢纽。

（3）沃里克制造集团（Warwick Manufacturing Group，WMG）。属于工程系的一部分，这个集团和很多重要的工业企业密切合作，完全致力于研究和开发。①

（4）沃里克科学园区，建立于 1984 年。沃里克科学园区是一个由大学、城市和地理上与大学比邻的县的联合努力的成果，在它自己的委员会的领导下独立地运作。②

（5）承担人员培训、学术会议、大型会议的会议中心。在沃里克大学，这些机构围绕知识生产、传播和转化形成了一个复杂的“生态圈”。

沃里克大学的定位：沃里克位于英国工程工业中心考文垂市，该地区的很多公私名流希望有一所适应时代需要的大学——凭它本身的质量成为一项经济资源并促进地区的发展。③ 沃里克大学本身也把自己的定位确立在一流研究型大学的目标上。沃里克大学确立了“学术研究与创收经营两位一体”的办学理念。

为了达成这一目的——既能保证学校服务于企业、社区，又有高质量的学术研究，沃里克大学实施了一系列改革，构建了一个知识生产与创收一体化的大学组织。

（1）知识生产系统。4 个主要学部承担了研究的主要工作。系（学院）承担了教学和研究工作，众多的研究中心和研究所促进了多学科研究。模仿美国模式的研究生院，在欧洲地区率先起步，具有很强的竞争优势。这些系、院、研究中心拥有一流的教师队伍和多元化的学生来源，构成了富有朝气的人力资源系统。

沃里克大学的优势在于将“知识创收”这一理念融入到这些学术单位。

（2）知识转化——创收系统。沃里克制造集团位于理学部的工程学院，属于工程学院的一部分。但是它的主要业务在于通过研究和开发，发展与企业的紧密联系，并且该集团还提供课程培训的任务。集团通过这些

---

① 伯顿·R. 克拉克. 建立创业型大学：组织上转型的途径［M］. 王承绪，等，译. 北京：人民教育出版社，2002：16.

② 同①，第 20 页。

③ 同①，第 12 页。

活动为大学增加了收入，转而支持大学的教学和研究活动。

在社会科学部中，商学院开设一系列工商管理硕士和行政官员培训课程以及在海外开设的课程。除了5个“教学小组”以外，商学院还在校外组建了8个或更多科研单位，例如，创立中小型公司、改革健康服务和改进地方政府。

沃里克科学园区，是1984年开始的一个成功的事业。位于园区的大量公司，或者在产品开发方面，或者在人员训练方面，或者在产品开发和人员培训两方面，与制造业集团建立了工作关系。学校计划的项目包括与潜在的投资者和小型的新技术公司之间建立更加系统的联系，把本课程包括在以科学为基础的公司之内的一个合作项目。①

依托文科部艺术类院系的艺术中心是英国最大的艺术中心，艺术研究、教学和应用紧密结合。文科部的教育系在师资培养方面与地方建立了联系。

（3）管理系统。沃里克大学采用“扁平化结构”的二级建制，大学并没有建立学院作为在校部与系之间的一个强有力的组织形式。这一方面建立了一个支持整个大学的利益和提供有效的指导的强有力的校部中心，另一方面确保了基层学术单位的灵活性，而这是建立一个个富有创收精神的个体单位所需要的。联合战略委员会（20世纪80年代中期由校务委员会和评议会组成）是统领全校的学术、财务与校舍规划工作，位居创业集团与各部学术委员会之上。创收集团的收入转移到联合战略委员会再到校部的学术委员会，由学术委员会决定学术研究方向与资金支持力度。联合战略委员会统一领导创收集团与三大学术委员会，由创收集团的资金来支持学术的发展，而学术领导是由以委员会方式对学科为基准的直接领导，而不是依赖各院系和研究中心的学术领导基础上的间接领导，将大学的创收与学术两大核心工作牢牢抓住，使得大学学术研究能够随着创收业绩的扩张而获得强有力的资金支持，使得沃里克大学的创收经营与学术研究得以同步推进。

由此，我们大致勾画出沃里克大学的知识组织概图。

① 伯顿·R. 克拉克. 建立创业型大学：组织上转型的途径［M］. 王承绪，等，译. 北京：人民教育出版社，2002：20.

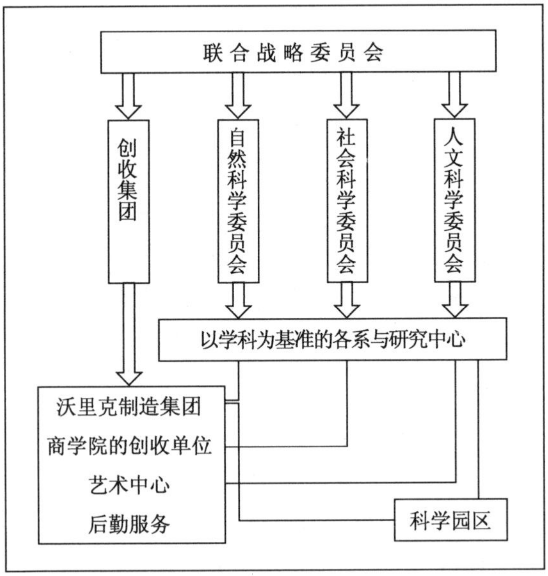

图 4－1　沃里克大学的知识组织概图

在这张沃里克大学知识组织概图里，知识交流是自由、多方向的。组织的枢纽是大学的“创收集团”，它沟通创收单位和校部行政中心，将创收和学术研究结合起来。组织网络的中心是以学科为基准的各系与研究中心，在这些单位，人力资源的多种职能造就了学术卓越与组织创收，而其中还有那些起到核心作用的关键人物。这是一个将知识生产、传播与转化、创收结合起来的组织基因图，毫无疑问它带来了沃里克大学的卓越。沃里克的核心竞争力就在于独特的知识生产和操作系统。

这是一种知识创新的互动模式。知识创新的参与者通过一个多方交流的平台，利用多种技能和实践资源，在交流互动中实现了知识的增值。研究人员或行业人员互相沟通以了解问题，然后开展研究，解决问题。研究活动是通过不断地咨询以及与行业合作来进行的。① 在这一过程中，教学也受益匪浅：不但教师能从应用的视角提供给大学需要的知识，以适应社会的需要；而且学生本身在这种氛围下，经历了这一过程，在个人知识生成范式上也会别具一格。

① 伊安·莱斯利. 大学与创新，多样性和临界质量［J］. 国家教育行政学院学报，2006（9）.

（二）跨学科

在知识生产模式 2 中，跨学科是一种特权形式的知识生产模式。它是传统的基于学科的知识生产模式之外的一种趋势。在这种方式中，资源得到利用，研究得以进行，结果得以交流，成果受到评价。[①] 作为知识生产与操作系统的重要方面，跨学科所产生的知识创新是当代大学获取核心竞争力的一种方式。它在不同大学的发展模式是一个组织结构、传统优势、文化互相融合的产物。

一般认为，学科是体现在大学内部知识分化的结果，是大学自身的产物。这种认识的前提是我们将学科的组织载体单一化了。正如知识生产组织多元化一样，作为下位概念的学科也存在于多元化的组织当中。在跨学科的环境中，理论研究和应用研究之间的学科界限和差异、大学和企业之间制度上的差异，其相关性似乎越来越小。注意力主要集中于问题领域及热门话题，它更需要合作而不是个人行为。需要注意的是，多学科不代表跨学科知识的产生，重要的是如何将组织内外的资源组合起来，实现知识的创新。

跨学科的产生方式也不是单一的。跨学科的主要意义是在一个应用的背景中促进知识的创新，这样跨学科的方式不应该拘泥于传统的学者之间的交流。虽然大学内部在组织上设立多种跨学科研究的组织机构，但是，实际上这种被认为是跨学科的东西，实际仅仅只是多学科知识的简单累加。

可见，跨学科能在不同的大学衍生出许多不同的组织模式。在有的大学跨学科的努力失败了，而有的大学则在知识的融合上实现了质的变化。这种不同的结局要从组织的知识战略要素的整合角度去考察。跨学科能否成功的原因在于大学能否实现知识战略要素的协同演进。

简单归纳有三种实现跨学科的模式：一种是在大学内部各个学科之间的融合，方式是通过增设新的交叉学科、边缘学科来实现；第二种是通过大学与企业、科研院所、其他大学的合作在组织内外实现跨学科的创新；第三种是在全球化的背景下，政府、企业、相关院校在全球重大问题上实

---

① Michael Gibbons, Camille Limoges, Helga Nowotny, Simon Schwartzman, Peter Scott, Martin Trow. *The New Production of Knowledge: The Dynamics of Science and Research in Contemporary Societies* [M]. London: SAGE publications, 1994: 16.

现学科的融合。每一种模式需要的组织条件和融合策略都不一样，如何在一个多元的模式下实现跨学科是基于核心竞争力战略的大学需要研究的重大课题。下面通过一些具体的实例来看一些大学是如何通过知识战略要素的整合实现跨学科的生成和创新，从而构建了核心竞争力。

案例　庆应义塾大学的跨学科活动

庆应义塾大学是日本最古老的大学，日本第一所私立大学，与早稻田大学并称“日本私学双雄”。庆应义塾大学的跨学科是在产学研合作模式的大背景下实施的。

(1) 与公司、政府协作推进科研项目。庆应义塾大学的医学院、理工学院、湘南藤泽小区、高等生物科学研究所以及公司、地方政府和中央政府携手合作生物仿真前沿项目。通过基础科学研究以及公司、政府之间的合作，实现了跨学科知识的创新。

(2) 与其他大学合作实现跨学科的知识创新。庆应义塾大学有一个著名的3E 项目。3E 是能源、环境和经济三个英语单词的首字母缩写。3E 项目是庆应义塾大学与清华大学合作的科研项目。3E 科研项目的目标是节约能源，寻求石油能源的替代品，在维持经济持续增长的同时做好环境保护工作。

(3) 创立跨学科研究机构。在东京近郊的湘南藤泽校区，有一个跨学科的研究所。这个研究所有 170 个项目正在进行之中。例如，计算与通信、数字媒体学习网络、零排放高级汽车、虚拟系统研究机构、新一代因特网结构、元知识数据库系统、智能运输系统、生物信息学、代谢组学、构筑观念媒体和应用体系、因特网 GIS 技术，等等。①

庆应义塾大学的这些跨学科科研项目大多数都是在应用的背景下实现学科的交流和融合。校内的跨学科研究所的集聚效应，使得庆应义塾大学得以在一个高端的平台上产出一流的成果。庆应义塾大学还成立了知识产权中心，使学校的研究成果转换成商品技术，从而使学校的知识能够传播和造福于整个社会。同时，这些行动也提高了学校的教育质量。多元化的学科合作、交流方式构筑了庆应义塾大学在学科、科研方面的核心竞争力。

---

① 安西祐一郎. 战略性推进科学创新研究——庆应义塾大学的创新实践［J］. 国家教育行政学院学报，2006 (9).

案例　北京大学“内生型”跨学科创新机制

北京大学“创建世界一流大学”两步走发展战略的第一步就是“从1999年到2005年通过7年的基础性准备阶段，改革管理体制及运行机制，优化配置，完成学科整合”。学校提出创建世界一流大学的发展策略也是“以交叉学科为重点”。北京大学与北京医科大学的合并，为北京大学实现跨学科提供了更好的机遇。北京大学的多学科优势使学校走出了一条“内生型”跨学科创新机制。学校的建设方针是鼓励大学科跨度的研究，以公共设施平台促进学科交叉，建设实体研究机构，建设良好的、高水平的、近距离的、新的运行机制。学校的脑科学和认知科学、生物医学、科学与工程计算、先进材料研究等一大批交叉学科涌现，在数量和质量上都属于国内一流。

（三）为构建核心竞争力部署人力资源

在大学的知识组织流程图中，知识的载体和连接的环节都是由人来完成的。大学的定位是学校集体领导的决策，在有些大学的发展轨迹上甚至是个别富有魅力的校长来决定的。而在知识操作的各种业务单元，主要是由教师来完成的。相似的人力资源在不同的大学结构中所发挥的作用是不同的，这体现了人力资源管理运行机制的优劣。

核心人物对大学核心竞争力构建的作用是显著的。在沃里克大学的案例中，数学研究所的克里斯托夫·塞曼教授的到来，吸引了一大批数学家来到沃里克，将沃里克的数学建成和牛津、剑桥相提并论的一流水平。商学院有著名的商界和组织行为的学者任教，学院的学术地位很高，在英国的科研评估中级别居首位，享有英国最优秀的商学院之一的荣誉。工程系的库马尔·巴塔查里亚教授开创了卓越的沃里克制造集团。但是同样的人力资源质量在不同的大学的表现大相径庭，原因在于核心人物发挥作用的平台与核心人物的相互激励机制。沃里克大学领导发掘人才的策略、扁平化的组织结构、强有力的校部指导中心、大量沟通学术单位与外部的平台以及相应的激励机制都对这些核心人物潜力的发挥起了组织上的保障，而这些关键人物又在这种组织保障下发挥了人才集聚效应，吸引了大批有创业精神的人才。

一旦最高管理层确认了大学要追求的知识目标和价值体系，它就必须要求能与这些目标和价值体系相符的关键人才。美国高等教育中一个最成功的例子是斯坦福大学1955—1975年间的崛起。斯坦福大学曾经是一所平庸的大学，它有一个优秀的工学院，而图书馆却是糟糕的，教师都是地方性的，设施十分破旧，但是后来发展成为了一所世界著名的大学。斯坦福大学最重大、最核心的战略是几年中引进了150位美国优秀的学者。引进策略是有序地重点发展，先是发展斯坦福大学具有相对优势的学科（工程学和物理学），接着是社会研究领域，然后是人文科学，重视研究生教育和专业学院。同时，学校大规模地筹资，以改善办学设施，建设有吸引力的住房，吸引有才华的学者。推动斯坦福大学转型的一个关键人物是教务长、工学院前院长弗雷德·特曼，他不但催生了“硅谷”，为斯坦福大学争取到了上亿美元的联邦研究拨款，而且还是一个坚持不懈的“猎手”，为各学院和教师队伍网罗了许多杰出人才。①

一旦大学拥有了发展的关键人物，大学领导还应当指导相关部门对这些代表核心竞争力的人员做一次审核，确定应该提供什么样的资源平台。以此类推，院（系、所）、研究中心、实验室等机构也要做到选择那些符合其学术价值取向的人才，并根据需求提供相应的资源平台。

对人力资源的价值评估不可采取一个模式。当你要在跨学科领域选择人才时，对团队精神的强调应该和其知识能力同等重要，而在一个需要发挥个人专长的领域或学科，团队精神就不一定是首要的。

大学的评估体系和奖酬体系也应该依据大学核心竞争力的战略类型而定。对教师的评估体系，既不是“以人为本”，也不是“以物为本”，而是要将评估体系、奖酬体系与知识类型挂钩。目前，很多大学采取量化评估，在时间、经费、学术产出数量上都同一要求。这是一种破坏大学核心竞争力的做法。在有些领域，这种做法能取得成功，但在有些领域这种做法遏制了相关教师的知识探索精神。比较我们目前每年都评估而每次评估都过分形式主义的做法，英国采取每5年对教师进行一次严格评估是值得我们思考的。

另外，在整个教师队伍中提倡学校的核心价值观，使之形成一种氛围，有助于核心竞争力的巩固和提升。具备核心竞争力的员工都应当定期聚集在一起，分享彼此的心得和体会。这样做的目的是为了在他们之间建

① 乔治·凯勒. 大学战略与规划：美国高等教育管理革命［M］. 别敦荣，主译. 青岛：中国海洋大学出版社，2005：184.

立一种强烈的社区归属感。应该让他们忠诚于他们所代表的整个大学的核心竞争力，而不是某个特别的学科。要让大学成为他们学科成长、增值的最佳温床。

第三节　大学核心竞争力的内化阶段——知识规范与价值观的形成

每一所大学在发展过程中都形成了具有自身特色的文化传承，它对大学的发展产生着重要的影响。大学文化是大学中的组织成员广泛接受的价值观念以及由这种价值观念所决定的行为准则和行为方式。这种组织文化常常隐含在组织成员内心深处和思维模式中，被组织成员有意与无意地接受，并自觉与不自觉地在自己的行为中表现出来。大学文化是在大学的发展过程中逐渐形成的，在历史的形成过程中被实践证明是一种成功的行为方式。这种行为方式及其所体现的行为准则和价值观念，对大学组织成员起着一种潜移默化的影响，体现着大学对自身过去成功发展的一种认识，从而体现出一种组织记忆的特征，以它们来教育规范大学的组织成员，实际就是用过去的成功经验来指导大学组织成员的行为。

大学文化与大学核心竞争力是不同的概念，两者既有区别又有联系。大学文化是一个包罗万象的集合，一个大学组织内部有多种亚文化。这些文化的集合整体对大学的发展产生了潜移默化的影响，其中有主导作用的文化。沃里克大学的成功应归功于一种创业性文化，耶鲁大学的长盛不衰是它的保守文化的结果。这些主导文化构成了大学核心竞争力的重要组成部分。而再深入到这些主导文化的内部，我们发现这些主导文化到核心竞争力的转化机制是那些将大学知识生产和操作的规程、模式、范式内化的组织知识规范和价值观。大学核心竞争力的积累蕴藏在由知识规范和价值观构成的大学文化中，并且渗透到了整个大学网络中，而恰恰是大学内部网络达成的共识为大学成员深刻理解并指导行动的大学文化造就了一个综合且不可模仿的核心竞争力。

大学天生是一个分裂体。基于学科建立的学术系统导致了大学组织内部的横向机构分裂。伯顿 · R. 克拉克认为，学科是学术系统的主要“关切的事”，它有自己经过几代人努力而形成的程序。根据独特的理智任务，每一学科都有一种知识传统——思想范畴，除此之外，还有与之相应的行为准则。在每一领域里，都有一种新成员要逐步养成的生活方式，在发达的系统中尤其如此。① 约翰. 齐曼（John Ziman）指出："学术科学是一种社会建制，它在可能达到的最广泛范围里，致力于观点的合理的一致性。"学科和专业作为知识生产制度化的产物，它是遵循着其内在的逻辑而历史地形成的。② 为了获得观点的合理一致性，即关于知识的普遍性意义，在同一学科、专业领域，人们逐步建立了一套独特的思想范畴和相应的行为准则。

这些知识规范在大学知识价值链的每一个节点上都引导着成员的行为，渗透到知识生产和操作之中。单科性大学或者学科文化、功能文化同质性高的大学在构建核心竞争力的文化提升时相对容易些。知识规范对大学核心竞争力的提升作用主要在于以下几点：首先，它减少了成员间沟通的障碍；其次，它能形成一种内部竞争的氛围；再次，它有助于研究范式的一体化；此外，它能提高成员的凝聚力。

一些综合性大学由于学科文化的分裂，难以达成一致。知识规范的维度是多方面的，学科文化是一种，知识的经营、知识的实用趋向、求知的态度都是知识生产和操作过程中形成的。比如，浙江大学虽然是一个多学科的综合性大学，学科之间的差异可谓巨大，但是学校自建校伊始到现在形成的"求是"文化，即踏踏实实追求知识的生产和传播的主流文化形成了一种整体氛围，影响着各个学术单位的行为，成为大学核心竞争力中最具有价值的一部分。

这种能将异质学科文化整合起来的知识规范，就成为一种大学价值观。大学价值观是整个各种知识战略要素使大学成为一个整体的力量。这种价值观首先起步于大学能提出一个具有价值的使命。大学共同体在学术人眼里主要是一个象征体，象征体的整合还需要文化的建设。一个共同的使命是大学必须加以重视的，这里的使命要求大学针对自己的资源和竞争，明确自己的市场定位，提出有感召力的口号来。在为使命而集体奋斗的过程中，产生同一的价值观和行为准则，加深大学成员之间的网络联系和信任，增强互惠倾向，由此积累大学内部社会资本。当前我国大学有一种使命趋同的倾向。在大学竞争中，如果无法使自己的使命区别于其他大

---

① 伯顿 · R. 克拉克. 高等教育系统——学术组织的跨国研究［M］. 王承绪，等，译. 杭州：杭州大学出版社，1994：87.

② 阎光才. 识读大学——组织文化的视角［M］. 北京：教育科学出版社，2002：127.

学，那么使命的号召功能就显示不出优势。而一个准确定位，具有号召力的使命不仅能提升大学的核心竞争力，其本身就构成了大学的核心竞争力。核心竞争力建设要求行动者的文化异质化，只有文化异质化，大学才能对内产生凝聚力。而且，一个适切的使命也是联结外部世界、疏通资源流动的桥梁。特别是在竞争激烈的竞技场中，自我使命强烈的院校，在收集经费和吸引顾客与雇员方面具有某种优越性。①

第四节　大学核心竞争力的更新阶段——突破路径依赖

路径依赖（path dependence）是新制度经济学中的一个专业术语，它强调的是在一个具有正反馈机制（positive feedback system）的系统中，一旦一个制度或规则被系统所采用，便会沿着一定的路径来规范系统的发展与演进，从而导致其不易被其他潜在的、异质的甚至更优的系统所取代。

大学的发展战略在实施的过程中常常会在如下的情况下进行调整：一是大学发展的环境发生了重大的变化，这种变化可能来源于社会的政治、经济、文化乃至技术的变革，这种变革打破了原有的平衡格局；二是大学发展所依赖的外在环境本身没有发生任何的变化，而大学对环境特点的认识产生了新的变化，或者大学自身的资源和能力发生了变化；三是上述两者的结合。无论缘自何种原因，大学必须进行发展的战略调整。而大学发展战略的调整常常会受到大学核心竞争力、管理者和组织文化的影响，从而在这三个方面明显地表现出路径依赖的特征。

一、大学核心竞争力的刚性特征

大学核心竞争力的刚性特征是依赖于大学核心竞争力所具备的独特性。大学核心竞争力的独特性是其竞争对手难以模仿的，从而才使核心竞争力的运用给大学带来了相对于其他高校的竞争优势。而且这种独特的核心竞争力呈现出自我积累和自我强化的趋势，不仅是竞争对手难以模仿的，而且可能是大学自身难以改变的，因而具有了刚性的特点。

---

① 伯顿·R. 克拉克. 高等教育系统——学术组织的跨国研究［M］. 王承绪，等，译. 杭州：杭州大学出版社，1994：94.

大学发展战略调整的路径依赖的特征与大学核心竞争力的刚性强度是成正比的。刚性强度越强战略调整的路径依赖的特征就越明显，反之也就越低。大学核心竞争力的刚性强度本身受到两个因素的影响：核心竞争力形成的时间和核心竞争力对大学发展的支持范围。

大学核心竞争力的形成是需要一定的时间的，获取这种核心竞争力的时间越长，也就越能够凸显这种核心竞争力的刚性强度，也就越能够体现它的效应增进程度，从而对大学发展产生更大的规范作用。因此这种增进效应越大，大学改变核心竞争力的难度也就越大，核心竞争力的刚性强度就越强，大学发展战略的调整也就越困难。大学的核心竞争力对大学发展支持的环节和范围越广泛，反映出这种核心竞争力的专业化的程度也越高，改变它的难度就越难，其刚性强度也就越强，大学发展战略的调整也就越困难。

如何超越大学核心竞争力的刚性限制，一方面是注重大学内部的核心知识的不断创新，另一方面就是要与其他高校和组织建立战略伙伴关系。这种关系是大学和其他高校或组织为了实现各自的战略目标而建立的，目的是为了实现与战略伙伴在知识与产品上的资源共享及优势互补，从而创造新的知识或进行知识与技能的转移，使学校获得新的核心竞争力，促进学校新的发展。

二、管理者过去经验的影响

大学发展战略的调整是由学校管理者所确定的。从理论上来讲，大学发展战略的调整总是以变化后的外部环境和大学内部的资源为依据的。但外在的环境和内在的资源，从来都不是客观的环境和资源，而是人们认识到的环境和资源。大学的管理者正是依赖于他们自己对环境特征及其变化的认识，根据对大学拥有的内在资源的判定来对大学的发展进行战略的定位，来确定大学发展的战略调整。从某种意义上来讲，高校的管理者都是自己过去的承继者，摆脱自己的过去是非常困难的，也是不可能的。过去积累的知识和获得的能力限定了高校管理者今天考虑问题的范围和空间；长期形成的思维方式又制约着他们分析问题的角度；基于职能背景和过去经验所形成的价值偏好，又影响着他们对不同的大学发展战略的选择。大学管理者的经验背景在大学发展战略的调整中起着非常重要的作用。

超越高校管理者过去经验对大学发展战略调整的限制，就必须建立现代大学制度，在制度中建立合理的激励机制，促使管理者做出符合大学发展的决策，同时，完善大学的治理结构，保持正常的人员流动的体制，使大学在需要进行发展战略调整时，对阻碍发展战略调整的管理者及时地撤换，以保证大学的健康发展。

三、大学文化的组织记忆特征

大学文化的组织记忆特征在一定的程度上呈现出一元化的倾向，它常常排斥与主流文化不同的异质文化。大学文化愈强有力，价值观与行为准则的统一性愈被强调，异质的价值观愈被排斥，就愈会制约组织成员的思维方式，愈加限制组织成员的行为选择，愈加影响大学的发展与调整。

超越大学文化的组织记忆特征，就必须构建学习型的组织文化，同时，为异质文化的存在提供一定的空间。学习型的组织文化首先应该倡导一种有利于组织成员学习的价值观念和行为准则，同时，它认为大学文化本身就必须是不断学习的产物，大学文化所体现的不仅是大学过去的成功经验，而且是与大学发展战略调整相适应的价值观念与思维方式，从而使大学的文化不再仅仅是组织记忆的产物，而是不断学习的产物。

为此，需要我们对基于传统管理模式的层级组织进行改造。因为这种等级次序努力防止有价值信息的“泄漏”，寻求有价值信息的“囤积”，而不是“分享”，限制了组织成员之间的沟通与学习。同时容忍甚至鼓励多元异质价值观的存在与发展是大学文化繁荣创新的基础，也是大学发展的前提。

案例 牛津大学为突破“核心竞争力刚性”的努力

牛津大学是世界上最古老的高等学府之一，已经有九百多年的历史。它吸引着来自世界各地最优秀的学者和学生。它培养了一代代社会精英，影响了欧洲乃至世界文明的进程。

牛津大学在悠久的办学历史中形成了自己的核心竞争力。它追求一种格言是拉丁文“Dominus illuminatio mea”，意思是“上帝是我的光明”(The Lord is my light)，出自《圣经》中的赞美诗第27篇。有人对牛津大学和剑桥大学做了比较，牛津大学会问：“What do you think?”剑桥大学会问："What do you know?" 由此看来，牛津大学更注重思想，而剑桥大学更注重求知。牛津大学的知识体系使牛津大学形成了一种远离商业的求知文化。牛津的学院制、导师制确保了师生在思想的碰撞中产生火花。这也成就了牛津大学数百年的辉煌。牛津大学的核心竞争力就是它一直固守着的探索普遍学问的办学宗旨和追求卓越的奋斗目标，以及围绕学院制和导师制形成的教学和研究风气与氛围。

然而，就是这样一所享誉全球的大学，其学术声誉却在高等教育全球化的竞争浪潮中下降了。在很多大学排行榜上，牛津大学不仅落后于哈佛大学、斯坦福大学，而且在英国国内的地位也不稳固。这不能不说是曾经为牛津大学带来辉煌的这些核心竞争力已经成为牛津大学发展的刚性，限制了牛津大学在新的社会经济环境下的竞争。

首先，牛津大学长期处于公共资金的滋养中以及牛津大学与产业界的隔离，使得牛津大学与国内竞争者的剑桥大学以及世界主要竞争者的美国大学相比，在募集资金方面能力不足。在此情形下，牛津大学面临着办学经费的严重不足。这成为牛津大学发展的重大挑战。

其次，为牛津大学知识产出提供了组织保障的学院制在当代的社会经济背景下也显得不合时宜了。牛津大学共有39个学院、7个永久私立学院（Permanent Private Halls）。学院是师生生活、学习、交流的重要场所，是牛津大学的核心部门。各个学院和牛津大学的关系就像美国的联邦制形式。大学有大学的收入，学院也有自己单独的进项，并且大学不能干涉各个学院的财务。学院自己设置专业，制定院规，招收自己所选择的学生。这种体制造成了学生和教员更加忠诚于学院，而不是大学。由于学院制在大学的核心地位和高度自治，大学的中央管理越来越难以适应外部的挑战。同时，大学中央管理机构由各种各样的委员会组成，这些委员会责任重叠，界定不清。大学的治理结构在膨胀，但是总体的效率却越来越低。在这种情况下，改革的呼声越来越高。

第三，一对一的导师制也面临着成本越来越大的压力。

为此，牛津大学开始改变自己的做法。

首先，从大学领导的选择上我们就可以看出牛津大学正在希望建立一种新的文化。2003 年 6 月 25 日，牛津大学选择了新的校长——彭定康（Chris Patten）代替传统的皇室贵族。彭定康在就职典礼上表示，他将用“商业运作方式”来管理牛津大学。这一说法博得了一部分牛津人的支持，也遭到了很多人的反对。然而，牛津人不得不承认，现在牛津大学面临的时代已经变了。彭定康的当选在某种程度上是因为人们相信他可以凭借他的政治经验和社会地位为牛津大学募集到更多资金，使牛津大学更好地发展。

治理工作小组对由2000年以来的治理结构变化进行检查，经过长达18个月的调查讨论，于2006年6月发表《White Paper on University Governance》。这一系列讨论围绕引进校外人士参与管理、学术治理和机构治理分开、整合学院治理结构等方面进行。改革的主要指导原则是效率、效能、问责、透明以及应用专业知识，同时，也尊重学者们的学术自由。改革体现出高度的管理主义倾向，强调学院制应该逐渐向经营式转变。“经营”大学的思想在上一届副校长柯林·卢卡斯那里已经得到了认可，他偏向于把他所从事的事业称之为“文化性事业”，并且认为经营大学也意味着要有商业上的考虑。而胡德则把这一思想推向了顶点，触及了牛津大学治理结构的最深层。

《White Paper on University Governance》确立政务会作为大学机构治理的实体，它要对大学的投资和财务、审计和检查、法律事务负责，成员包括7名校外人士和7名校内人士，一名校外人员任主席。作为学院制大学，治理改革的重点之一是解决学院制的弊端，调整政务会和学术委员会的关系，从而解决大学机构治理和学术事务的关系。白皮书还建议减少实施了近900年的一对一的“导师制”教学，改由研究生负担部分教学工作，以减少教授繁重的工作负担，以防影响教学质量下降；高薪聘请“明星级”学术大师任教，以保障牛津大学在国际高等学府的顶尖地位等。

学院制的确对牛津大学的学术自由与自治有关键性的作用，也是牛津大学保持学术卓越的一个重要因素。然而，牛津大学的这种建制使得大学运作愈来愈复杂。面对牵涉大学整体发展的事务时，学院会议作为一个咨询机构无法发挥强有力的作用。各个学院在面临学校发展问题特别是关乎学校战略发展问题时，不仅缺乏应有的热情，而且也缺乏那种宏观的能力。

为此，牛津大学不断致力于大学中央管理机构的改革，加强中央管理机构的作用。牛津大学对中央管理机构改革的目的在于提高整个学校的运作效率，改革各学院一盘散沙、自行其是的混乱局面，以提高牛津大学的整体国际竞争力。为此，治理工作组建议一方面整合、精简中央管理机构，引入外部人士进行管理；另一方面加强中央管理机构对各个学院的控制。在《牛津大学治理结构绿皮书》(*Oxford's Governance Structure*: *A Green Paper*) 提出取消学院会议，成立独立的学术委员会统领各个学院，在遭遇强烈的反对后，又不得不进行妥协。即便如此，很多人还是批评胡德是假借加强各学院间的协商与合作之名而行集权之实。这反映了牛津大学治理改革在涉及牛津最深厚的传统时面临的阻力是强大的。然而，“从指向内部的手工艺过程到指向外部的类工业运作方式，要求在院校水平有高度的整合和协调”(Scott and Watson)。① 因此，强化院校中央管理是一个必然的趋势。在联盟的学术组织基础上加强中央官僚治理，对牛津大学治理结构改革设想的实施提出了挑战。

① Susan Lapworth. Arresting Decline in Shared Governance: Towards a Flexible Model for Academic Participation [J]. Higher Education Quarterly, 2004, 12 (4): 305.

第五章
大学核心竞争力评价

第一节　大学核心竞争力评价的理论体系

“从大学发展的历史来考察，可以说大学评价活动是伴随着大学的产生而产生、伴随着大学的发展而发展的。大学自中世纪产生起至今已经历了三个发展阶段，大学评价的发展也可以划分为三个阶段。中世纪大学评价的主体是权力机关，标准是绝对的，目的在于维持大学的设置标准；大学评价的第二个发展阶段出现在近代大学产生以后，评价的主体是政府，尺度则是相对的，目的是提高大学的办学效益；20 世纪 80 年代以后，大学评价活动进入了第三个发展阶段，这个阶段的特征是评价形式的多样化。在评价主体、评价目的和评价指标体系等方面都呈现多样化”①。

大学核心竞争力评价是大学评价第三个阶段的组成部分，它在评价主体、评价目的和评价指标体系方面既有第三个评价阶段的共性，又有自身的个性。

一、大学核心竞争力的评价目的

核心竞争力这一概念的提出目的在于使组织能将竞争战略立足内部的资源和能力。大学核心竞争力评价的目的在于，确定和衡量大学核心竞争力的状况，找出大学自身的竞争优势，使大学在战略定位、战略管理上立足自身优势、明确发展方向、查明问题，在大学竞争市场上采取“有所

① 李守福. 论大学评价的价值取向［J］. 比较教育研究，2005（12）.

为，有所不为”的战略，有针对性地提高大学效益，最终提高大学实力。

大学竞争力评价的目的还在于：通过评价，基本摸清各大学的办学特色，找出各大学的比较优势，为有关政府部门、高等学校和社会投资者的决策和管理的科学化、规范化，为社会各界和广大社会成员了解或选择学校提供依据和参考（邱均平）。学生的选择基于自身能力、志向，寻找匹配的、能满足其价值诉求的学校。一个综合的评价体系难以提供明晰的个体意义上的目标——价值体系，大学对学生来说就是一个“黑匣子”，进来之前他不知道他将在这里如何实现自己的价值提升。这既是大学自身的核心目标——价值模糊的结果，也与作为公共信息的各类大学排行榜中那些笼统、绝对的自我价值判断指标有关。教师的职业选择也受到模糊的大学目标——价值体系的影响，不能去选择真正适合自己职业理想的大学。大学个体在追求“科研”“学术”的过程中所产生的“学术漂移”造成了整个高教系统的盲目。实际上，理性的社会需要能将“探索果实最终被巩固成适合于系统传递和全部消化的形式”① 的众多大学，而且也总有一些教师的职业理想和能力符合“知识系统传递并予以消化”的要求。

核心竞争力评价促使大学去建设适合自己战略的知识操作模式以及和社会各级“行动者”建立良好的连接途径。这是一个理性的模型，它需要大学个体核心竞争力的建设与宏观教育政策的转型。这里的宏观教育政策包括评估体系在内，要为大学充分挖掘、利用核心竞争力的空间。

二、大学核心竞争力的评价主体

所谓“竞争力”是指竞争者在竞争市场上获取竞争优势、赢得胜局的能力，核心竞争力是那些对大学获取竞争优势起决定作用的竞争力。大学核心竞争力是大学的核心知识体系和知识操作模式，它既包括知识所依附的载体，也包括大学在知识操作过程中的整合能力以及在这一过程中形成的知识规范和价值观。大学核心竞争力的内涵告诉我们对大学核心竞争力的评价要立足大学内部的知识资源，大学核心竞争力评价的目的在于指导大学的战略规划和管理。由此，大学的评价第一主体应该是大学自身。只有大学自身明确了核心竞争力之所在，才能真正对大学的战略管理起到积极的指导

① 伯顿·R. 克拉克. 探究的场所：现代大学的科研和研究生教育［M］. 王承绪，等，译. 杭州：浙江教育出版社，2001.

作用。大学核心竞争力的评价也属于大学核心竞争力战略管理的一部分。

为了指导大学采取正确的战略选择，避免盲目追随“研究型大学”的局面出现，政府也应该对大学的核心竞争力进行评价。社会各界和广大社会成员也需要了解大学的核心竞争力，从而能在这一基础上采取正确的投资选择，代表他们利益的第三方评价者——社会评价也应该是大学核心竞争力的评价主体。

三、大学核心竞争力评价的价值取向

知识模式的转型要求我们在大学核心竞争力评价时要避免采取“先入为主”的偏见，以传统知识模式的分类和级别来评价大学。传统大学评价采用综合和静态的分析法，主要是在量的堆积上对大学各种数据进行加总排序，总量大的大学排名自然靠前。在很多大学排行榜上，大学产出以论文级别和数量、出版物的级别和数量等物化形式来表达，多是静态的指标。这些指标的来源也是各种官方统计数据和大学自身公布的数据。

对核心竞争力的评价要超越这种观念，任何知识操作模式都可能有很强的竞争力。传统大学评价是一种综合的和现有的实力比较，核心竞争力的评价则是立足动态和未来的竞争力比较。这种比较排除了外来的强加于大学之上的一些硬性指标，更加符合大学发展的内部规律。大学是学术中心，但是对学术的理解是大学评价的指南针。著名教育学专家、美国卡内基促进教学基金会主席博耶（Ernest L. Boyer）将大学学术水平划分为四个方面：发现的学术水平、综合的学术水平、应用的学术水平和教学的学术水平。① 对大学核心竞争力的评价应该从这几个方面的专长入手进行考核，而不应该将一个标准套用到所有大学之上。一些教学型大学的核心竞争力可能比那些虽然具有研究职能但是研究能力很弱的大学更具核心竞争力，因为研究能力很弱，不能在研究机构众多的竞争者中占有竞争优势，反而挤占了教学资源和其他知识操作所需的资源，使大学出现各种职能皆有但皆不强的局面，这样的大学是难以具备核心竞争力的。一些学校集中资源和组织支持系统，在某一方面有所作为，反而可以提升核心竞争力。高职高专院校属于职业性大学，他们的知识操作是指向实用的专业技能培养，

① 国家教育发展研究中心. 发达国家教育改革的动向和趋势：第五集［M］. 北京：人民教育出版社，1994：23.

对它们的核心竞争力评价就应该区别于以基础研究、应用研究和以培养学生专业素质和综合技能为核心的研究型大学或教研型大学。

因此，大学核心竞争力评价的价值取向是平等对待任何一种知识存在形式和操作模式。传统大学评价常常是以研究型大学、综合性大学为旨趣，评价指标一般是按科研成果、学科门类、专业排名、人才培养、研究生规模等来确立的。这当然没有什么不对，只是它忽略了占据我国高等教育半壁江山的高等职业技术教育以及异军突起的民办教育，不符合我国现阶段高等教育发展的国情。① 对大学核心竞争力的评价应该而且可以弥补这一缺陷。

第二节　大学核心竞争力评价指标体系

一、设计原则

建立大学核心竞争力评价指标体系要遵循以下原则。

（一）科学性原则

细化的指标必须客观准确地反映核心竞争力的内涵，要做到含义清晰、简练，相互之间不能有矛盾和重合。要避免因一些小指标的变化而导致某所大学的核心竞争力产生很大变动的结果，在指标权重上要采用各种方法合理分配。

（二）系统性原则

指标的归类和分层要科学反映核心竞争力的结构特征，系统本身已经完整地反映了大学核心竞争力的整体情况。

（三）可比性原则

大学核心竞争力的指标体系虽然主要是源于组织内部的一些要素，但是这些指标在不同大学之间能在量上或质上可以做出比较。核心竞争力也

---

① 方展画，贺武华．我国高职高专教育评价摭谈——兼评“中国大学排名”现象［J］．高等教育研究，2005（1）．

包含有比较优势的意义，大学通过审视自己和其他大学的核心竞争力强弱，可以激励大学积极挖掘自身的竞争能力。

（四）定量与定性相结合的原则

大学核心竞争力的评价有赖于量化，同时也有赖于量化的科学化。大学核心竞争力是一个各种知识战略要素及整合能力的集合。这些知识战略要素既包括物化形式的指标，也包括非物化形式的指标，物化形式的指标可以量化评价，而非物化指标本身具有模糊的性质，很难从量上加以判定和比较，这些指标只能从定性的角度加以判定和比较。就大学核心竞争力评价而言，量的评价是在质的评价的基础之上进行的。首先，要根据知识的形态和操作模式，在质的水平上做出区分，然后，围绕这些质的区分在大学内部识别相应的载体，进行量化操作。

（五）可操作性原则

大学核心竞争力是大学在对自身资源和能力进行审查、分析基础上明确确定的东西，对它的评价要具备可操作性，才能使评价的意义得以彰显。评价指标以及指标体系的可操作性是指这些指标的表述能直接找出其表现形式，并且有利于进行量化分析或定性分析。应该注意的是，可操作性原则并不要求评价指标具有绝对值，而是采用相对值的方法，引导大学的竞争力拉近与卓越的相对距离。

（六）共性和个性相结合的原则

以知识为基础的大学核心竞争力的维度，应该按照知识的普遍性评价指标，而不能偏重于某一种形式。但是应用到具体的大学，则需要有具体的测量指标。

二、大学核心竞争力的评价指标体系

大学核心竞争力评价指标系统是一套能全面反映大学核心竞争力，具有一定的内在联系、互为补充的指标体系。马士斌提出大学核心竞争力由办学资金、知名度与美誉度、科研成果与毕业生、办学方向和办学能力、人的因素、内部管理体制与人力资源管理运行机制、高校主要负责人的素质等构成了大学核心竞争力。并且他认为，人的要素决定着其他要素的价值。孟丽菊从硬件和软件来表征大学竞争力，其中，硬件包括师资力量、资本存量、科学研究与开发能力、区位力、结构优化程度、凝聚力。软件由文化要素、制度要素、管理要素、开放要素、秩序要素构成。有的学者具体到学科来表达核心竞争力的判断指标。当前高教界学者对大学核心竞争力判断指标没有统一的看法。本文将根据第四章对大学核心竞争力的内涵以及构成来构建大学核心竞争力评价指标体系。

（一）确定大学核心竞争力指标体系采用的方法

1. 因素分析法

因素分析法是依据指数体系的理论，分析受多因素影响的社会经济现象总变动中，各因素的影响方向和程度的方法。统计指数的重要作用之一就是分析受多因素影响的现象变动中，各因素影响的方向和程度。而指数体系正是从数量上反映现象的总变动与其各影响因素之间的联系。这样就可以利用指数体系，从相对数和绝对数两个方面分析各因素变动对现象总变动的影响，从而达到因素分析的目的。① 因素分析法的基本要求就是尽可能地将决定和影响大学核心竞争力的各种内在因素分解和揭示出来。

这种研究方法主要涉及以下几个环节：① 选取指标；② 构造各指标之间的因果关系；③ 确定各指标所占的权重；④ 计算出各种因素共同发生作用所导致的大学核心竞争力的计量值，即对决定和影响大学竞争力的各种分解出的数值进行综合；⑤ 对统计结果进行合理性判断和解释。②

2. 内涵解析法

这种方法的特点是将定性分析和定量分析相结合，重点研究影响大学核心竞争力的内在决定性因素，对于一些难以直接量化的因素可以采取专家意见或者问卷调查的方式进行分析判断。这种方法要达到的目的是揭示大学的核心竞争力的各类指标，并对其作用进行评价。这种研究方法主要涉及以下几个环节：确定决定和影响大学核心竞争力的主要因素，并分析其因果关系；通过统计分析、专家意见、问卷调查等方式，分析大学核心竞争力的实际情况；深入进行大学核心能力的剖析，发掘大学核心理念及其渗透性（即是否贯彻到大学知识操作的各个部分和环节），以判断大学

---

① 梁前德. 基础统计［M］. 北京：高等教育出版社，2001：253 - 257.

② 金碚. 论企业竞争力的性质［J］. 中国工业经济，2001（10）.

核心竞争力的强弱。①

（二）大学核心竞争力评价框架

根据大学核心竞争力的内涵和构成，将大学核心竞争力的分析归纳为四个层面：定位层面、核心知识层面、知识操作层面、知识规范和价值观层面。

定位层面分析的内容包括大学知识体系的价值性、独特性和卓越性分析。主要包括以下几个方面。

（1）大学是否有明确的主打领域；

（2）该主打领域在国内（国际）或行业内的地位如何；

（3）该主打领域吸引资源的状况；

（4）在地理空间上或者行业位置上是否有从事类似领域的大学；

（5）大学在该领域是否有稳固的市场地位和声誉。

核心知识层面分析包括如下几点。

（1）围绕大学的主打领域，大学是否建立了核心的知识体系；

（2）大学对该核心知识体系是否有明确的战略选择（传播方式、培养方式、研究方式等一种或者多种）；

（3）大学核心知识体系的载体之一——人力资源构成，包括数量、质量、结构以及和大学战略定位的切合性如何；

（4）大学核心知识体系的载体之二——学科组合，包括学科数量、品质（包括质量、使用指向以及创值能力等）、结构（知识的广度、知识的深度、跨学科以及理论实践结合方式等）；

（5）大学核心知识载体之三——知识的组织结构，主要是大学学术组织的设置合理性、行政组织的设置合理性、学术组织和行政组织的沟通联结状况（二者是相互支持的系统还是相互抵触的系统）；

（6）该核心知识体系与从事同样领域的大学的知识体系比较是否有很强的差异性；

（7）该核心知识体系的市场占有情况（吸引学生、政府资助、社会捐赠的能力）；

---

① 金碚．论企业竞争力的性质［J］．中国工业经济，2001（10）．

（8）该核心知识体系是否可以给大学提供进入多种业务的机会和能力。

知识操作层面分析包括如下几点。

（1）大学对核心知识体系是否有主要的操作技术（是致力于教学、研究还是职业培训等某种操作技术，在实施教学、研究或职业培训等操作技术时又是采用什么样的策略方式）；

（2）该操作技术是否激发了大学生产知识的能力；

（3）该操作技术是否激发了大学创新知识的能力；

（4）该操作技术是否激发了大学运用转化知识的能力；

（5）以上三种能力是否具有较大的难度和先进性；

（6）这三种能力是否是一个一体化的协同过程；

（7）大学的知识操作技术利用组织资源（人力资源、知识组织载体、教学、实验或实习设施等）的充分性；

（8）大学的知识操作技术在同类竞争者之间是否具有明显的独特性；

（9）大学的知识操作技术能否不断吸取新的知识、信息、技术以获取持续发展的能力；

（10）这些知识操作技术的成果（毕业生、课程、论文、专利、出版物、社会声誉等）。

知识规范和价值观层面分析包括如下几点。

（1）大学是否形成一种关于知识生产和操作的流程；

（2）该知识流程的制度化状况；

（3）该知识流程在大学内部成员之间的认同度；

（4）大学是否形成一种关于知识生产和操作的价值观；

（5）该知识价值观的认同度、拓展性（拓展到边缘学科、新兴学科、新的操作技术和新的领域的程度）；

（6）该知识价值观是否以一种有效的激励机制使大学内部成员追求知识的生产和操作；

（7）该知识价值观吸纳新的理念、价值的能力。

有了这个分析框架，接下来的问题是：我们怎么获取这些分析层面的竞争力数据，以及这些具体指标在大学核心竞争力中的权重？

首先要用一些表现大学核心竞争力的综合的测评指标。测评指标包含两大部分，一部分是显示性的指标。这些指标经过分析，可以直接计量，比如，大学核心知识载体这些指标可以通过一些公布的数据，进行分析加总进行量化，进而把这些显示性指标对应的核心能力表现出来。这些指标中还有一些指标则难以进行量化，比如，作为知识操作技术成果的社会声誉。这些不能直接量化的因素，可以运用一些间接剂量的指标来反映。这种间接计量的方法，一般是通过调查问卷的方法来实现。

上述两种因素都可以找到相应的测评工具把这些能力表现出来。这些因素经过技术处理，得到这些测评指标的总得分，可以部分衡量大学核心竞争力的强弱。但是大学核心竞争力还有一些潜在的竞争力，显示性指标难以充分说明大学核心竞争力。所以还需要有分析性指标来详细具体地反映大学的核心竞争力。这些指标是用来解释大学为什么有核心竞争力，或者为什么缺乏核心竞争力。比如，对“大学是否有明确的主打领域”的回答就属于这一类问题。

表 5-1 大学核心竞争力评价指标体系的基本框架①

指标类型	指标构成	作 用	数据获取
测评指标	直接计量指标 显示性指标 潜力性指标	反映核心竞争力的结果	统计资料
	间接计量指标	反映不可量化的因素	对特殊人群问卷调查的统计分析
分析指标	多种类、多层次的指标	反映核心竞争力的原因，即决定核心竞争力的因素	统计资料及对比分析

（三）大学核心竞争力评价指标体系设计方案

在以上分析框架的基础上，设计具体的大学核心竞争力评价指标体系还需要进行以下几个方面的工作。

第一步，我们要将大学核心竞争力分析层面和大学核心竞争力评价指标体系的基本框架结合起来，按照指标构成对其进行归类。对于测评指标，我们要找到相应的需要收集的资料以及合理的计量办法；对于分析指

① 金碚. 企业竞争力测评的理论与方法［J］. 中国工业经济，2003（3）.

标，我们要找到评估方式和等级划分规则。

下面，我们首先给这些指标体系进行分类编号并归类。

表5－2　大学核心竞争力评价指标体系

	一级指标	二级指标	指标类型
大学核心竞争力	定位层面A	A_1 大学是否有明确的主打领域	分析指标
		A_2 该主打领域综合实力	显示性指标
		A_3 该主打领域吸引资源的状况	潜力性指标
		A_4 在地理空间上或者行业位置上是否有从事类似领域的大学	分析指标
		A_5 大学在该领域是否有稳固的市场地位和声誉	分析指标
	核心知识层面B	B_1 围绕大学的主打领域，大学是否建立了核心的知识体系	分析指标
		B_2 大学对该核心知识体系是否有明确的战略选择	分析指标
		B_3 大学核心知识体系的载体之一——人力资源构成	显示性指标
		B_4 大学核心知识体系的载体之二——学科	显示性指标
		B_5 大学核心知识体系的载体之三——知识的组织结构	间接计量指标
		B_6 核心知识体系的差异性	分析指标
		B_7 核心知识体系的市场占有情况	显示性指标
		B_8 核心知识体系进入多种业务的机会和能力	分析指标
	知识操作层面C	C_1 大学对核心知识体系是否有主要的操作技术	分析指标
		C_2 该操作技术是否激发了大学生产知识的能力	分析指标
		C_3 该操作技术是否激发了大学创新知识的能力	分析指标
		C_4 该操作技术是否激发了大学运用转化知识的能力	分析指标
		C_5 以上三种能力是否具有较大的难度和先进性	分析指标
		C_6 这三种能力是否是一个一体化的协同过程	分析指标

续表

	一级指标	二级指标	指标类型
大学核心竞争力	知识操作层面C	C_7 大学的知识操作技术利用组织资源	间接计量指标
		C_8 大学的知识操作技术在同类竞争者之间的独特性	分析指标
		C_9 大学的知识操作技术持续发展的能力	分析指标
		C_{10} 知识操作的成果	显示性指标
	知识规范和价值观层面D	D_1 大学是否形成一种关于知识生产和操作的流程	分析指标
		D_2 该知识流程的制度化状况	潜力性指标
		D_3 该知识流程在大学内部成员之间的认同度	间接计量指标
		D_4 大学是否形成一种关于知识生产和操作的价值观	分析指标
		D_5 该知识价值观的认同度、拓展性	间接计量指标
		D_6 该知识价值观的激励价值	间接计量指标
		D_7 该知识价值观更新能力	分析指标

第二步，设计对这些分类指标的一般处理方法。

由于分析指标难以进行量化，为了分析的方便和主观判断的失误，宜采用语义差别隶属赋值法，将个体知觉判断的定性指标转换成数字。设计调查问卷，对每一个指标的评价用 1、2、3、4、5 表示不同的等级，每一等级表示一个分值，5 表示最有水平，1 表示最低水平，最后用加权平均的方法对调查结果进行分析。

对于显示性指标的处理，采用模糊综合评价方法，最后根据得分乘以其对应的权重，就成为这些指标在核心竞争力评价中的得分。表 5－3 对部分显示性指标进行分析。

A_2．“主打领域综合实力”评价。大学主打领域是指学校的主要经营业务，对大多数学校来说表现为一些优势学科及其组合。大学的优势学科的评价分成两大部分，第一部分是对大学各主要一级学科的评价，不同大学的优势一级学科的数目不同；第二部分是对这些学科之间的关系的评价。

表 5－3　对一级学科综合实力的评价

<table>
<tr><td rowspan="13">一级学科综合实力</td><td rowspan="5">竞争资源</td><td>学位授权点</td><td>博士点数
硕士点数</td></tr>
<tr><td>重点学科、重点实验室</td><td>重点学科数/国家重点实验室/研究中心/研究基地数</td></tr>
<tr><td>对应的人力资源</td><td></td></tr>
<tr><td>教学及科研条件</td><td></td></tr>
<tr><td>科研项目及水平</td><td></td></tr>
<tr><td rowspan="4">竞争能力</td><td>人才培养能力</td><td></td></tr>
<tr><td>学科创新能力</td><td>根据知识操作模式不同分为科研创新能力、技术创新能力、课程创新能力</td></tr>
<tr><td>获取学科资源能力</td><td></td></tr>
<tr><td>学科交流能力</td><td>课程合作、联合研发、人员交流</td></tr>
<tr><td rowspan="4">竞争绩效</td><td>招生及授予学位情况</td><td></td></tr>
<tr><td>人才输出</td><td>各类优秀学生比例
学生创新能力评价
学生综合素质评价</td></tr>
<tr><td>学科出版物、发表文章数</td><td></td></tr>
<tr><td>学科获奖情况</td><td></td></tr>
</table>

对学科关系的评价主要是看学科是否形成“学科集群”。从课程模块和项目合作两方面进行。

B_3. “大学核心知识体系的载体之一——人力资源构成”的评价。“世界上所有著名的具有鲜明办学特色的大学，它们的办学特色都主要是由教师和毕业生对科学事业和社会发展所作出的卓越成就和贡献支撑的。牛津大学所以被人们所称道，最主要的不是因为它的历史悠久，而主要是因为它的教师队伍是世界一流的，培养出来的学生也是一流的，如，《英国名人录》中有 1/4 即五千多人是牛津毕业的，近百年中的英国首相就有 4 位毕业于牛津，现有教师队伍中大部分都是位于学术前沿的世界一流学者。巴黎高等师范学校的办学特色所以引人注目，主要是由于这所学校培养出像阿尔都塞、德里达、萨特、福科、迪比等一批享誉世界的作家、哲学家、社会学家、历史学家和众多诺贝尔奖得主，还有一大批包括法国总统、总理在内的政界要人。哈佛办学特色成功的主要标志，是它曾培养出6位美国总统和为数众多的国会议员等政治家，还有数不胜数的各大公司总裁和司法界领导人物，在学术上有35名教师获得诺贝尔奖。”①

从上述材料可以看出，不同大学培养的学生规格和教师规格是不同的，因此，在设计相应的评价指标时，应该采取多种评价模型，评价不同大学时采用最适宜的评价模型。

C_{10}. 对“知识操作的成果”的评价。对知识操作成果的评价有许多不同的维度，应该采用模糊数学综合评价法，对各种操作结果的权重和等级做出相应的判定。

各种不同的知识操作成果有不同的细化指标，比如，对国内大学科研成果的评价（如表5-4）。

表5-4 大学科研成果评价表

一级指标	二级指标	三级指标
科技产出	获奖成果	国家奖（含国家自然科学奖、国家发明奖、国家科技进步奖） 国家部门奖 省科技进步奖
	专　著	专著（部）数
	论　文	被国际三大检索刊物（SCI、EI、ISTP）收录论文数 国外期刊发表论文数 全国期刊发表论文数 地方期刊发表论文数
	鉴定成果	鉴定成果数
	科研成果转化能力	技术转让合同数 技术转让实际收入

第三步，由于这些指标对大学核心竞争力的影响程度不同，因此要根据指标的重要程度（或者说它们的位置距离核心竞争力的远近）对各评价指标赋予不同的权重。

① 储召生. 办学特色：大学的必然选择［N］. 中国教育报，2003-07-27（4）.

三、数据来源

(1) 学校自身的统计、评估数据以及年度报表；

(2) 有关政府部门的统计数据资料（汇编、年鉴、报表等）；

(3) 国内外有关文献信息数据库；

(4) 相关教师、学生、专家、企事业单位、社会人士的调查问卷；

(5) 有关期刊、书籍、报纸等出版的数据。

四、基于知识的大学分类与大学核心竞争力评价

对大学核心竞争力的评价必须在一个相对应的平台上展开才具备合理性。目前在大学排行榜指标体系设计上取得的共识是“分类评价”。在欧洲，大学仅限于那些拥有学位授予权的高等教育组织，因此欧洲的大学评估也限于这一范围。美国则是把接受中等学校毕业生的教育机构，都认可为大学，或者叫做中学后教育，而不管其是否具备学位授予权。因此，美国的大学评估是基于分类的基础之上进行的。在我国，也有很多机构在进行大学排行时采取分类的做法。中国管理科学研究院将按照“研究型大学”和“教研型大学”进行分类排名。中国科学评价研究中心将大学分为“重点大学”与“一般大学”两个层次类型，分别对高校进行了较为全面、系统的综合评价，开发了“中国高校综合竞争力评价报告”，并且针对民办高校专门开发了“中国民办普通高校竞争力评价报告”，以及针对高校科研开发了“中国高校科研竞争力评价报告”。这是国内首家就竞争力而专门开发的评价报告。

从理论上说，只有相互竞争的大学才有竞争力比较的实际意义。核心竞争力是基于大学内部的能力开发，但是这一能力在市场上的地位还是比较意义上的。对大学核心竞争力的评估也是在一定的分类基础之上，并且在很多分类和指标上与上述评价系统类似，但这一分类有着自己的指导思想。大学核心竞争力的内涵是建立在知识生产和操作的基础之上的，因此，关于大学核心竞争力的评价也是以知识的分野为分界的。

大学从事知识活动的分野，主要是以知识活动在社会中的功能而定。三位分类法（教学、研究、社会服务）长期以来被认为是大学活动的概

括。然而，在大众化教育背景下，这些活动呈现分化与扩展的两重趋势。也就是说，大学的功能已经超越了这三种功能，或者说这种三位分类法已经不能精确地划分大学的类型了，所有这些功能都被统称为知识操作的模式。另外，大学在众多功能中也不是面面俱到，而是有所侧重。这就牵涉到一个问题：很多大学虽然是在某种知识操作模式上具备竞争优势，但是该大学还有许多其他领域。因此，对大学核心竞争力的评价不是对“重点大学”与“一般大学”的分类评价，也不是仅仅对“研究型大学”和“教研型”大学的评价，而是对知识的生产与传播、知识的利用与转化、知识的效率与效益等方面的分类评价。

对知识操作多元化的大学来说，核心竞争力的评价正在评价大学在自己的“知识生产和操作模式”的独特竞争力，而其他非主流领域也就不在评价范围。但这并不是说这些领域与大学核心竞争力毫无关系，通过对“大学核心竞争力”在大学组织内部知识生产和操作的延展性和渗透性的评价，也就成为大学整体竞争力的评价。

对大学核心竞争力的测评或评价一方面是多类型的，另一方面也是整体的。基于知识分类的大学核心竞争力评价，并不是仅仅评价大学某方面的竞争优势，而是把这些竞争优势的整体竞争力提升功能也包括在内，而这也正是核心竞争力的应有之义。

第六章
大学核心竞争力的组织支持系统

第一节　办学资源与大学核心竞争力

办学资源是大学战略定位的基础，也是建构大学核心竞争力的前提。从本质上说，大学核心竞争力是基于本身资源的高效运作而形成的超越对手的竞争能力。办学资源主要有哪些呢？如何获取这些资源呢？

一、办学资源与大学核心竞争力

办学资源粗略地分类，可以有财物资源、人才资源、政策资源、社会声誉、无形资产五大类。这五类资源有丰富的内涵。财物资源包括：办学资金、图书资料、仪器设备、校舍、空间场地；人才资源包括：生源质量、员工数量、员工专业结构、员工年龄结构、员工职称结构。大学的政策资源不是指所有大学都具备的权力，而是指少数大学享有的“特权”，能够优先于其他大学获取办学资源。政策资源包括：专项资金的重点扶持、招生自主权、学位授予权、专业设置权、人事自主权。社会声誉包括：社会公众对大学的赞誉、对毕业生的接受程度、对大学主张的响应程度、优异学生对大学报考的踊跃程度。无形资产是从大学自身来说的，包括：悠久的历史与光荣的传统、知名的校友、学校的名称与标志具有吸引力。这些资源与判断大学是否具有核心竞争力的指标是相互贯通、协调一致的。大学核心竞争力判断要从大学自身的基础来思考，故而办学资源构成衡量大学核心竞争力指标的重要来源。

这些资源都是大学办学方向的确立、办学目标的制定、办学能力培育的基础，大学核心竞争力形成的其他战略要素都取决于办学资源的数量与质量，这就客观要求大学要从全局的视角看待自己所拥有的资源，保证各类资源的协调配合。经济学中“木桶理论”可以很好地说明各类资源协调一致的意义。从办学资源的视角来看大学办学实力的提升，大学办学实力取决于与各类战略要素相互协同与配合的办学资源，大学核心竞争力形成从根源上探求也是得益于办学资源的支撑。

参阅材料　“哈工大”注册商标成功

经哈尔滨工业大学知识产权办公室申请，国家工商总局商标局批准，哈尔滨工业大学的简称——“哈工大”及校徽已注册为教育类和科研类商标。2003 年 7 月 2 日，哈尔滨工业大学收到国家工商总局商标局正式颁发的商标注册证，成为黑龙江省第一个以高校名称注册成功的服务商标。据了解，“哈工大”为教育类和科研类商标。学校有关负责人强调，“哈工大”及其“HIT”徽记是学校一种特殊意义的无形资产，是“哈工大”知识产权的重要组成部分。①

大学办学资源是竞争取胜的资本，是建构核心竞争力的前提。有效获取这些办学资源是大学提升核心竞争力的一个重要内容。

二、获取办学资源的策略

大学获取资源的方式较多，随着产业界各种获取资源策略的成功实施，大学作为市场经济体制下自主自决的组织可以借鉴独立实体的企业所采取的获取资源战略，鉴于此，本文从三个方面阐释大学获取资源的策略。

策略一：基于大学自身努力实现资源积累

大学办学资源的获取有很多方式，其中一种是通过大学自身努力和历史积累不断拓展办学资源。这种靠自身发展来获取办学资源的方式首先要知道这些资源存在何处？被谁支配？“知己知彼，百战不殆”。通过分析研究，我们不难发现这些资源所处何地，被谁掌握，有何获取之术。下面用表 6 - 1 来简明呈现各类办学资源的位置、资源提供者及提供的理由、获取这些资源的方法策略。

---

① “哈工大”注册商标成功 [EB/OL]. (2003 - 07 - 04) [2009 - 12 - 08]. http: //www.to- day. hit. edu. cn/articles/2003/07 - 04/6861. htm.

表 6－1　办学资源的分布与获取策略表

资源类别	分布位置	提供者/提供理由	获取资源的方法策略
财物资源	校外	政府/拨款	①多招生；②创新科研项目；③提高办学实力
	校外	社会单位或者个人/无偿捐助	①多宣传自己的使命；②多承担社会责任与义务；③赋予捐助者冠名权；④授权使用标志
	校外	校友/捐助	①建立校友档案；②联系并告知校友关于母校发展战略
	校外	企事业单位/合作资金	①成立专门的策划部；②建立与企事业联系网络
	校内	专利人/专利报酬	①建立合理的分配制度；②做好专利转化服务工作
	校内	学校各院系/创收	①建立合理的分配制度；②做好宣传、服务工作
人才资源	校外	学校、研究所/毕业生	①合适的待遇；②恰当的岗位；③明确的培训计划
	校外	学校、研究所/流动	①更好的待遇；②更好的岗位；③制定优厚的人才政策
	校内	员工/开发	①一贯的培训计划；②岗位流动机制；③制定人才激励政策
政策资源	校外	政府/授权	①提供办学实力依据；②战略规划方案；③借助媒体的使命陈述；④寻求校友的斡旋
社会声誉	校外	公众/信赖	①借助媒体宣传业绩；②对受关注的问题承担社会责任；③提供免费咨询和服务；④积极响应公众需求
无形资产	校外	知名校友/感召	①整理知名校友传记、故事；②建立知名校友档案与陈列室；③聘请校友作报告并兼职；④通过网络与媒体宣传知名校友事迹
	校内	传统/潜移默化	①设立校史陈列室；②校庆的宣传策划；③体现办学理念与精神的校训、校歌的宣传
	校内	校名与标志/品牌效应	①媒体宣传学校业绩；②申请校名校徽专利；③在学校一切活动中使用专利化的校名校徽；④有偿提供校名校徽的使用权

表6－1所列举的办学资源分布位置与获取方法不一定科学合理，更不一定充分完备，这里仅仅是提供一个思维的方式与视角，这里不宜占用更多的篇幅。

策略二：通过大学合并获取必要的办学资源

大学合并是获取办学资源最迅速的手段。这种策略不仅为政府所竭力推崇，也是大学自愿选择的。自1990年1月到2006年3月，我国合并新组建的大学有431所，涉及高等院校1085所。涉及的院校层次从师范学校、大学分校、专科学校、职工大学、普通学院、一般大学到重点大学。大学合并的结果是一批“大学航母”出现，以浙江大学（浙江大学、杭州大学、浙江农业大学、浙江医科大学四校合并）为例，合并后的新浙江大学学科涵盖哲学、经济学、法学、教育学、文学、历史学、理学、工学、农学、医学、管理学11大门类，设有本科专业108个，硕士学位学科225个，博士学位学科151个，30个一级学科建立了博士后流动站。报考研究生的人数连续两年居全国大学之首，承担国家自然科学基金项目和青年科学基金项目均列全国大学第一。研究生总数达到14000余人，居于全国大学第一位；学校在研的科研课题总数稳居全国第一，2001年度师生发表科研论文被国际三大检索系统收录的论文名列全国第二。合并后浙江大学正向着世界一流大学迈进。①

值得注意的是，大学合并有获取资源的便捷性、迅速性，但是，合并后资源的整合也是一个重要主题，没有良好的运行机制和战略规划，难以将这些来自不同文化特质的大学资源有效整合，故而在采取大学合并战略之前，需要调查研究与切实可行的战略规划。

策略三：战略联盟获取办学资源

大学对于某些稀缺的资源，“不求所有，但求所用”。采取互利互惠、彼此支持的合作方式来获取资源。这种策略能够以最小的代价获取最大的资源支持，但是，此种策略的实施有两个弊端，其一是战略联盟的相对松散性，会导致资源支持的未来不确定，通过市场运作来获取战略联盟，其内在的动力是利益，当联盟行为给对方带来的不是最大的利益，联盟就要受到给予更大利益的挑战者的竞争而失去一贯的联盟者，这是大学形成与提升其核心竞争力的潜在不利因素。其二，战略联盟需要自身具有相当的

---

① 徐有智，叶辉．浙江大学实施“985工程”有巨变［N］．光明日报，2003－05－12（1）．

办学实力，具有对方所看重的价值，对于那些自身没有看家本领的大学，难以寻找自己的意中人。故而战略联盟几乎是“门当户对”的结盟，是维持时间不确定的结盟。此种策略尽管有缺陷，却不失为一种资源获取的策略，值得一试。

参阅材料　北京16所高校“教学共同体”正式联盟

本报北京11月22日讯（记者：翟帆）北京市学院路地区“教学共同体”经过3年时间的松散运行后，今天正式联盟——制定理事会章程并召开第一届理事会，这标志着“教学共同体”的教学合作步入了稳定发展阶段，并走向更加规范、合理的轨道。

学院路地区高校“教学共同体”自1999年9月实施以来，已由最初的13所成员学校、开设3门课程，发展到现在的16所成员学校、开设86门课程，每学期参加选课的学生人数超过5000人，最多选课人数达到一万余人，累计选课人数已达三万多人。各成员学校纷纷推出本校最有影响的公共选修课，奉献给本校以外的学子，通过开展校际教学合作活动，拓宽学生的知识面，培养学生的综合素质。

“教学共同体”理事会成立后，各理事学校将严格遵守理事会章程和理事会制定的校际公共选修课教学管理规定，履行各自的义务，共同提高教学质量。①

办学资源状况与战略定位层面的办学方向、办学目标是相互吻合的，办学资源为办学方向与办学目标的实现服务，办学方向和办学目标要以自身的办学资源现状为基础。脱离办学资源基础来谈论办学方向和目标的落实都是镜花水月。

此外，不仅需要办学资源、办学方向和办学目标三者的协同一致，还要保障这些资源有效运作的大学组织结构和大学文化。大学组织结构和大学校园文化尽管是无形的软性资源，却是运作一切办学资源实现办学方向和目标的传送带，缺乏合适组织结构与组织文化的支撑，大学核心竞争力的形成也无法实现。

---

① 翟帆. 北京16所高校“教学共同体”正式联盟［N］. 中国教育报，2002－11－23（1）.

第二节　组织/文化与大学核心竞争力

大学组织结构决定着大学资源的分配与运作方式，不同的大学组织结构决定着办学资源的使用效率，也形成不同办学实力。大学要不断提升自身的办学实力，需要寻求一种适宜的组织结构，那么，什么样的组织结构能够有助于大学核心竞争力的提升呢？组织结构的运作又是在一定组织文化影响下进行的，什么样的组织文化与组织结构相协同并能够将办学资源的最大效益发挥出来呢？

一、功能分化的组织结构与大学核心竞争力

在探讨建立什么样的大学组织结构之前，很自然要问什么样的组织结构最有效。其实，不能简单回答这个问题。组织结构的好坏都是相对的，不同性质的组织，处于组织的不同发展阶段。不同发展规模的组织，职工成熟度不同的组织都有不同的组织结构要求，也都能够找到符合该组织特性的高效合理的组织结构。

对于大学组织而言，什么样的组织结构很适宜，能够不断提升自身的核心竞争力。这要依大学组织的性质、规模以及传统文化而定。大学的使命是知识的传承与创造，人才的培养与技术的开发。大学员工的劳动是高度创造性的脑力劳动，需要更多的自由与自主，企业化的控制管理方式不适于以脑力创造为主要任务的大学成员。

但是，大学内的活动，除了有知识创造与技术创新的高智力脑力劳动外，还有一些事务性的工作。此外，还有以体力劳动为主要特征的后勤保障人员的工作，这样多样化的劳动类型集中于大学组织中，需要大学组织的结构同时能够适合于高智力脑力劳动和少智力参与的体力劳动的性质，鉴于此，我们这里要引入一种功能分化的大学组织结构。

（一）创建功能分化的组织结构

能够适合两种类型劳动的大学组织，本文称之为“功能分化的组织结构”（如图 6－1 所示），这样的组织结构兼有职能化和矩阵化组织结构的优点，使学术性工作与事务性工作有两种运作体制。

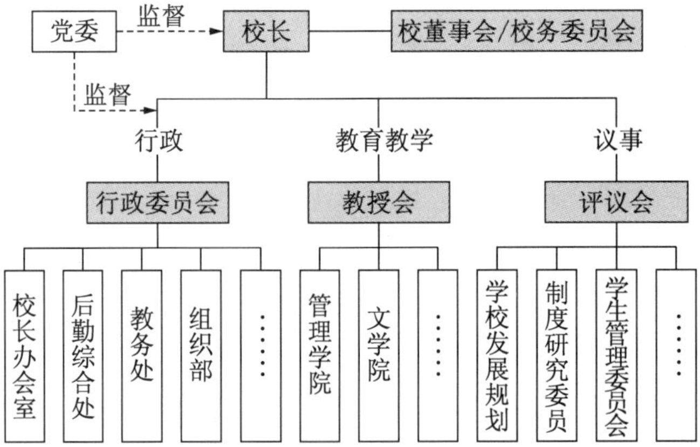

注：在图中，自上而下表示领导关系，自下而上表示反馈与被领导关系。

图 6－1　大学组织结构图

如图 6－1 所示，大学组织的最高权力在于校长。校长工作既要接受校党委的监督，又要接受校董事会或校务委员会的指导。校董事会或校务委员会成员既接受校长的聘请，又监督指导校长的工作，在很大程度上充当智囊团的角色。校董事会或校务委员会可以提请上级主管部门解聘校长。

校长下属的三个委员会分别承担行政、教育教学和议事职能。校长不直接领导管理这三个职能的具体活动，通过领导这三个委员会来领导全校的工作。

各院系在学有专长的教授会领导管理下工作，能够避免行政的盲目领导制约学术的发展。评议会能够就全体师生利益的重大事件进行建议、决策，同时，为校长负责。大学实行职能分工的领导管理，符合知识创造、技术发明的规律，又能使保障学术发展的支持性事务工作得到有力的管理，起到并行不悖的功效。

（二）实行党委监督下的校长负责制

失去监督的权力最容易导致权力无效益或低效益。无制约或监督的掌权者会出于自身利益而滥用权力，导致权力失去公信力，不能有效组织成员实施组织的目标。在大学组织中，同样也是如此，故而，本文主张在功能分化的组织结构中实行校党委监督下的校长负责制，这样既能够监督与督促校长的工作，又能够实行明确的职能分工，避免我国当前实行的党委领导下的校长负责制的党政不分的弊端。

1998年颁布的《中华人民共和国高等教育法》第三十九条规定“国家举办的高等学校实行中国共产党高等学校基层委员会领导下的校长负责制”，高等学校党委“按照中国共产党章程和有关规定，统一领导学校工作，支持校长独立负责地行使职权，其领导职能主要是：执行中国共产党的路线、方针、政策，坚持社会主义办学方向，领导学校的思想政治工作和德育工作”。《中华人民共和国高等教育法》第四十一条规定“高等学校的校长全面负责本学校的教学、科学研究和其他行政管理工作”，并规定了校长行使六项职权，如，拟定发展规划、制定规章制度，组织教学、科研活动和思想品德教育，聘任教师等。这样的规定尽管在文字上有很明确的区别，但是落实到实践中并非易事。因为“领导”和“管理”在具体的行为上有很大的相似性，难以区分什么样的行为是“领导”，什么样的行为属于“管理”。况且，在现代管理观念下，“领导”是“管理”的新思维，这样，“管理”将是“领导”，法律规定的党委“领导”将是新时代下的具体“管理”行为，校长的“管理”也将是新时代下的“领导”行为了。为了避免这样的混乱，也为了避免党委与校长争权夺利的弊端，笔者认为，实行“党委监督下的校长负责制”是更加能够表明党委与校长角色的职能分工，故而，本文的大学组织图中，采用党委“监督”的规定。

为了整合学校宝贵的学科资源，顺应当今科学发展的交叉、融合、大科学发展趋势，北大对原有院系进行大幅度调整，加强三级建制、二级管理的模式。

建立了适宜的大学组织结构，还需要与之相适应的大学组织文化，两者的协同是最大程度实现办学资源价值的前提，也是培育与提升大学自身核心竞争力的基础。

二、组织文化与大学核心竞争力

组织文化是指在一定条件下组织成员所形成的价值观及以此为核心的行为规范、道德准则、群体意识和风俗习惯，是指人的情感方式、思维方式、活动方式和行为模式，是人们改造社会和改造自然的方式。①

组织文化对组织成员具有导向的作用、凝聚的作用、约束的作用和激

① 刘惠琴，丁太魁．从组织文化的角度看学校学风建设的作用和方法［J］．陕西教育学院学报，2002（4）．

励的作用，因而有必要对组织文化加以探讨。

组织文化包括哪些层面的内容呢？纵观前人的研究，对组织文化结构的划分通常有以下几种。①

两层次划分：将组织文化划分为外显文化和内隐文化两个部分。组织文化的外显部分是指组织的文化设施、文化教育、技术培训和文娱、联谊活动等。组织文化的隐性部分是指组织内部为达到总体目标而逐步形成、一贯倡导、不断充实，并为全体成员自觉遵循的价值标准、道德规范、工作态度、行为取向和生活观念，以及由这些因素融汇而成的整体风貌。②

三层次划分：将组织文化划分为物质文化、行为文化、精神文化三个层面。其中精神文化是核心层面；行为文化是组织精神、组织价值观的动态反映；而物质文化则是组织文化的最外层，是无形文化的有形表现。③也有人认为这三个层面中包含制度文化，而不包含行为文化。④

四层次划分：将组织文化划分为物质文化层、制度文化层、精神文化层和综合文化层四个层次。其中物质文化层是由组织的产品、容貌、环境、科技状况等构成；制度文化层包括组织的规章制度、领导体制、组织机构、民主制度等内容；精神文化层包括组织目标、组织哲学、组织精神、组织道德等内容；综合文化层包括组织的素质、行为和形象等。⑤ 也有很多学者认为组织文化包含物质文化、行为文化、制度文化和精神文化四个层面。⑥

按照逻辑学上的分类原则，分类要避免包含，同时，要清晰明确。鉴于此，本文认为大学组织文化分为：物质文化、行为文化、制度文化和精神文化四个层面比较科学。下面按照这四个层面来阐述大学组织文化的创新。

（一）大学制度文化的创新提升核心竞争力

制度文化是组织在长期的职能活动中形成的一种规范文化，包括组织

---

① 樊耘，顾敏，汪应洛．论组织文化的结构［J］．预测，2003（3）．

② 李晋红，姚萱．企业文化——现代企业高效运作之魂［J］．机械管理开发，2000（1）．

③ 张铁男，李晶蕾，金振声．论具有现代意识的组织文化［J］．学术交流，2001（11）．

④ 罗仲伟，黄群慧，张承耀．21 世纪组织文化论坛观点综述［J］．中国特色社会主义研究，2000（5）．

⑤ 应焕红．公司文化管理——永续经营的动力源泉［M］．北京：中国经济出版社，2001：123，130．

⑥ 黎群．试论企业文化的形成机制与建设［J］．北方交通大学学报，2001（5）．

法规、组织经营制度、组织管理制度、组织领导制度和组织民主制度。具有科学性、强制性、权威性、稳定性、变动性、群众性、有限性、义务与权利并重性等特点。加强制度文化建设，对大学的教学、科研、社会服务，以至整个大学的生存和发展具有重大的理论意义和现实意义。为此，一要贯彻“以人为本”的原则，二要使制度科学化、定量化、规范化、系统化，三要吸收大学全体职工参加，充分表达他们的愿望和要求，四要体现社会主义民主原则，五要充分贯彻大学的核心价值观的原则。

良好的制度文化是办学理念转变为现实的保证，也是提高大学工作效率、激发全体职工积极性、提升大学核心竞争力的根本动力。健康合理制度文化的标准：一是能够促进全体员工积极努力诚实地劳动与创造；二是优秀人才不断涌现；三是一流人才很少流失；四是整体的人际关系和谐友好。因为好的制度是通过组织内员工的行为和感受表现出来的，而不是抽象的观念性的东西。

大学良好的制度文化既受历史传统的影响，又受大的社会制度环境的制约，更是制度规范的建设的结果。人的需要、志趣、价值观的多样性和复杂性更需要一个稳定明确的规范章程来激励和约束。在“人的有限理性”假设上来建设全方位的规章制度有利于组织发展、个人进步。另一方面，大学成员同企业组织的员工相比，有更自觉自主的创造性，所以制度规范的确立要以“保证员工劳动的自主性创造性”为价值取向，并以这个价值取向为基准加以创新。

大学制度文化创新的着眼点是：制度创新的主体是所有的相关利益人；制度创新的价值取向是个体利益与集体利益的同时最大化；制度创新的措施是激励而不是控制与强迫。

大学制度文化创新的原则有四项，他们是：与办学理念相一致；与时代发展趋势相协调；相关利益人民主决策；个体与集体利益程度最大化。

1. 与办学理念相一致的原则

这是大学制度建设的根本出发点，是实现办学目标的保证。办学理念决定一所大学的特色，有特色才有竞争力，才有存在的持续性。

2. 与时代发展趋势相协调的原则

大学是社会的宠儿，从社会中获得支持，得以存在与发展。这就要求大学的制度建设要有利于为社会服务，与社会发展的时代精神相一致。唯有此，大学成员才能获得社会的尊重和支持。

3. 相关利益人民主决策的原则

大学的每一项制度与规定的出台都是一种利益的大调整，影响着相关人的利益，要使这项制度规定得到贯彻实施，需要让相关利益人参与决策，从而保证该制度规定的落实。

4. 个体与集体利益程度最大化原则

现在的大学是处于社会主义市场经济条件下的，合法的经济利益是一个人价值的体现，大学的制度建设要充分考虑全体成员的利益因素，让利益激励所有的人积极主动参与创造性的劳动，从而使大学各项事业都达到最大程度的发展。个体与集体利益最大化的制度规定是一个新的价值取向，而不是传统的制度建设以强制与控制来迫使制度最大潜力的发掘。如，北京大学的《北京大学科技成果奖励办法》，北京师范大学的学术休假制度，都是既符合大学组织的工作性质，又能够使个体利益与集体利益达到最大化。

（二）大学精神文化的创新提升核心竞争力

精神文化是组织文化的内核，是制度文化、行为文化和物质文化的指导原则和内在依据，是赢得竞争优势的内在动力，激励着大学组织成员的积极性和主动性。

精神文化主要包括理想信念、价值取向、伦理道德、团队精神和习惯传统等，表现为人文知识和人文精神两种形态。① 一所大学的理想信念是大学精神文化的集中表现。它标示的不仅仅是大学的发展方向与目标，更重要的是全校师生员工的价值追求。学校的发展目标如果不能被多数人认可并成为追求的取向，学校就是缺乏理想信念和精神支撑的。价值取向目标必须是所有的师生员工所共同接受的，共同认同的。只有这样，才能共同遵循。价值取向具有未来指向性，是领导者引导被管理者共同努力追求未来新成果的指导原则。因此，价值取向的确立必须具有发展性、时代性和创新性。

大学精神文化创新要注重大学精神的铸造。大学精神是校园精神文化的整合和提升，是大学的灵魂，也是民族精神的重要组成部分。它是指大学在一定的社会历史条件下，为谋求生存和发展，达到既定的教育目标，

① 杨海波，郑永廷. 创造富有特色的校园文化——当代高校精神文化发展研究［M］. 高教探索，2003（4）.

而在长期的校园文化创造过程中积淀、整合、提炼出来的，反映大学校园人共同的理想目标、精神信念、文化传统、学术风范和行为准则的价值观念体系和群体意识。如，北京大学的精神是“爱国、进步、民主、科学”；清华大学的精神是“自强不息，厚德载物”；四川大学的精神是“严谨、勤奋、求是、创新”；新山东大学的精神是“气有浩然，学无止境”，等等。①

大学办学精神创新更要与时俱进，与社会发展相和谐。现代大学正逐步从社会边缘走向了中心，要为社会承担更多的责任和使命。以威斯康辛大学为例，它创建于1848年，地处麦迪逊市，几十年间，都是规模很小的非宗教派学院。到了20世纪初，查尔斯·范海斯担任校长期间（1904—1918）正是威斯康辛州的农业由小麦种植转向畜牧业和以乳制品为主的转型期，对专门技术和管理的需求十分迫切。范海斯校长顺应这一需求，提出大学必须为社会发展服务的办学理念。他提出“服务应当成为大学的唯一理想”，“大学应当成为服务于本州全体人民的机构”。② 威斯康辛大学与时俱进的办学理念开创了大学发展的新时代，也正是威斯康辛大学这种与时俱进的开拓精神使得它跻身美国众多高校的前列。

（三）大学行为文化的创新提升核心竞争力

大学组织的行为文化是大学办学理念的外化，是通过大学组织内成员的行为、态度与情感方式体现出来的，是判断一所大学办学精神的外显行为。行为文化直接关系到身处大学组织之中或访问大学组织局外人的内心体验，从而影响着对这所大学的评价判断。行为是思想的外化，依据这样的心理逻辑，大学组织的行为有着同办学精神同等的价值。

大学组织行为文化有丰富的内涵。

从大学行为文化的主体性来说，有教职工方面的、学生方面的、师生方面的、校内成员与校外人员四个方面的态度行为。

从大学行为文化的内容来看，包括组织成员之间的态度、工作时的动作行为与言语行为、日常生活中的动作行为与言语行为、情感表达的方式、情感表达的程度。

大学组织行为文化创新要从行为主体和行为内容两个方面来展开。这

---

① 赵厚亚，等．谈高校校园文化中的精神文化建设［J］．山东电大学报，2003（2）．

② 蔡克勇．创建一流大学需要先进的办学理念［J］．中国高教研究，2003（11）．

样才能够全方位多层次地建设一个有利于组织理念实现的行为文化。

创新行为文化的措施有：首先，宣传办学理念与应该的行为规范；其次，在宣传教育的基础上，全校参加讨论形成的态度、动作、言语与情感表达的标准范式；再次，制定行为规范的手册，人手一册；第四步，建立监督与反馈机制，保证行为规范的有效实行。

（四）大学物质文化的创新提升核心竞争力

物质文化与行为文化有着相似的功能，它体现着大学的精神文化，反映着学校的办学理念，不过，物质文化比行为文化更固定、更直观、更公开。物质文化创新非常必要，这是因为人的意识是社会存在的反映，精心设置的良好的物质文化能够潜移默化地影响着人的心境与体验。所以大学物质文化创新设置一直是所有大学都非常关注的要务。有人说“到了清华校园，你不进课堂都有一种心灵涤荡的感觉”，这就是物质文化所产生的教育性影响。

物质文化建设的创新要从物质文化的内容入手。大学物质文化有广阔的外延，包括校园的环境、标志性建筑、图书资料、教学设备、网络媒体、校舍布置，等等。这些都是大学办学理念的物质载体，随时随地刺激着大学组织成员对自己的认识与反思。

物质文化创新首先要从行为主体来展开，建设物质文化的是全体大学成员，尤其是包括学生，要充分调动学生的积极性和主动性。可以大胆地将学校的一部分场地以委托的方式让学生团体来营造，这样既强化学生的主体和主人翁的意识，又节约了大学物质文化建设的成本。在学校精神文化指引下，学生在这块“属于自己”的天地里创造一种积极独特的文化氛围，以点带面地搞好整个校园的物质文化建设。

此外，要通过网络媒体来创新大学物质文化，网络媒体本身就是物质文化的范畴，但是它传递的信息却是精神文化的范畴。所以说，网络媒体是物质文化与精神文化的有机集合体，在组织文化建设中，它最能够发挥作用。首先，网页完美的形象设计，能够给人一种美的视觉享受，同时，能够传递无限的蕴意，南开大学的网页设计就能够给人一种超越文字的愉悦享受。

打开南开大学的首页，首先映入眼帘的便是这样的画面：左上端是校徽，正上端的是毛泽东同志亲笔题写的校名，右上端是南开大学的光荣诞生日“1919 年——”，中间占据主要视野的是南开大学的办学理念“公允公能，日新月异”和南开大学的创始人张伯苓博士的塑像，最下端是南开大学的地址“天津市南开区卫津路 94 号”及其通讯邮编和邮箱。这样的网页设计既简洁又明了，一所大学的办学理念、办学历史、办学风格都能够通过这简洁的设计而凸显出来，一个完整的南开大学形象在最短的时间内便得以展现。

此外，网络作为新时代方便快捷的信息传递媒介，有无限的潜力可以挖掘。大学是一个时代的领跑者，在利用网络这个新媒体时，也要体现领跑者的先知先觉。要把办学理念通过良好的网络服务传递给大学的相关利益者，让大学这个知识与智慧磁场对所有人都产生磁性，把社会公众吸引到这个强大磁场中来，让他们感受到更好的服务，得到成长发展。如，有的大学建立网络资源共享机制，免费提供智力资源，为学生为社会服务。同时，在校内通过更新网络硬件设备、提高网络媒体的传输速度，改进内容设置的形式，把大学的办学理念体现到网络的一系列高效服务中。

大学的文化建设与大学的办学理念有着紧密的内在联系，办学理念是大学文化建设的内在依据，发动和调节着大学组织文化。两者的协同贯通是大学高效运转的保障，是大学核心竞争力形成的动力支持。

大学办学理念、办学目标、办学资源以及大学组织结构与文化的协同一致都是为了达到一种或几种办学能力的提升。大学存在与发展需要一些办学能力为支撑，这些能力中最基本的是教学能力、科研能力和社会服务能力，而支持这三大职能还需要筹款能力、交流合作能力和学生就业能力，下面从这六个方面探讨能力的建构与提升，通过提升这些能力来为大学整体竞争能力的提升增添动力。

第三节 运营能力与大学核心竞争力

运营能力是指大学在自身的组织结构与文化中，通过良好的业务流程对办学资源的运行，形成某个或某些方面独特的能力，这些能力直接支撑着大学核心竞争力的生成与提升。由于这些运营能力具有较强的操作性，故而放在操作层面来加以探讨，其实它对大学核心竞争力的生成与提升起着直接支撑作用，也可以放在核心竞争力的外围，与良好运行机制相结合产生大学的核心竞争力。

大学运营能力是大学核心竞争力的基础，培育与提升大学核心竞争力需要从运营能力入手。下面围绕六方面运营能力做一些探讨。

一、教学能力与大学核心竞争力

教学是大学的最基本的一项职能活动，教学能力是大学一项基本的能力，教学职能是大学区别于科研院所的基本特征。任何层次和类型的大学都要培养学生，而培养学生的基本活动就是教学，教学能力是大学的立身之本。

如何提升大学的教学能力呢？需要从大学教学的构成要素入手。

教学顾名思义就是“教”与“学”两个方面，包括老师教的能力和学生学的能力。提升教学能力要从教学的构成因素入手。教学作为一项有目的有计划的社会实践活动，必然具备实践活动的三个基本要素：主体、客体和主体对客体的手段。对于教学这种特殊的实践活动而言，就是要有教师、学生、给学生施加教育影响的材料与手段。教学活动的质量要从这三个方面来加以探究。

从教师的角度看，必须具有一流的教师队伍。因为一流的教师能够以最恰当的方式教给学生该学科最基本的内容，能够给予学生该学科整体的结构、基本原理与发展轨迹，为学生进一步的探究指明方向。为了保障一流师资对大学教学能力的提升有所贡献，大学需要制定一流的师资给本科生上基础课的制度。一流师资带给学生的价值，不仅是教学质量本身，更重要的是一流师资的光环效应使得学生更积极投入，更愿意配合并进行自主探究学习，师生双向合作产生极大共振效应。在我国，一些有名大学或者急遽上升的名校都坚持名师战略，制定相应的制度来加以保障。

从学生的角度看，优质的生源是大学教学能力提升的基础。教师的“教”最终是为了学生的“学”，为了学生的发展。学生的发展才是教学活动的价值所在。而教师“教”的质量和学生对知识的了解与需求是密切相关的，学生素质差，学习的效果就不好，进而影响大学的教学能力，故而，学生的质量是大学关注的焦点，应该以优厚的待遇来吸引一流的学生。每年的报名考试期间，是吸引高素质考生的关键时期，有志于建构与提升自身核心竞争力的大学要以各种优惠的政策来吸引高素质的考生。

从教学活动实施的手段来看，一流的教学仪器设备、先进的教学手段和高质量的教材必不可少，提升教学能力除了软件上努力，硬件也要上层次、上水平。软硬兼施，方可实力大增。

大学组织中人与物的具备可以奠定教学活动的基础，将人与物有效联结的是相关的制度规定。适宜的制度规定能够将“物”与“人”科学合理地匹配，发挥“人”与“物”的最大效用。当前，影响“人”与“物”有效结合的制度建设值得关注，像教师激励与淘汰制度、学生激励与淘汰制度以及与奖惩制度相配合的评价制度，都是大学培育与提升核心竞争力所要认真探讨的重大事情，直接制约着教学能力。这里不做深入探讨，仅仅提供一个关注的视角，让各方面制度的协同配合培育与提升大学的核心竞争力。

二、科研能力与大学核心竞争力

自 19 世纪初，德国洪堡创立柏林大学以来，“科研”一直是大学的职能之一。尽管中国大学阵营中，一流大学很重视科研职能，但低层次大学对科研重视不够。这种倾向不利低层次大学发展，教学与科研是相辅相成的，科研成果能给大学提供新思路、新内容，为大学不断拓展新领域提供智力保障。本文认为，从知识更新与发展的速度看，任何有办学实力的大学都需要通过科研活动来提升自身办学能力。

如何提升大学科研能力，本文拟从以下几个方面做一些探讨。

（一）追求原创性科研成果来提升大学自身核心竞争力

科研的本质要求就是研究新情况、解决新问题、得出新结论，这其实就有原创的意味。之所以提出原创性成果是鉴于当前一些大学的研究出现重复性印证的弊端，而不是开创新的研究领域、针对新的问题、找出新的视角，造成科研资源浪费的现状。

原创性成果的获得取决于人才自身、仪器设备、资金扶持和管理制度几方面统合的效果。本文只探讨人才自身和管理制度两个最为核心的方面。

要取得原创性科研成果，人才自身要做到：

（1）要博览群书，基础学科知识扎实，培养自己敏锐的分析判断能力、直觉和想象力。

（2）要充分熟悉相关领域的研究现状，而后从新的视角和新的领域来解决受关注的问题。

（3）对前人的研究成果有批判的精神，从新的视野看待和解决为人熟知却很有争议的问题。

（4）基于自己的知识背景做出大胆的假设。

（5）把自己的假设提交专家组和科研团队进行研讨，以得到更多的启示和新的设想。

（6）对思考成熟的思路有充分的信心并开展实事求是的研究。

在判明形势、适时启动新科研项目并取得巨大成功方面，华中科技大学引力实验中心的建立就是一个很好的例子。“我国的引力实验研究工作的中心，最早是在中国科学研究院的高能物理研究所，其后是在中山大学物理系，然后是在华中理工大学（现改名为华中科技大学）物理系。”为什么我国引力实验研究中心会从基础研究条件很好的单位转移到一所理工大学？“由于中国科学研究院高能物理研究所和中山大学选择了耗资大的引力波研究作为学科发展方向，当国家经济困难、科研经费紧缩时，就难以继续下去；而华中科技大学引力实验室的学科带头人选择静态引力研究作为学科发展方向，这样既避免了与别人重复，又考虑到了所需研究经费相对较低，故得以在经费困难时维系下来。经过较长时间的发展，积累了学科工作经验和实验条件，逐步发展壮大起来，因此也就成为国内引力实验研究的中心。”①

为了促进大学科研原创性成果的产生，大学管理制度应该注意如下几点。

（1）柔性制度管理，给专家学者更多的自由空间。

（2）对知名教授专家的测评给予更宽的期限，避免一年一评造成的急功近利行为。

（3）科研资金的管理实行项目审查制度，按照项目的进展进度跟进资助，使科研资金真正用到实实在在的科研中。

（4）健全科研成果奖励制度，让知识创新者是财富的真正拥有者。

（5）征求专家学者代表们的意见适时改进管理制度，使得制度与时俱进地推进科研的开展。

在促进科研成果、提高科研水平方面，北京师范大学做出了较好的制

---

① 周进．教育大学中学科核心竞争力［J］．科技导报，2001（10）．

度创新，对教师实行学术休假，这种制度为大学教师尤其是科研人员，及时“充电”，提高学术科研水平提供时间保障，值得在大学推广。

（二）建立科学高效的科研管理制度来提升大学核心竞争力

大学科研工作的顺利高效地开展需要一套科学合理的管理制度，科学合理的管理从来都是提高生产力的一种要素。什么样的管理制度是合理的，重要的指标是能否激发资源效益最大化、科研人员潜能发挥的最大化、相关利益人较高的满意度。如何建立制度在本文的“制度文化创新”中有所表述，在此省略。

（三）通过提高科研成果转化的能力来建构和提升大学核心竞争力

大学科研取得成绩，不是仅仅停留在文本中，而要体现在生活、生产中，要给人民带来实实在在的利益，否则科研成果的价值就难以凸显。美国大学在科研成果转化方面成绩突出。“1993 年统计表明，全美计算机科学方面 28% 的新技术、全美药品制造方面 37% 的新品种、新工艺和新方法是由大学提供或发明的；化学药品和新型材料方面则有高达 44% 的新品来自大学的实验室”。① 随着高校从社会边缘走向中心，社会越来越期望高校要对社会生产与生活作出积极贡献，其中一个重要途径是将自身的科研成果转化到市场上，人们实现超额回报的消费。科研转化能力的提升受制于诸多的因素，其中，企事业单位的合作支持和高校自身科研成果转化机制最为重要。

大学同企事业单位合作展开科研活动，一方面解决科研资金和实验场所的支持，另一方面科研成果能够通过企事业单位的实际应用而转化为实际的生产力，所以同企事业单位合作联盟的能力是科研成果转化能力的一个重要方面。

大学展开的科研非企事业资金赞助是来自政府与其他途径，这样的科研成果要转化成实际的生产力，需要大学建立合理的科研转化机制来保障。合理的科研成果转化机制包括如下一些要素：

（1）设立专门的策划推广科研成果转化的部门和配备精干的人员；

（2）与媒体建立密切的联系，宣传推荐科研成果，获得社会的认可；

（3）强化专利申请与知识产权保护意识，并通过出售专利将知识形态

① 转引自：石鸥．唤醒蕴藏在大学中的巨大能量——美国大学科研成果转化对我们的启示［J］．高等师范教育研究，2000（5）．

的生产力转化为物质形态的生产力；

（4）建立“科研与转化”二位一体的责任制与利益分享制，统一科研与转化工作。

三、社会服务能力与大学核心竞争力

大学为社会服务的职能受到重视始于19世纪末期，以美国的威斯康星大学成立大学拓展部为社会服务而拉开序幕，高等学校直接介入社会发展，推动社会发展。

（一）大学为社会服务的必要性

“高等教育是一个时代最高水平的专门人才的系统培养过程，大学的服务绝不是一般意义上的服务，这是基于最高水平的知识和人才对社会的服务。”① 大学“为社会服务”的功能，使得“当代大学确定了一个更高的目标，一个崭新的方向，并使大学的本质——社会性得以回归，使大学从社会的边缘走向社会的中心，消除了大学与社会的距离和隔阂，使大学成为整个社会中最具有活力、最能代表时代前进方向的机构”。同时，也是“大学从社会边缘回到社会中心，从被动走向主动，从封闭走向开放的过程”。最终的效果是“将学校中最先进的知识和最高水平的人才变为最有效的生产力”。②

（二）大学为社会服务的方式与意义

大学为社会服务的方式与内容很丰富。从行为主体看，有教师群体对社会的服务和学生群体为社会的服务；从服务内容层次看，有高水平的决策咨询与战略规划，也有务实细致的实践性工作；从经济报酬看，有较大经济回报的合作科研项目，更有免费义务服务。

大学为社会服务对大学自身、对社会的意义是多方面的，本文认为重要的有如下几个方面。

1. 尊重知识、尊重人才社会风气的形成

大学为社会服务多是以知识为载体，接受这种性质服务的团体、组

---

①② 王耀农．从高等教育职能扩大看培养“复合”型人才的紧迫性［J］．江苏高教，1997（2）．

织、个人认识到知识和人才价值，从而在社会中形成了“尊重知识、尊重人才”的良好风气。大学的社会服务让社会各界认识到“尊重知识、尊重人才”是一种实实在在的行为，能够带来社会进步、经济效益。

2. 提升大学的社会声誉，获得更好的社会支持环境

大学对社会的各种方式服务，其行为本身就是对大学最好的宣传，是获得社会公众对大学本身的信服与信赖的依据。在大学之间激烈的竞争中，大学的社会声誉是争取优质生源、更多资金与政策支持和众多的用人单位对毕业生的录用都是非常必要的，这种无形资产是其他大学难以模仿达到的。

3. 直接获得办学资金

大学通过优异的科研成果为社会服务，是有偿的，这能够带给大学可观的经济收入。

4. 大学科研成果给社会带来巨大的经济利益

大学由于掌握先进文化知识与科学技术，具备较为齐全的人才资源，能够通过科研成果为社会服务，造福社会和人类。

参阅材料

清华大学“大型集装箱检查系统”在“211 工程”资金的支持下，实现了由科技攻关项目向产业化的成功转化。现已形成了固定式、组合移动式、车载移动式和铁路列车等集装箱检查系统产品系列。该系统在海关装备后已查获走私案值超过人民币 2 亿元。上海交通大学“桑塔纳轿车活塞加工关键专用工艺设备研究开发”项目，为上海市有关企业节约外汇 557 万马克，节约技改投资 2700 万人民币，每年产生直接经济效益 3600 余万元。浙江大学“热能与环境工程”重点学科建设项目投资建设 0.5MW 废弃物流化床焚烧实验台，在废弃物焚烧技术研究方面取得系列成果，其中洗煤泥流化床焚烧技术已成功地应用于国内二十多台发电锅炉，已投运的电厂年新增利税 4000 万元以上。①

5. 大学科研成果直接方便社会公众的生产与生活

大学顺应时代发展的趋势，面向人民群众的社会需要，利用科研成果

---

① 国家计委，教育部，财政部. 为科教兴国奠基——“211 工程”“九五”建设成就综述［EB/OL］.［2009-12-08］. http://www.moe.gov.cn/edoas/website18/67/info3567.htm.

向社会提供服务，能够给社会各种优质的生活。如“九五”期间，中国一些知名高校参与的“中国教育和科研计算机网地区主干网和重点学科信息服务体系”，“中国高等教育文献保障体系”，使全国高等教育数字化信息平台初步形成。① 为我国高等教育大众化，远程化奠定了坚实的基础。

（三）大学为社会服务的措施

提高大学为社会服务的能力，利已利社会，是“双赢”的事业。但是，仅限于良好的愿望是不行的，还需要采取有力措施。

（1）加强市场调查，了解社会需求。大学为社会服务，是以两种方式进行的。一是大学回应社会的需要，对社会现实存在的要解决的问题，要提供的服务做出积极的回应，凭借自身专家学者智力优势，高质量地满足社会的现实需求；二是创新社会的需求，社会的需求带着历史的印记，有技术的要素也有观念的要素。大学作为社会的先进机构随着社会的发展，要通过提供反映时代特征与进步的服务来推进社会的发展。这两种服务都需要大学加强市场调查，了解现状，在充分把握现状的基础上来回应与创新社会需求。

（2）设立专门机构策划服务的内容与方式。大学向社会提供智力服务，要通过适宜的形式与内容，要组织适合的人员，选择适合的场所。

（3）加强基础研究、应用研究，以优异成果服务社会。

（4）加强同社区、企业合作联系，对社会需求做出积极反应。

（5）加快科研成果的转化，为社会服务。

四、筹款能力与大学核心竞争力

大学的办学资金始终是制约大学办学实力的基础资源，没有雄厚的资金，就没有一流的人才、没有一流的设备、没有充分的教学科研条件。一流的大学都有雄厚的资金支撑。美国大学校长最主要的任务之一便是筹措办学经费。筹款能力已经被看成大学校长办学能力的重要指标，因为校长是大学的法人代表，有资格以大学的身份与名义来筹措资金，而其他人不具备相应的条件。这是传统的看法，在新形势下要改变这种观念，需要有

① 国家计委，教育部，财政部. 为科教兴国奠基——“211 工程”“九五”建设成就综述[EB/OL]. [2009 - 12 - 08]. http：//www. moe. gov. cn/edoas/website18/67/info3567. htm.

一种全新的理念与方式来筹措资金。

（一）筹措资金观念的创新

筹措资金的重要性是众所周知的，而并不是每个人筹措资金的观念都是科学的。由于整个办学资金的紧缺性，大学间的筹款竞争非常激烈。没有一种适应新形势的新观念，筹款的效果难以令人满意。从哪些方面来更新筹款观念呢?

1. 只有不可能的观念，没有不可能的机会

大学筹款通常的途径是政府拨款、社会捐助、福利资金、科研项目资金、各种服务的创收、学费等，大学很少突破这些筹款思维，开辟新的筹款途径。市场经济运作资金的方式没有在大学加以实验，但市场化资本运营观念是可以借鉴到大学筹款中的。而且，理念的更新会带来优势的形成。海尔张瑞敏的经营理念“只有淡季的思想，没有淡季的市场”，使海尔成为中国最具竞争力的全球化的企业。在大学筹款方面，企业界成功的理念可以加以实践。

2. 人人都是筹款人

传统的看法是校长是大学法定的筹款人，其他人都是旁观者和资金的使用者。这种观念是制约大学筹款效果的关键要素。从社会资本的理论看，每一个人都有一定的社会资本，都有自己的社会关系网络，这些社会关系与联系是获取资源的一种重要纽带，不可忽略。

3. 筹款有功受奖励

筹款所得归大学所有，与筹款人没有多大的利益关系，这是造成大学组织内人员筹款积极性不高的根本原因。在市场经济条件下，一个人的经济地位反映着一个人的能力与社会地位。不考虑这种市场经济理念对大学成员思想认识的影响是不合时宜的。“论功行赏”应该在大学倡导，让合理的奖励制度促进全体人员为大学筹款而努力。

4. 空手不能套白狼，牺牲小利赚大利

大学筹款性质在很大程度上是无代价地获取政府和社会的资助，从互利互惠的角度看，大学这种刚性的筹款方式也影响着大学筹款的效果。以给予赞助者一些利益来获取更大利益的方式值得在大学筹款实践中实行。

（二）筹措资金的方式与策略

大学管理当局具备了符合现代价值观的筹款理念还要通过一系列的措

施来贯彻实行。本文对于已经达成共识的资金获取方式：政府投资、校友捐资、校办企业创收、大学有偿服务所得，不再赘述。下面仅从新时期筹款新理念的角度来探讨大学筹款的举措。

1. 在法律许可的前提下，出租学校“品牌”

大学有自己的社会声誉，体现在社会公众对大学“校名”的信赖与忠诚，形成了以大学校名为特征的“品牌”。这种“品牌”备受社会看重，是可以用来获取资源的资本。大学在充分考察使用大学“品牌”单位实力与社会信誉度基础上，以准许使用自己校名的方式获得相应的资金回报。像哈尔滨工业大学向国家工商总局商标局申请“哈工大”及校徽服务商标，并已经注册成功。哈尔滨工业大学将可以利用这已注册的教育类和科研类商标来获取相应的报酬。

2. 化整为零，让每一个热心教育的人都可以为大学作贡献

大学筹集资金当然要越多越好，但是，大数额的资金提供者毕竟数量不多，如果将目标集中在较大数额的资金上往往很难获得充足的办学资金。“积沙成塔”“集腋成裘”的哲理在这大学筹措资金中将大有所为。通过将大学办学所需资金分摊到各类需要购买的物品上，动员鼓励热心教育事业的个人和组织来认捐这些物品。所谓的“认捐”就是承诺花钱提供这些物品，作为回报，大学可以在认捐的物品上标注认捐人的姓名，让认捐人的美名长留校园。

3. 发动大学成员联络可能给予资助的个人和组织

每一个人都有一定的社会关系，都有相应的社会资本，这些社会资本一方面直接给大学提供资助，另一方面可以间接地给予提供筹资的线索。发动群众能够尽可能挖掘筹款的线索。

4. 以利益分享的理念制定筹款奖励制度

发动全员筹集资金是一个好的做法，但是对于没有义务筹款人员为学校筹集资金作出贡献应该有明确的奖励制度。所以基于利益分享理念的奖励制度对调动全员筹款积极性非常有必要。

5. 以“欲取先予”的战略来诱发和感动可能的资助者

每一所大学在办学资金的运作中，总有一部分没有用到而暂时积淀下来的资金，可以将这一部分资金以短期借贷的方式提供需要应急所用，并且有实力、有信誉、有保障的大企业公司，与企业公司建立良好的合作关系，以期以后获得可能的大数额的资助。

五、交流合作能力与大学核心竞争力

交流与合作的本质是两个或者两个以上地位平等、实力相当的组织间各取所需的互动行为。大学组织能够相互交流与合作，这行为本身就表明了参与其中的大学有自己独特优势，尤其是参与高层次高水平大学之间的交流合作是大学有竞争力的一种外在表征。同时，通过彼此之间的交流合作，能够获取或借鉴对方特长，从而增强自己的办学实力。从大学机构特征来看，大学作为知识创新的场所，只有彼此交流合作才能优势互补，共同发展，提升各自的竞争力。

大学之间的合作交流从主体的地域来分，有国际合作交流和国内大学间合作交流。下面围绕这两个方面做一些探讨。

（一）大学参与国际合作与交流

1. 大学参与国际合作交流的必要性

大学参与各种形式的国际交流合作的必要性来源于两点：其一，任何一个民族都有自己独特先进的文化值得其他民族学习借鉴；其二，经济全球化使得不同民族相互理解与认同成为必然，而处于一国文化顶端的大学组织自然承担起民族间文化交流合作的重担。大学能够参与国际学术文化交流一方面是担负传递民族文化的使命，另一方面是一个国家文化的代表，在国际国内都有着相当高的声誉，从这一层面看，大学有资格与能力参与国际学术文化交流是向兄弟大学展现优势与竞争力的资本。为此，大学参与国际合作交流能力是其核心竞争力的一个重要标志。同时，学术发现与创新的本质决定了学者的交流、碰撞是新思想、新见解产生的催化剂。这就使得大学间国际合作交流尤其必要。

2. 大学参与国际合作交流的策略措施

大学参与国际合作交流的方式有：图书和资料的交流、学者的交流、派遣和接受留学生、联合培养学生、建立联合的研究教育开发机构、国际学术会议等。

大学参与国际合作交流是一个互通有无、互利互惠的事业，是实力相近或对等基础上的学术对话。“弱校无外事”，没有一定的办学实力，等于没有“梧桐树”，是招不来“金凤凰”的。为此，大学要从构筑和提升自身核心竞争力的高度来开展对外合作交流活动。

（1）开发出大学自己的核心课程与教材。每一所着力建构核心竞争力的大学都有自己的看家“学科”，尽可能集中优势师资来开发一种或几种有实力，在国际交流中有竞争力的课程或资料。“以物易物”“以知识换知识”通过互通有无提升大学的办学实力，提升大学在与其他大学竞争中的竞争力。

（2）让大学一流的学者走出去，再引进来。大学都有自己的知名学者，发挥这些知名学者最大的价值，不是将他们放在“家中”悉心供养；而要提供条件，让他们走出去，到其专攻领域处于世界一流水平的大学去进修、研修，再通过这些接触了世界一流大师的学者聘请或邀请专家学者来大学进行学术、教育、教学的交流与合作。

（3）以优惠的待遇派遣和接受留学生。大学拥有国外留学生的数量是一个大学国际化、知名化的一个重要指标。因为来自不同国家与地域的留学生就是一个信息传播窗口，这样的窗口越多，大学被知晓面就越大。而大学被公众知晓度本身就是大学发展的一个重要促进因素。同时，从大学走出去的留学生也是对母校的一个很好宣传。故而，派遣和接受留学生都有利于大学知名度的提升，有助于大学核心竞争力的增强。所以，大学要以优惠的待遇来鼓励学生走出去和吸引国外学生跨进来。

在互派留学生方面，我国大学通常的做法是，“制定相应的国际交流计划，扩大人员交流数量；调整课程结构和内容，大力加强外语教学，加大课程中和学校活动中国际知识、外国文化的比重；提高师资水平和教育、教学质量，为本校与其他国家学校之间学历、学位的相互承认创造条件；选择优势学科重点扶持，提高学校的国际知名度等”。①

（4）利用“外脑”联合培养优秀学生提升自身办学实力。著名的大学因一流的毕业生而出名。为培养优异的毕业生，大学可以借助国外一些知名大学，展开联合培养毕业生，一方面提升学生素质，另一方面国外教育教学方式和理念对大学提升自己办学质量也是一个很好的借鉴。

（5）建立学术研究联盟。建立学术联盟其实就是与国外知名大学建立联合研究、教育、开发机构，共同开展研究教育工作，借助外力来建构自身核心竞争力。

---

① 何天淳．积极推进高等教育的国际交流与合作［J］．求是，2003（9）．

“第三届北航—法国中央理工大学交流研讨会”于6月10日在北京航空航天大学（以下简称北航）开幕，来自双方大学的科学家以及来自政府、企业界、科研机构的代表100余人参会。本次研讨会主要目的是促进两校合作研究的开展，包括35个共同开展研究的项目，其中12个涉及机械/力学与燃烧，16个涉及信息科学，7个涉及材料及纳米科学。研讨会的另一个目标是在北航中法工程师学院建立一个开展科研的实体，这一实体是法国科学研究院认可的科研合作实体形式，如，中国科学研究院的自动化所中法研究室，或者也可以直接利用自动化所中法研究室开展信息科学方面的科研活动。北航中法工程师学院的成立得到法国政府和中国政府的大力支持。这是一所利用法国优质工程教育资源，借鉴和学习法国中央理工大学的强化科学人文基础、突出工程通识教育、重视课堂与实践紧密结合、独具法国特色的工程师教育体系，同时结合北航在教学、科研、管理方面的先进经验，立足培养高水平国际化通用工程师的工程学院。2005年以来，双方在前沿性基础性科学研究方面的合作步伐加快，形成人才培养、科学研究互动机制。①

（6）积极参与国际性学术会议。国际性学术会议上往往聚集某学科国际一流专业人才，提交各自最新的研究成果，大学参与这样的国际会议能够把握某学科最新的发展动态，能够站在前人的肩膀上开展前沿研究。同时，借助国际会议推出大学自己的科研成果，在国际上树立自己的形象。

（7）参加国际性的大学协会或者专业学会。国际性的大学协会或者专业学会方便不同文化背景、不同办学理念、办学模式、教学方式方法的大学能够经常性地交流，这对利用先进大学的做法来提升我国大学核心竞争力也是非常重要的。像“太平洋地区大学校长协会”“21世纪大学协会”等国际组织都是值得加入的。

（二）在国内展开大学合作交流

参与国内一流大学之间的合作交流同样十分重要，其具体的策略可以借鉴国际合作交流的做法。

---

① 赵凤华. 中法大学合作开展35个科技项目研究［N］. 科技日报，2009-06-23（7）.

六、学生就业能力与大学核心竞争力

大学毕业生是贴着大学“商标”的“产品”进入就业市场的，从一所大学走出来的毕业生在就业市场上的就业能力在很大程度上反映着该大学的办学实力。这是市场经济体制下市场信号的作用。在以往计划经济背景下，大学生毕业之后都是由国家分配，毕业生也没有竞争就业的资格与条件，谈不上什么就业能力。到了20世纪90年代，大学毕业生开始自主择业，在就业市场上竞争就业。人才市场的特征通过竞争实现优胜劣汰，把一部分优秀人才筛选出来，将另一部分竞争力不足的毕业生淘汰出局，从而通过人才就业信号将社会的办学资源在大学之间加以重新配置。

在这里引入一个新的概念来反映大学产出的质量，即毕业生就业充分程度，其内涵是就业的岗位及其将来的工作性质与毕业生受教育程度和专业匹配的程度。匹配程度低表明高材低用、大材小用，说明就业充分程度低；反之，表明就业充分程度高。这是反映大学在毕业生就业方面竞争力的重要指标。

就业能力是就业充分程度的基础。所谓的就业能力指在竞争性的人才市场中能够顺利谋求符合自己专业与特长岗位的能力。

如何提高毕业生的就业能力？从人力资源开发的角度来看，就是要基于学生职业生涯发展来全面开发学生的基本素质。学生基本素质包括：外语汉语的应用能力、计算机的应用能力、社会交际能力、自主创新发展的意识与能力、终身学习的意识与能力、专业特长与素质，概括之便是“综合素质好、专业能力强”。同时，培养的毕业生都是通过人才市场的竞争来实现就业。故而，适应人才市场需求趋势也是提高毕业生就业能力的重要因素。基于人才素质结构与就业市场趋势两个方面，本文提出一些建议，以提升学生的就业能力。

（一）通过提高毕业生的素质增强就业能力

提高毕业生素质和增强就业能力的话题，在素质教育的哲学探讨中有相当的阐述，这里结合人力资源开发的观点来做一些探讨。

1. 给学生上好职业规划与设计的第一课

大学要为学生的未来着想，为学生前途策划服务。大学要通过培养一流的人才来提升自己的竞争力，故而，要为学生上好职业规划与设计的第一课，让学生根据自己的智力、禀赋、气质、兴趣与理想来规划好自己的发展方向。在大学新生进校伊始，给学生上好职业规划与设计课，这将有助于大学生在校期间始终围绕职业理想不断提升自身素质。

2. 宽基础精专业的名师授课

学科知识结构是大学生学术素质的核心，而不同素质的教师给予大学生的受益是不一样的。名师授课能够将学科最基本的结构以最明晰的言语加以阐释，能够激发学生深入探究的热情；反之，学术水平不高、教学能力欠佳的教师授课则会熄灭学生刚刚燃起的激情。此外，名师的声望也能给予学生以学科本身之外的吸引力，从而促使大学生积极努力地学习，最终在知识结构上完善起来，增强以后的就业能力。

3. 支持与指导社团活动高质量地展开

大学生的素质建构得益于系统知识的学习与实践的磨炼。大学期间的社团活动是青年学生培养能力、增长见识、陶冶情感最佳的途径，大学通过全力支持与悉心指导学生的社团活动，让积极健康的活动构筑与提升学生具备现代社会所需要的各种素质。

4. 职业规划讲座列为必修的课程

大学对学生职业生涯的设计，围绕职业生涯建构核心能力是提高大学生素质的重要举措。在对大学生进行职业生涯设计时，各种适应时代发展趋势的职业规划的知识需要不断提供给学生。时新的知识以讲座形式得到最为迅速快捷的传播，故而，大学要把职业规划方面的讲座作为学生的必修课。

5. 给学生提供社会实践的条件并跟踪督查

走出大学校园让大学生接触社会、了解社会。在投身社会公益活动过程中，大学生会更真切地感受到自己缺乏什么，应该如何弥补。这些都是在校园学习所体会不到的，是对校园学习体验的一种补充。

同时，大学生参加社会实践是代表大学的形象去的，宣传与传递大学的水平，这也是对大学社会声誉的一个传播。这对学生和大学都是有益的。

6. 加强学生就业指导与应聘技能的开发

学生的就业能力是通过成功的应聘体现出来的，而应聘是一种技能技巧性较强的行为，缺乏或者忽略应聘技能的培养，大学的毕业生即使具有扎实的专业知识、丰富的人文内涵、深厚的情感也不一定会在短短的应聘中得以展现，所以为了提升大学毕业生就业能力，就要加强对学生应聘技能的指导。这种指导的真实价值是建立在毕业生高素质的基础上的。素质是“本”、技巧是“标”，标本兼治，才有效果。

（二）基于把握人才市场的趋势来提升就业能力

通过提高毕业生素质来增强毕业生就业能力，是从根本上解决问题，属于“治本”，但是，“治本”也需要与应急措施的“治标”相结合，“标本兼治”，方可如虎添翼。这里从应急的角度来谈一些提高就业能力的措施。

1. 长期收集人才市场就业信息，把握人才需求趋势

大学的毕业生是通过人才市场就业的，人才市场对人才层次结构、专业结构的需求极大影响大学毕业生的就业效果。所以，大学搜集历年就业市场人才需求结构，对人才需求结构加以分析，从中找出人才需求趋势，为大学调控人才培养规格奠定基础。

2. 针对需求趋势拟定学生的培养方向

了解人才需求趋势之后，大学要以就业市场为导向，有针对性地调整自己的培养方向。宽基础、多技能的素质结构是学生就业能力存在与提升的前提。在围绕就业市场调整的同时，“宽基础、多技能”的原则不能够动摇。

3. 建立用人单位资源库，为毕业生的出路打基础

大学毕业生的主要接受者往往是以前接受过毕业生的单位，这些单位可能每年都有聘人计划，大学与这些单位保持良好的联系，可以带给毕业生更多就业机会。大学主动与这些用人单位沟通信息也有助于调整人才的培养规格，提高毕业生的就业能力。同时，建立了用人单位资源库可以降低搜寻招聘信息的成本。

4. 与兄弟院校签订互用对方毕业生的盟约

大学毕业生就业在发达地区与紧俏部门，形势是供过于求。大学本身也是一个用人单位，在供过于求的现状下，大学要提高本校毕业生在兄弟院校就业的比重，就需要与兄弟院校订立盟约，互用彼此的毕业生，这能够避免“近亲繁殖”，又能够带来对方学校好的风格，便于提升自己培养

人才的规格及其就业能力。

5. 建立校友资源库，开辟毕业生就业的信息通道

在毕业生就业中，由于“亲缘”关系，校友一方面能够提供一些就业信息，另一方面招聘时候往往给予母校的毕业生照顾，所以大学要提高毕业生就业竞争力，就要高度重视校友的价值。大学的毕业生就业指导部门要与校友会或者类似的校友组织联系，定期向校友传递学校发展情况，让校友了解母校、支持母校，在增强母校毕业生就业能力方面作一些贡献。

第七章
反思我国大学核心竞争力的培育与提升

以核心竞争力为价值取向的大学发展研究，是我国大学发展到一定历史阶段的产物，它是我国经济体制与教育管理体制转轨的结果。从新中国建立到20世纪80年代中期的大学是政府培养人才的下属单位，完全取决于政府的统一计划，大学也没有自主发展权；到了80年代中期以后，经济体制改革带来的教育管理体制的改革促使大学从政府的庇护下走向市场办学，我国大学开始思考如何自主发展，直到90年代才开始以“核心能力”或“核心竞争力”为目标来构思大学的发展战略。经济体制的变迁对大学核心竞争力建构的影响是本文不可回避的主题。此外，我国大规模的高校合并与一流大学创建的研究对大学核心竞争力的培育与提升都有影响，本文无法回避这样的现实问题。

下面将分经济体制变迁与大学核心竞争力、一流大学创建与大学核心竞争力、高校合并与大学核心竞争力三方面内容做简要阐述。

第一节　经济体制变迁与大学核心竞争力

大学是社会经济发展到一定阶段的产物，是脱胎于经济发展，大学一旦诞生便以无可比拟的能量推动着社会经济的发展，这也客观地说明大学一方面要受社会经济发展水平、经济体制的制约，另一方面又服务和促进一定社会的经济发展。

我国大学发展经历了两种不同类型的经济环境，从新中国成立到20世纪80年代中期是计划经济时代，与这种经济体制相对应的教育管理体制是以国家指令性计划为特征，具体表现为，“第一，资源使用集中控制，由教育主管部门以行政指令或计划指令的形式调动和配置资源，决定各个高等学校占有资源数量的多少；第二，由政府或教育主管部门对高等学校的运作方式和行为方式做出一系列的正式决定，并由此形成一套严格控制、管理和安排的行为规则；第三，在高等教育的管理中形成一个等级结构，由上级对下级进行垂直管理，上级规定下级的任务并对下级的实绩进行考核；第四，通过政治压力和行政强制等手段保障下级对上级的必要的服从，并通过这种服从模式来防止和制止下级及一般成员的越轨行为的出现”。①

这种计划性管制遏制了大学的自主发展，大学也谈不上核心能力与核心竞争力的培育与提升。随着中国经济体制由计划经济体制转向市场经济体制，教育管理体制也进行了相应的改革，出台了一系列有助于大学自主发展的法规。这些形势对当前我国大学的发展以及核心竞争力的培育与提升有何影响呢？下面作一些简要探讨。

一、大学面临的发展机遇

1985年，中共中央做出了《关于教育体制改革的决定》（以下简称《决定》），明确提出了我国高等教育体制的弊端之一，就是“在教育事业管理权限的划分上，政府有关部门对学校主要是对高等学校统得过死，使学校缺乏应有的活力；而政府应该加以管理的事情，又没有很好地管起来”。在这个《决定》里第一次明确提出了“扩大高等学校办学的自主权”，开创了中国高等教育管理体制改革之路。1993年颁布的《中国教育改革和发展纲要》（以下简称《纲要》）对“扩大高等教育办学自主权”做了明确的规定，“在政府与学校的关系上，要按照政事分开的原则，通过立法，明确高等学校的权利和义务，使高等学校真正成为面向社会自主办学的法人实体。……学校要善于行使自己的权力，承担应负的责任，建立起主动适应经济建设和社会发展需要的自我发展、自我约束的运行机制”。《纲要》为高等教育的自主发展奠定了基础。

《纲要》的法规出台为我国大学自我定向、自主运动、自我发展和自

① 毛亚庆. 论市场竞争下的大学发展战略［J］. 北京师范大学学报（社会科学版），2004（2）.

我约束提供了制度法律保障，使我国大学有条件树立自主自觉意识，制定出符合自身特点的战略规划来培育与提升自己的核心竞争力。

随着市场经济体制的建立、完善，社会公众普遍确立了面向市场办学、自由竞争体现自己实力的价值观念，这种价值观念为大学的发展提供了良好的社会心理氛围。当前的教育管理制度逐步放权，社会公众追求卓越与高质量的价值取向，客观地要求我国大学追求办学绩效、提高办学质量，通过高教市场自由竞争取得与提高自己的发言权。换言之，当前的环境既为大学培育核心竞争力提供有利条件，又给大学施加了压力，迫使大学采取策略来提高自己的竞争能力。

然而，受计划经济体制下办学思维的影响，我国没有很好抓住市场经济体制提供的氛围与教育管理体制改革带来的有利条件，来促进大学更快的发展，也延缓了大学核心竞争力的形成。

二、大学对机遇把握不够

当前，我国的各方面环境都为大学自主发展创造了较好的机会，但是，我国大学领导者缺乏有效措施来抓住这一历史机遇培育核心竞争力，具体表现在如下一些问题上。

第一，在办学资金、办学政策争取上积极性不足。我国大学从计划经济管理体制下脱胎而来，等、靠、要是计划经济体制下特有的习惯与思维。随着市场经济的深入发展，这种固定的思维逐渐被打破，通过市场来办学的思想逐步萌芽。但是，由于长期的倚赖政府形成的定势思维，在办学资金方面，等待外界主动输入的思想依然存在。诚然，政府投资、个人与组织捐资是大学办学资金来源的一个重要方面，但是，以市场为依托，发挥自身的教学、科研和为社会服务能力来多方面筹措资金也是大学筹集办学资金的重要方式。在我国当前的现实条件下，大学培育核心竞争力所需要的办学资金完全依赖于政府与社会组织投入是不现实的。尽管政府采取“烂苹果理论”在中国大学中择优扶持，给予一些大学更多的投入来帮助他们培育与提升核心竞争力，但是，有幸被选中的大学很少。与其消极等待政府与外界的恩宠，还不如自谋出路，通过自身有实力的业务来赚取办学资金，通过革新观念、变更制度，发动大学组织全体成员的社会力量与社会资本来挣得所需要的资金。

同样，在办学政策许可上，我国大学没有通过自身的努力来向有关管理当局提出变更那些阻碍大学核心竞争力培育与提升的制度与政策，没有提出有实际依据与说服力的建议，没有积极主动地利用各种途径向有关当局提出有利于自身发展的政府宏观规划，导致国家的高等教育政策阻碍或无助于自身核心竞争力的建构与提升。当前政府推动的高校“扩招”政策对一些研究性大学办学质量、办学目标规划都造成很大的冲击，一定程度上延缓和阻碍了研究型大学核心竞争力的构建提升。如果大学秉承市场经济独立自主的思维意识，及时向政府提出相应的建议，如，中国高等教育分层战略，一部分一流高校实行“精英教育”，普通高校担负“普及化”任务，中国会有一部分一流大学在务实的积累中造就出核心竞争力。

大学的积极主张与管理当局的政策许可是相辅相成的，大学组织积极的努力与建议能够给大学发展创造良好的政策环境。同时，健康的政策环境又进一步促进大学快速发展。美国大学良好的政策环境往往是通过大学组织不断的主张与建议才逐步确立起来，这对我国大学争取更好的办学政策是一种启发。

第二，大学内部管理革新力度不够。办学资源是大学培育核心竞争力之“躯”，而有效的管理却是大学核心竞争力形成与提升之“魂”。一定意义上讲，大学核心竞争力是办学资源与管理制度有机结合的产物，随办学资源与管理制度的变化而变化。大学组织规模的变化、办学目标与使命的革新都需要大学适时地革新内部管理制度。大学的人事制度、分配制度、奖酬制度这三大管理制度直接关系到大学组织人才资源积极性的发挥。从人才资源潜力发掘的角度看，大学核心竞争力是大学内部人才资源潜能发挥的客观效果。当前，一些大学在这三大管理制度改革方面畏首畏尾，裹足不前，保留着计划经济时代“吃大锅饭”“均等”的旧思想，没有将大学组织内人员的收益与其绩效及能力相挂钩，没有将大学发展前途与个人得失相联系，这在很大程度上制约着组织内人才潜能的发掘。市场经济的价值取向是合法收入水平表征着个人能力与成就，大学不考虑组织内部成员对大学实际贡献的管理制度将会严重影响着一些优异人才潜能的开发，导致人才的流失，从而，最终制约大学核心竞争力的形成或提升。尽管北京大学先知先觉地建立了奖励制度，高额奖励对大学有突出贡献的人员。但是，很多大学在构建自身核心竞争力的同时并没有考虑到同步革新管理制度，调动人员积极性，推进大学发展。

参阅材料

剑桥大学自12世纪创立以来，创建了三十多所学院，学院属于大学，是独立自治的团体法人。学院有各自的领导机构和章程，管理机构由院长同全体或部分院士组成，院长由学院管理委员会推荐或委任。学院对大学的义务只是按学院财富比例向大学缴纳一部分收入，以及在学院内为大学的教授等高级教学人员保留一定的院士席位。①

第三，大学缺乏系统的发展规划。大学核心竞争力的形成与提升是逐步累积的过程。立足自身资源与优势，确立一个主打业务，以主打业务为阵地，围绕这个主打业务在临近的学科或业务领域不断增强自己的办学实力，这是大学不断提升其核心竞争力的战略规划出发点和立足点。大学的主打业务可以是某类学科方面的人才培养，可以是某方面的科研，也可以是某方面为社会的直接服务。发展规划良好的大学往往通过一系列的子项目规划体现和落实大学整体发展规划，各子项目的发展规划兼顾连续性和全局性，使得大学核心竞争力在各项目逐一实现而逐步增强。当前，很多大学发展规划缺乏系统性与连贯性，各阶段各方面的发展规划往往是孤立的，缺乏整体协同性。其中原因，一方面由于我国大学最高领导者频繁地更换；另一方面由于我国大学领导者好大喜功，为了彰显自己的管理绩效，选择了最能立竿见影的发展规划，即短期的“形象工程”，这种规划并不是基于大学核心竞争力整体提升的考虑，甚至不是着眼于大学整体资源潜力的发掘，贪一时之功而错过不断累积自身发展优势的时机。这是我国大学发展中所存在的较为普遍的问题，应该避免。

第四，企业家苦心经营的意识有待于强化。市场经济环境下，我国大学办学所需要的办学资源很大一部分都是通过市场获得，既然要走向市场去竞争，就必然要求大学领导者具有企业家苦心经营的精神。大学领导者要号召全校师生发挥“乐观向上、敢冒风险、敢为天下先”和“追求卓越”的企业家精神，苦心经营，不断开拓，在市场竞争中提升自己的办学能力。创立于1965年的英国沃里克大学（Warwick University，又名华威大学）迅速崛起就是很好的证明。新生的沃里克大学在副校长格理菲斯的领导下，以“乐观向上、敢冒风险、敢为天下先”和“追求卓越”的企业家

---

① 胡春燕. 中西大学的办学理念及其实现的比较研究［J］. 广西大学学报（哲学社会科学版），2002（6）.

精神来苦心经营，终于使得这所年轻的大学在众多大学中脱颖而出。翻开沃里克大学的发展史，我们不难看出这种企业家精神对现代大学发展的贡献。沃里克大学创立于1965年，在1969年由于其“亲企业”的政策导致学生的骚乱，险些关门。经过30年的发展，在英国政府高等教育评估中，一跃进入英国大学排行榜的前列，并以强劲的势头直逼牛津、剑桥、伦敦经济学院、帝王学院，跃居全国第五位（1998年）。是什么使得沃里克这所新生的“绿地大学”超越具有一百多年历史的“红砖大学”呢？是大学领导确立与倡导的企业家精神的开拓精神导致的。以格理菲斯为领导的大学组织成员采取这样的行动：确立与企业联盟的战略；制定“挣得收入的政策”；组建沃里克制造集团，并且创造性地将研究与开发融合为一体，成为世界著名的“研发中心”。同时，强化大学核心领导，拓展学术疆界，创新大学经费来源渠道，创建学术中心，熔铸企业家精神的校园文化，这一系列措施使沃里克大学在激烈的大学竞争中脱颖而出。①

在市场经济体制下，大学发展靠思路靠魄力更靠埋头苦干的精神。我国大学要逐步培育自身的核心竞争力，需要企业家艰苦创业的精神。

“我们必须记住大学靠的是思想，靠的是伟人。”“有些人睡着无关紧要，只要其他人醒着并全力以赴获得丰硕成果就行。”② 我国大学发展需要有一批清醒的人，一批审时度势有魄力有奉献精神的人。当前，我国大学面临一个自由发展的空间，这样的空间随着中国教育管理制度改革的进一步深入，将会进一步扩大，是机会就要抓住，不要在等待中失去发展的契机，不要在彷徨中痛失培育与提升核心竞争力的机遇。

第二节　创建一流大学与大学核心竞争力培育

在我国高教界，“创建一流大学”的呼声比培育我国大学核心竞争力的主张更强。早在20世纪90年代中期就有学者呼吁要创建一流大学，随着江泽民同志在北京大学百年校庆的讲话之后，创建一流大学在中国高教界的呼声变得更大。这种呼吁与主张及其相应的研究成果对我们培育与提升大学核心竞争力有何影响呢？

---

① 洪成文. 企业家精神与沃里克大学的崛起［J］. 比较教育研究，2001（2）.

② 亚伯拉罕·弗莱克斯纳. 现代大学论——美英德大学研究［M］. 徐辉，等，译. 杭州：浙江教育出版社，2001：20.

通过分析“创建一流大学”方面的文献，本人发现创建一流大学很多主张与成果对大学核心竞争力的培育有借鉴价值。当然，也有一些见解不利于大学逐步培育自身办学能力，不利于大学最终核心竞争力的形成与提升。

一、一流大学带来的借鉴

我国对创建一流大学的思考是基于经济全球化带来教育竞争国际化背景、中外大学发展现状比较产生的巨大差距而提出来的。我国大学核心竞争力的构建与提升，也是借鉴核心能力或核心竞争力理论在企业界研究思路与成果而提出的，尽管两者研究的缘由不同，称谓有别，但是，最终的目的是一致的，即把我国的大学建设成为有国际影响力、国内竞争力的大学，争取大学产出绩效高、效果好，发挥有限办学资源最大的功用。可以说，两种发展大学的思路是殊途同归。

既然，两者有同质性，创建一流大学的研究成果就可以借鉴到大学核心竞争力培育与提升的工作中来。截至目前，我国学术界对创建一流大学的研究有如下一些成果可以沿用到大学核心竞争力培育与提升中。

（一）加强优势学科建设

对创建一流大学，一流的学科是公认的标准。像哈佛大学的商学、政治学，斯坦福大学的心理学、电子工程，麻省理工学院的电机工程、计算机工程，剑桥大学的物理学等都位于世界前列。① 在创建一流的学科中，宜通过选择特色优势学科来不断提高自身实力。“世界一流大学也不一定样样都强。比如，哈佛的文科很强，工科就不一定很强。……对于中国大学来说，要想一下子就在很多学科领域齐头并进不太可能，这是由我们的基础决定的。所以，在高水平大学的建设过程中，切忌贪大求全，应该集中力量，在优势学科领域实现突破，并以此为基础，逐渐形成优势学科群。这样经过若干年，一定能在优势学科领域、在世界高水平大学中占有一席之地。”（天津大学校长单平）

优势学科的来源有两种，一种是差异化的特色学科；一种是不同学科

① 蒋家平. 论一流大学的本质性特征［J］. 广西大学学报（哲学社会科学版），2002（3）.

交叉融合产生。在培育大学核心竞争力的过程中，一方面要加强学科交叉，寻求新的生长点、发展点和突破点；另一方面要发挥特色学科的优势。对于这些优势学科要采取重点扶持战略，在资金、人才、政策、管理上给予更多的优惠，使之成为大学发展的“亮点”，由此“亮点”扩展开去，就会形成整体的竞争能力。

一流大学建设优势学科的思想同样对大学核心竞争力培育与提升有参考价值，大学核心竞争力也要通过优势学科建设来不断形成与提高。

（二）以人才为兴校之本

创建一流大学研究的成果显示，一流的人才是大学的立校之本。“一所大学能否成功关键在于看它是否有一流的师资队伍。有了一流的师资队伍才能培养出一流的人才，才会在教学、科研方面取得丰硕的成果。”①“一所大学只有招聘到享有国际声望的教授，才有可能成为世界一流大学。”“只要有一流的学术水平，不管其国籍、种族如何，都争先以非常优厚的条件去礼聘；但如没有合适的人选，则宁缺毋滥，绝不勉强凑合。斯坦福大学有诺贝尔奖获得者 21 人、科学院院士 89 人、工程科学院院士 65 人。麻省理工学院有诺贝尔奖获得者 8 人，科学院院士 76 人、工程科学院院士 53 人。”②

为提高大学办学水平，人才争夺成为全球范围内的重大事件。加州大学圣芭芭拉分校曾因先后从普林斯顿大学挖来全美最权威的“黑洞”专家、从日本挖来世界研究发光二极管的头号专家而轰动全美。中国大学也展开人才争夺，2001 年，清华大学以 10 万美元的年薪，聘请美国工程院院士萨文迪（Gavriel Salvendy）教授作为其新成立的工业工程系的掌门人。

一流大学研究成果可以延伸到大学核心竞争力的培育与提升策略中，我国大学要采取各种手段，或高薪或高职位或发展机会，来引进一流人才，借以发展成为一流学科的学术大师。

（三）培养优秀的人才

研究“创建一流大学”得出的共识是：培养一流人才是一流大学的根本。大学因培养一流毕业生而成名。仅在获得诺贝尔奖的人数方面，牛津

---

① 张凤莲，等．美国经验：成为一流大学的条件［J］．高等教育研究（武昌），1994（1）．
② 张兴．创建一流大学的条件［J］．现代大学教育，2002（6）．

27 人，哈佛 37 人，耶鲁 13 人，小小的加州理工学院竟有 24 人！至于国家科学院院士、著名政治家、银行家、企业家更是层出不穷。

“大学与工厂类似，工厂的产品是一流的，我们就会说这家工厂是一流的。学校的产品是学生，如果一所学校培养的学生在社会上普遍能取得一流的成就，这样的学校就是一流。所以评价学校是否一流，更重要的应看它培养的学生在社会上是不是普遍取得成功，是不是对社会发展作出了一流的贡献。”（中国科技大学校长朱清时）大学教学是培养一流人才的根本途径。“大学应教给学生什么？是创新意识、创新思维、创新方法、创新能力。创新应是大学的办学理念，也是一所大学的灵魂。而这种被称为灵魂的东西，需要教师去传授。大学还应该教给学生做人的道理，教学生如何去做一个有理想、有知识、有能力、有责任感的人。导师不仅应该是学术的引路人，也应该是社会道德、社会良知、社会公正的引路人。”（中国人民大学校长纪保成）

重视人才培养和教学的观念为我国大学培育核心竞争力提供很好的思路，我国大学与国际知名大学相比，在科研设备、科研资金方面都有很大差距，难以在科研方面取得为世人瞩目的成果，我国大学可以凭借扎实的教学能力培养出优秀的本科生。

（四）追求优质的生源

研究“创建一流大学”得出的结论：一流的大学需要一流的生源，因为一流人才的培养借助于一流的生源。大学是研究与传授高深学问的地方，培养人才的过程就是教育对象自主内化高深学问的过程，高素质的生源是完成高深学问学习与内化的前提，这也是一流大学形成的根本原因。大学的发展要从源头抓起，在大学之间已经达成共识。以美国一流大学为例，哈佛大学、普林斯顿大学、耶鲁大学、斯坦福大学、加州理工学院的入学申请接受率分别为 16%、15%、23%、22%、26%。在高等教育发展已经达到普及阶段的美国，这样低的入学申请接受率，说明了一流大学入学竞争之激烈。①“大浪淘沙”，如此高的淘汰率也说明一流大学具有高质量的生源。

借鉴一流大学的优质生源来提高办学实力的思想，在我国很多大学以各

① 张凤莲，等．美国经验：成为一流大学的条件［J］．高等教育研究，1994（1）．

种优惠政策来吸引优秀的新生，为大学核心竞争力的培育奠定基础。

（五）筹集丰富的资金

充足的经费是高校教学活动出人才、科研活动上水平、社会服务出效益的前提条件。有了巨额的经费，可以吸引一流的学者，可以添置先进的仪器设备，可以购买最新的图书资料。一句话，可以为高校的教学、科研及社会服务提供有力的物质保障。

大学培育核心竞争力同样也需要雄厚的资金扶持，中国不同层次的大学从政府和社会获得办学资金有很大的差别，仅有一流大学能够得到政府的“211 工程”和“985 工程”的扶优资金，大多数大学得不到这笔丰厚的办学资金。我国大学要通过市场运作多渠道筹集办学资金，为大学核心竞争力的培育与提升做好资金保障。

（六）追求杰出科研成果

创建一流大学需要有杰出的学术成果。原创性科研成果给整个社会和人类生活带来划时代的转变。一流大学都有重大科研成果，特别是在基础研究方面取得了具有划时代意义的科研成果，如，原子弹的研制，氢弹的聚变技术，电子计算机的存储程序理论，越层雷达传递，电脑记忆代码，电子对抗技术等成果，都出自名牌大学。这些成果反过来使这些大学在世界上更具威望和影响。①

杰出科研成果的追求也是我国大学培育与提升自己核心竞争力的一个重要战略规划，我国大学要从现实问题、现实需要出发，充分利用自身的学科优势与特点，通过重点投资，或与有关单位联盟共同投资开展原创性的研究。

（七）建立科学的管理运行机制

大学运行不仅需要必备的物质资源，良好的管理运行机制也同样必要。大学管理运行机制是有效运作物质资源的“传送带”，没有良好的管理运行机制，即使有一流的物质装备也无法高效运行而产生高质量的产品/成果与服务。“一流大学都具有相对先进规范的科学管理方法。在一

① 陈文村．世界一流大学的特征及其对我们的启示［J］．学位与研究生教育，2000（6）．

流大学中，校长、副校长、教务长分工明确，各司其职；教授团队在学校重大学术性决策中起着关键作用；还采取董事会、理事会等形式，吸收社会著名人士参加管理，共商学校大计，形成一个群策群力、智慧超卓、决策科学、管理民主、精干高效的领导与管理群体。”①

我国大学培育核心竞争力在办学机制方面的努力，可以借鉴一流大学研究成果：① 大学应该制定“宪章”作为大学的基本法。在大学的宪章中，有严格的条款规定大学运作的规则与程序，强调学术标准主导而不是其他标准主导。从组织结构看，大学必须要有校董会，校董会应由具备社会公信力和学术界高等职位的人士组成，具有法律保障的独立自主权限。在校董会下面，大学设置自己的行政架构。制定一套相对透明的、公正、合理的、严格的关于聘请教员和对教员学术水平进行评鉴的规则。② 制定完善的教员评鉴与外部评审制度。对于招聘来的教员，必须定期和不定期对教员学术成就进行评鉴。评鉴教员的学术资格并不由本校决定而是要遵循严格的外部评审制度。由外部的资深学者对教员的学术成果进行匿名评审。②

（八）加强图书馆建设

图书资料的丰富全面是大学教学、科研、社会服务的基本保障。著名的大学都有规模巨大的图书资料系统：美国的哈佛大学以怀德纳图书馆为中心，共有 99 个图书馆，藏书一千一百多万册，期刊六万余种，缩微胶片资料 75 万套，其中的法学院与商学院图书馆在全世界首屈一指。普林斯顿大学有 1 个总图书馆和 16 个分馆，共藏书 250 万册，报刊三万多种，另外，缩微胶卷、唱片、录像带等一百多万件，藏有一些重要军政要员的手稿、文件以及文艺复兴时代的出版物、手稿等。哥伦比亚大学的图书馆藏书 520 万册，期刊七万多种，缩微胶卷十万余种，有 26 个分馆。③

大学要培育自身的核心竞争力也要加大对图书馆建设的投入，更新充实各种图书、杂志、报纸、胶片、文件、手稿等知识载体，让图书馆真正

---

① 蒋家平. 论一流大学的本质性特征［J］. 广西大学学报（哲学社会科学版），2002（3）.

② 晓雨，丁学良. 什么是一流大学的体制［J］. 华侨大学学报（哲学社会科学版），2002（4）.

③ 张凤莲，等. 从美国几所著名大学看世界一流大学的成因［J］. 中国高教研究，1994（1）.

成为教学、科研工作的“思想库”和“动力站”。

（九）确立合理的办学理念

办学理念是大学发展的灵魂，一流大学都有别具一格、科学合理的办学理念，因为，符合自身的办学实力以及未来的价值追求的办学理念是大学发展的推进器。办学理念对大学培育核心竞争力的价值在本章的第二节做了专门阐述，这里省略不再赘述。

（十）扩大合作与交流

大学是传播与创新知识的专门机构，一流大学形成的内在根源取决于知识创新的速度与程度，而知识创新依赖于原有相关知识的积累。各民族各地区大学在长期发展的过程中都形成了各具特色的知识体系，大学之间的相互交流与合作对于促进大学的发展是至关重要的。知识的本性决定了思维的撞击是产生新思想、新思路的前提。国际上一流大学都与外部大学和科研机构开展广泛的交流与合作。

我国大学在培育核心竞争力的过程中，要充分借鉴国际一流大学形成的经验，加强国内外大学之间的合作与交流。当前我国一些大学建立合作联盟，如，北京海淀区十几所知名大学建立教学联盟。

以上十条是当前我国高教界关于一流大学创建的研究对我国大学核心竞争力的培育与提升有借鉴意义的成果或结论。但是，一流大学创建的研究得出的一些结论不利于大学核心竞争力的培育与提升也不容忽视。

二、一流大学带来的误导

创建一流大学研究的成果或结论总的来说，对于大学培育与提升核心竞争力是有借鉴意义的，但是，也有一些看法或结论不利于我国大学核心竞争力的培育与提升，主要有如下几个方面。

（一）一流办学规模对大学核心竞争力培育的误导

国外一流大学几乎都是规模庞大的，这是不容置疑的。尽管有一些小而精的大学跻身一流大学的行列，毕竟是少数。其实，大学“做大”并不是“做强”的前提，大学能否“做强”，关键是看大学发展所处的空间与时间所提供的支撑。反观国外“形体庞大”的一流大学，他们是在长期的历史发展与积淀中，在教育市场充分的竞争下，逐步形成较大的办学规模，这是与它们得到充分的支持相关联的。我国大学如果以“扩大规模”走向强大，其实是不符合现实的，我国经济实力较弱，大学本来规模较小，短时间内扩大办学规模，会遇到办学资金、优质师资、办学设备等诸多的问题，非但不会通过“做大”而“做强”，反而会因各项投入不足而降低大学的办学质量，削弱大学的竞争实力。

培育大学的核心竞争力是大学发展的一个重要思路，这种思路如果借鉴“创建一流大学”的某些成果却可能会误导大学的行动战略，可能在盲目扩大办学规模上丧失竞争优势。一流办学规模成为不少大学培育与提升核心竞争力的不理智选择。

（二）齐全的学科建设对大学核心竞争力培育的误导

国外一流大学多是学科齐全的大学，这也是相当普遍的看法，但是，这种看法移植到我国大学发展中也是不明智的。同样道理，国外大学在自由发展环境中、充分竞争的氛围下，有学术自由的良好风气，自然发展到齐全的学科，是长期历史演化的结果，走的是内涵式发展道路。我国大学要在短时间内通过人为的扩张，建立多而全的学科，这会给大学组织内部的人、财、物造成巨大压力。每一学科的建设都要投入相当人力、物力、财力，大学捉襟见肘的办学资源不足以建设齐全的学科。如果以国外一流大学的标准和形成条件作为我国大学发展的参照，这是不切实际的。

故而，本书要呼吁我国高教界的理论者和实践者从自身实情出发，采取集聚化战略，通过优势特色学科，或可能的交叉学科来逐步积淀办学实力，从而在最终的实力竞争中站有一定地位。

（三）国际一流的愿景对大学核心竞争力培育的挫败

当前我国高教界对一流大学的研究，基本没有涉及层次性“一流大学”的概念，这是国际视野下的一流大学标准，这个标准对于我国大学来说，实在太遥远了，除了北大、清华、复旦等9所首批进入“985工程”名单的大学有能力筹划一流大学建设，更多的属于中国第二方阵的大学将会感到压力太大而无所适从。故而，一流大学的结论或建议对我国大学有效规划自己的发展战略是不利的。放眼国际一流，这对我国绝大多数大学来说都是难以胜任的挑战，以这样的标准来培育大学核心竞争力其实是会挫败大学的自信心的。

基于此，这里主张我国大学建设要采用层次发展的思维，即逐步分层次培育大学的核心竞争力，从地区性核心竞争力上升到全国性核心竞争力，最终发展到国际性核心竞争力水平的大学。这种分步骤、逐步积累的发展思维和战略是引导中国大学不断走向辉煌的可行之路。

通过上述的分析，我们不难发现一流大学的创建与大学核心竞争力的培育都是大学发展的一种思路，核心都是为了提高我国大学办学资源的效益，增强大学的办学实力，为我国经济发展、社会进步作出更大的贡献。它们在很大程度上是同质的，尽管有一些差异，但是，总的来说，两者共性大于个性，殊途同归地揭示出了大学发展的道路。

第三节　高校合并与大学核心竞争力的培育与提升

自1990年1月到2006年3月，我国合并新组建的大学有431所，涉及高等院校1085所。涉及的院校层次从师范学校、大学分校、专科学校、职工大学、普通学院、一般大学到重点大学。合并数量之众、层次之多达到历史之最。

这一次规模宏大的高校合并对我国大学的发展会产生什么样的影响呢？高教界的人士已作了充分探讨。本文将从多个角度来探讨大学合并对大学培育核心竞争力的影响。

一、合并准备不足带来的不利影响

这次高校合并的原因与动力是多方面的，有提高办学资源的效益，有适应政府机构改革理顺行政隶属关系，有人才培养模式转换等因素。① 最重要的莫过于政府的推动。教育部规划司有关负责人在答记者问中更好地说明了这一点。“实施高校管理体制改革为什么要走‘合并’这一步？”因为“这涉及原有高教管理体制的弊端，高校的合并与调整正是针对这些弊

① 徐小洲. 论我国高层次大学合并的利弊与发展策略［J］. 教育研究，2002（8）.

端而实施的一项改革”。① 原国家教委《关于深化高等教育体制改革的若干意见》也指出，“合并学校的目的在于优化某一地区或全国高等教育的结构和布局，合理使用有限的教育资源与经费，提高办学质量和办学效益”。

从相关的文献我们可以看出，已经过去的这次大规模高校合并，政府推动起着不可磨灭的作用。但是，这些合并是否都有充分准备而达到“提高办学质量与办学效益”的初衷呢？情况不容乐观。

“湖北省率先进行合并的是武汉水运工程学院和河运专科学校，在合并以前，两校领导及教职工都不知情，更未参与意见和建议，合并前的一切论证工作均由交通部完成，两校所做的只是接通知，组织实施。”② 这样的现象如果普遍存在，那么对合并后资源整合和高校的发展，将是一个严重的问题。由于缺乏合并的心理动力与预期，毫无思想准备的大学成员难以接受被“兼并”的现实，便会出现心理排斥。加之，领导班子的重组，一部分人权力失落，愈发加剧新校组织成员的离心离德。这对依靠全体组织成员发掘最大潜力才得以形成的核心竞争力是非常不利的。

像武汉水运工程学院和河运专科学校合并在中国这次时间紧规模大的合并风潮中恐怕为数不少。依据大学核心竞争力培育与提升的价值取向来判断，这些并非出于大学组织成员意愿的合并是有欠缺的，不利于大学办学实力最大潜能的发挥，是值得引以为戒的。

此外，这次合并还存在一些不可忽视的问题。“表现在一是对学校合并论证不充分，决策草率。一些松散型合并磨合时间过长、内耗较多，也还有一些距离较远的学校之间的合并造成了管理上的困难。同时也存在以升格为目的简单拼凑的倾向和贪大求全、盲目合并，把精力放在创建‘巨无霸’学校上，等等。”③忽视核心竞争力的培育与提升来推动这次改革，这些都会给合并后的新校逐步提升核心竞争力带来负面的影响。

二、合并带来发展的契机

合并尽管带来一些负面的影响，但是，合并给新校办学资源的扩张是

①③ 左春明．一场深刻的历史性变革——教育部有关负责人谈高校合并［J］．神州学人，2000（10）．

② 段云华．高校合并模式的理性分析［J］．江苏高教，2001（3）．

一个客观现实。办学资源，如，场地、校舍、图书、师资、学科、资金等，都是稀缺的、宝贵的，是大学培育核心竞争力所必需的。具备这些办学资源对培育与提升大学核心竞争力是非常有利的。同时，合并是一系列关系的重组时机，“不破不立”“以破促立”为大学改革提供契机，革新大学理念、制度、行为，从而使新校具有更大的发展潜力与动力。在这里，笔者将围绕本书提出的核心竞争力形成模型，对新大学核心竞争力提升有价值的几方面加以探讨。

（一）合理定位加速大学的发展

这次高校合并从办学实力来划分，有强强合并、强弱合并、弱弱合并三类。强强合并和强弱合并，这两种合并将使新校办学资源更加丰富，为大学进一步发展注入新鲜血液，如，北京大学与北京医科大学合并，清华大学与中央美术学院合并，浙江大学与杭州大学、浙江农业大学、浙江医科大学合并，他们通过合并实力不断增强，逐渐形成更高层次的核心竞争力。合并后，他们给自己的定位是国内一流大学，冲击世界一流大学。

弱弱合并后，新校办学资源的积累也非常可观，有望成为区域最有竞争力大学，如，佳木斯工学院、佳木斯医学院、佳木斯师范专科学校、佳木斯大学合并为新佳木斯大学。合并后的佳木斯大学学科设置涵盖文学、理学、工学、医学、经济、教育、法学、历史、管理九大门类，目前有 17 个硕士学位授予点，1 个国家级试点专业，6 个省级重点专业，10 个校级重点专业，4 个省级重点学科，13 门省级重点课程，50 门校级重点课程，5 个校级重点实验室，在黑龙江省省属高校中规模最大、学科最多、综合实力较强。现在的佳木斯大学定位是省内一流的综合大学。

合并后的大学，要根据自身资源状况，确立合理的办学定位。办学定位从层次看，有研究型大学、教学研究型大学、教学型大学（普通职业人才培养）；办学定位从学科类别看，有综合型、多科型、单科型。围绕办学定位制定适宜的办学理念。办学理念是大学的精神支柱，对于不断培育与提升大学核心竞争力起着精神动力的作用，大凡不断发展的大学都有与其办学定位相适宜的办学理念为精神支持。通过合理定位并确立适宜的办学理念，围绕办学理念采取 CIS 战略策划一系列活动让办学理念成为全体成员的行动指南，促进合并后新校核心竞争力的逐步形成。

（二）有效整合学科资源培养核心竞争力

高校合并给新校带来办学资源的增加是客观必然的，也为大学培育与提升核心竞争力奠定了坚实的资源基础。但是，这些短时间集聚的资源是来自不同的办学文化与实力的大学，需要加以整合才能发挥整体协同作用。如何整合这些资源，不同的资源，如，校舍、资金、学科等，都有不同的办法，这里仅仅探讨与核心竞争力形成最直接的学科资源。合并后新校的学科无论从质量上，还是从数量上都是大大增加，要通过合并同类项、发掘交叉学科、边缘学科为思路来整理这些学科资源。对于一些无法与相近学科组成交叉或边缘学科的弱势学科，根据新校财力及其发展定位做出取舍或者设法加强。一般来说，除非该学科与新校的定位非常相关，否则会淘汰孤立的弱势学科，通过转岗与培训的方式让从事该学科人员迁出该学科。学科整合的重要原则是充分发挥特色、传统与优势学科的力量，加大投资扶持力度来培育与提升该学科竞争力，以学科的竞争力带动大学整体竞争力的提升。

（三）加快组织结构革新促进核心竞争力的形成

高校合并是一次行政管理体制的大变革，借助这个契机可以创建有助于知识创造、传承的大学组织结构。长期以来，我国大学内部管理体制沿用行政等级管理体制，行政权力过大，压抑了学术权力，使得大学这个学术性组织在不符合学术发展的管理体制下艰难行进。稳定的状态下，大学要动手术，削弱行政权力，加大学术权力是很难的，借助这一次管理机构重新确立的好时机，革新原先的组织结构，实行大学权力掌握在学术人的手中，而非行政人员的掌中的学院建制。所谓的学院制，就是像剑桥大学那样，从事学术创造传承与管理的学院是管理的主体，各院系自主决定自己的学科建设、学生招生、教师聘用与管理，各学院是大学学术管理的主体，校级机关仅仅发挥服务与监督的功能，是大学的代表，与外界发生体现大学身份的有关联系。在我国背景下，合并后新校可以采取“校—院—系”三级建制、二级管理的做法，将系的管理工作纳入相应的院，实现“校—院”共管，学术管理以院为主的新的大学管理制度。组织结构上，采取议事、行政、学术三方管理的职能分工的组织结构，参见第三章的大学组织结构。

利用这次高校合并带来的重组机会，建立一个有利于知识传播创造、科研与社会服务的新组织结构，培育自身的核心竞争力，把中国大学推上新台阶。

（四）加强组织文化建设为核心竞争力提升增加动力

高校合并使得不同院校的文化汇聚一校，由于不同院校有不同历史背景、不同价值取向、不同办学模式，来自不同院校的成员自然有思维方式、价值观念、行为特征等方面的差异。这些差异，对合并后的新校而言，既有有价值的一面，因为他们能够给新校建设新文化提供精神养料，便于新校“积众校之长”高屋建瓴地建构大学组织的新文化；但是，更有不利的一面，这些不同的文化会相互碰撞、冲突，造成新校组织成员的心理离散。因而，新校的领导者要充分认识到不同校园文化对新校的冲击，要站在“兼容并包”“思想争鸣”的高度，允许这些差异存在；同时，加快建设源自各校精华的新文化，通过各种途径和方式、采取多样化手段将新校文化传递给大学组织的全体成员，让大学组织的成员在慢慢地接触理解中逐渐接受新文化观念与价值取向和行为方式。一句话，合并后的新校文化建设要平稳，要坚持，要宽容，要主动，这符合思想意识形成的规律，能让组织成员在潜移默化中内化大学组织的新文化。

大学组织新文化被大学内成员所认同和内化，大学的发展将会有不竭的动力，核心竞争力的培育与提升也将具备积极的组织氛围，各项潜能也将被极大地激发出来。总之，高校合并是大学建设新文化的一种机遇，大学领导应该鼎力而为。

（五）着眼运营能力建构支撑核心竞争力的建构

运营能力在本书中指的是教学能力、科研能力、服务能力、筹款能力、交流合作能力、就业能力。这些能力是促使大学形成核心竞争力的必备能力，对于处于市场经济条件下存在竞争的任何一所大学，这些运营能力都是至关重要的。合并后的新校更有条件来建构这些大学必备的能力。因为，高校合并使得多所院校的办学资源与能力统一于一个办学主体，由一套领导班子自由加以调度、运作，这无形降低了交易成本，使得新校更方便、更经济地围绕大学核心竞争力的提升来整合资源，从而建构各种运营能力。合并后，新校要摸清自己拥有这些院校的哪些能力或潜在能力，明白大学注入相应的资源便可以开发哪些潜在能力，清楚大学的办学能力现状便可以借助合理运行机制来不断提升新校的办学能力，提高自身的竞争能力，逐步形成核心竞争力。对于那些本来具有核心竞争力的大学来说，合并后也需要通过将运营能力与管理运行机制相结合来不断提升核心竞争力的层次。

除此之外，高校合并能增强一系列运营能力的原因是名校的“晕轮效应”。这次高校合并，出现强校合并弱校的诸多案例，这种强弱合并，主要有两方面好处，一方面，能够使得强校获取弱校那部分的办学资源；另一方面，弱校办学资源由于强校的良好社会形象能够吸引更优质的生源与师资，原先属于弱校的那部分资源由于得到优质师资与生源而办学潜力大增。因为，大学一系列运营能力的建构归根结底在于能动性的人，一流的生源、一流的师资必然带来办学能力的增强、核心竞争力的形成。

综上所述，高校合并对于大学培育提升核心竞争力是一个契机，能够凭借办学资源的集聚、运行机制的革新、光环效益的辐射带给中国大学更有利的办学环境与条件，应该充分利用这次合并的契机来培育与提升大学的核心竞争力。

三、合并高校的科研能力变迁分析（实证研究一）

（一）评价方法和评价的指标体系

评价高校的办学水平，其中一个重要的指标就是高校的科研能力。本研究采用在企业兼并效益评价中常用的前后比较法分析框架，利用 SPSS 统计分析软件，采用主因素分析法处理高校科研数据，根据因子分析的结果判断合并对高校科研能力的影响。

1. 评价的方法——前后比较法

（1）前后比较法思想。企业界分析兼并有效性的分析框架有成本——收益分析方法、超常收益法、净资产收益率法（“牛鼻子”指标法）、有无比较法以及前后比较法。

前后比较法是指用企业经营能力综合指数（Z）这一指标对兼并前后的变化进行比较评价的方法。前后比较法的思想可以用公式简单地表达为：

$$\Delta Z = ZL - ZF$$

式中 ΔZ 表示兼并前后企业经营能力综合指数的变化；ZF 为兼并前经营能力综合指数值；ZL 为兼并后经营能力综合指数值。

当 $\Delta Z > 0$ 时，表示兼并后企业综合经营能力比兼并前有所提高，则兼并是有效的；当 $\Delta Z \leqslant 0$ 时，则表示该兼并是无效的。

与其他分析框架相比，前后比较法采用综合能力指标作为评价合并效益的依据，比采取单一的盈利指标或股价收益指标等方法更加全面和客观。因此，在本研究中，就采用了前后比较法来分析高校合并前后科研能力的变化情况。

（2）前后比较法评价高校科研能力变迁。由于高校科研能力以及为了合并而投入的成本是包含了多种因素的复杂的社会现象，比如，高校科研能力就包括科研队伍的数量与质量，科研投入资金的多少与科研设备和场地条件，以及学校各类科研成果入论文的、专著的数量和影响力水平。这些因素常常具有不同质性，很难采用“货币”或“股价受益”来衡量其变化，因此，成本——收益法、超常收益法等思想很难用来解决高校合并的有效性问题。前后比较法从企业“综合经营能力指数”入手评价企业兼并的有效性，避免了财务指标的片面性，能够更好地反映合并对企业的综合影响，因此，本研究借鉴前后比较评价法的思想，选取能够反映高校科研能力的各项指标组成高校科研能力综合指标体系，采用因素分析的基本思想，将各原始可测变量进行处理，得到高校科研能力综合指数，通过高校科研能力综合指数在合并前后的变化，判断高校合并的有效性。

2. 高校科研能力评价指标体系

科学研究，简称科研，指人们对科学技术进行有目的的探索和运用，其内容包括创造知识和整理知识①，联合国教科文组织用研究与发展（Research and Development，即 R&D）来表示科学研究的概念，而这一概念已经得到了广泛的认可。

在知识经济时代，高校已经成为知识生产的中心、研究中心和科学技术的发源地，作为高校的一大功能，高校科研能力的高低已经成为评价高校水平的重要指标。而高校的科研能力则由科研势能和科研动能组合而成。科研势能是指高校开展科学研究活动所固有的、潜在的态势，是开展科研活动的基础和条件，其内容包括科技队伍的素质，科研基地、图书资

① 王凭慧．科学研究项目评估方法综述［J］．科研管理，1999（3）．

料等硬件条件，以及科研经费和科研管理能力；科研动能是科技显现能力，包括信息的加工处理能力，学术知识的积累与储备能力，科技创新能力以及科技转化能力。①

自《中国教育改革和发展纲要》提出要加强对我国高等教育的评估之后，有关高校评估的研究就开始多起来。在笔者收集的资料中，最早和最全面的高校科研评估指标体系是1995年由韩彦峰在其论文《主分量法在高校科研工作综合评估中的应用》中提出的，② 韩彦峰在综合分析高校科技统计资料以及科研工作特点的基础上提出，高校科研评估指标体系应当是包括科研投入能力（人力与经费）、科研产出能力（论文、专著等）、人员投入产出效率、经费投入产出效率、技术管理投入产出效率五个方面共26项操作性指标。1996年，华东六省一市开展了六省一市普通高校科研能力综合定量评估工作，其采用的《普通本科高等学校科研能力定量评估指标体系》将高校科研能力分为科研人员投入、经费投入、课题与学术交流、研究成果与水平、科技成果推广与应用、科研基础条件、科研管理七个方面45项指标。③ 2003年，天津市教委科技发展基金资助项目成果《高等学校科研能力评估方法研究》，④ 将高校科研能力分为科研投入、科研活动、科研成果、科研产出与推广率四个因素。

欧美各国科研评估体系也是各具特色。德意志研究联合会（DFG）的高校科研评价指标体系主要包括四个方面：科研队伍情况、高校获得的科研经费与资助数量、高校承担课题项目以及高校发表论文的计量学分析数据。⑤ 英国高等教育拨款委员会（HEFCE）⑥ 通过对高校的科研人员组成、研究人员的主要研究成果、参与研究的学生及提供的奖学金、从学校以外获得的研究经费，其中主要依据高校研究成果水平的高低对科研机构做出评价，并以此为依据确定对高校的拨款水平。

① 朱文藻．高校科研能力评价指标体系的建立及评价［J］．安徽工程科技学院学报（自然科学版），2003（3）．

② 韩彦峰．主分量法在高校科研工作综合评估中的应用［J］．数理统计与管理，1995，14（2）．

③ 蔡吉庆，程理民．高校科研能力评估初探［J］．研究与发展管理，1998，10（2）．

④ 刘兵，王雪莲，戴景新，孟宪春．高等学校科研能力评估方法研究［J］．科学学与科学技术管理，2003（12）．

⑤ 郑英姿，朱星．德国科研机构评估及其启示［J］．中国科学基金，2005（2）．

⑥ 张文和．英国大学教育评估体系概述［J］．宁波大学学报（教育科学版），1999，21（5）．

综合分析已有的科研评价指标体系，笔者发现，高校科研能力虽然是一个复杂的概念，并且在学术界并没有公认的科研能力评价指标，但是，大部分评价体系都反映出，以下一些因素的确与高校科研能力的高低存在密切的关系。

（1）人员投入。科学研究是一种复杂的脑力劳动，学校科研队伍的素质与水平直接决定了高校的科研实力。作为知识生产中心、研究中心和科学技术的发源地，作为高层次专门人才的培养基地，使大学不断向前发展的核心资源是大学的人力资源。清华大学前校长梅贻琦说，“大学者，非大楼之谓也，乃大师也”。拥有一流的大师，意味着有一群知识精英在从事着尖端的科学研究与探索，意味着大学有能力吸引更多优秀人才前来从事学习和科研，意味着学科发展有了强大的人力基础。因此，在考察一所学校的科研能力时，学校科研人员的数量、科研人员的职称情况以及优秀人才的数量是主要因素。

（2）科研经费指标。世界一流的大学大都是在发达国家，这并不是偶然，一流大学的确需要一流的国力来支持和建设，这种支持主要反映在高校经费的数量，经费数量是大学办学条件和办学实力的保证，也是办学实力的集中体现。经费的多寡决定了大学的效能、大学对人才的吸引能力，也决定了学校科研工作开展的深度和广度。在一个公平开放的竞争环境中，高校科研经费的强度还是学校科研实力的一个重要体现，反映了高校在同行中所处的地位；经费额度的大小，也是科研困难程度和科研成果价值的体现。因此，在确定高校科研水平评价指标时，高校科研经费的数量是不可或缺的因素。

（3）科研条件。科学研究是知识高度密集的智力活动，不仅应有一定数量的人才和经费，还需要有一定的设备场所、图书资料，在信息时代，高校信息设备的条件和水平也是一项重要因素。科研基地建设为争取国家和省部级科研任务、完成重大项目、出高水平科研成果等提供了坚实的基础和有力的保证，是培育、造就优秀中青年骨干和学术带头人的摇篮，也是巩固已有优势学科、促进学科间的交叉与综合、推动学科向国际水平迈进的平台。它又是科研顺利实施的重要保障，在创建良好科研环境、吸引人才方面具有重要作用。重点科研基地建设，一方面是学校学术水平的集中体现，担负着学校大部分科研任务，几乎都是博士点和科研流动站的挂靠点；另一方面是学科建设发展、科研成果开展转化的主要力量，特别是与企业共建的科研基地，更是引导大学学科力量进入经济领域，提升企业技术创新能力的重要方法和途径。文献是信息的载体，其中凝结着古今中外的各种知识和智慧，记载着各个领域的大量事实和数据。通过充分利用文献且有效地吸收文献中的信息，科研人员不仅可以优化自己的知识结构，提高认识客观世界的能力，而且能够避免科研重复，加快科研进程，多出科研成果，提高科研质量。因此，文献的投入及其利用能力是构成学术机构科研投入及其利用能力的一个关键因素。在世界已经迈入信息化社会的今天，高校信息网络的发达与畅通，是科研人员从事科研工作的又一不可低估的条件。因此，反映高校科研基础条件的指标应当包括高校科研设备条件、实验室条件、国家重点实验室的数目、图书馆藏情况以及科研网络的情况。

（4）科研活动水平指标。科研课题与学术交流活动能够反映高校科研活动的活跃程度与水平。由于科研课题的层次存在差异，一般来说，经费投入强度大、级别高的科研课题其难度与创造的价值也更大，因此，科研课题的数量与经费也是反映学校科研活动能力的一个重要方面。国际国内的学术交流活动为国内外同行之间交流信息，增进了解有着重要的作用，一个科研机构参与国际国内学术交流的人数本身就体现了科研机构在学术界的影响能力与科研水平，因此，参加国际国内交流的人员数也可以反映高校学术活动的能力和水平。

（5）科研产出指标。不论在国外还是在国内，高校科研成果产出都是评价一所高校的重要依据，有时甚至会成为科研机构评价的唯一依据。科研产出包括科技成果、专利以及科技文献等。①

科技成果是科技活动中具有创新性、经实验验证具有良好的重复性，能够解释一定的自然现象和客观规律，经过同行专家鉴定或评议，或以其他形式得到社会公认，具有一定学术价值、社会价值或经济价值的研究成果。对科技成果评价既要考虑成果总数，又要考虑科技成果获奖次数。专利是专利权的简称，即发明人就自己的某项创造发明向某个国家专利局申请专利，经批准授予专利后，发明人和权利受让人对其发明成果在一定年限内依法享有独占权或专用权。科技文献是在研究与发展活动过程中形成的知识形态产物。科技文献通常以各种出版物，尤其是以科技刊物为媒

① 王文博，赵昌昌．统计学——经济社会统计［M］．西安：西安交通大学出版社，2005：410－424．

介，传播最新信息。因此，科技文献是最直接的科学输出形式之一，是检查基础研究和应用研究成果的重要依据，长期以来，科技文献被公认为科技活动的重要产出内容。随之而生的文献计量法也是评价科研机构能力的重要方法。科技文献主要有这样几类。

① 论文，研究成果在经审议的期刊杂志上发表。

② 著作，研究成果经同行专家评议出版。

③ 学术报告，在重要专业会议上应邀作专题发言、提交经评审的论文或其他报告。

④ 会议记录，研究成果收入经审议的会议记录。

（6）科研效率。评价学校科研能力，不能仅看高校成果数量，还要看科研产出效率。对于高校来说，科研效率可以从人均产出效率与经费使用效率两个角度来分析。在社会统计学中，人均产出效率可以采用科技人员劳动效率来表达：

科技人员劳动效率 = 某调查范围内某时期取得的成果数、专利数、专著数、论文数/R&D 人数

参照人员劳动率计算方法，经费使用效率可以采用下式表达：

科技经费使用效率 = 某调查范围内某时期取得的成果数、专利数、专著数、论文数/R&D 经费数

从上面的分析中可以看出，虽然目前并没有学术界公认的高校科研能力评价指标体系，但是在诸多有关高校科研能力评价的理论与实践中，我们还是可以感受到有一些指标是共同的，能够反映高校科研实力的情况。在本研究中，出于资料收集的考虑，拟采用这样一些指标构成高校科研能力评价综合指标体系，以此为基点分析高校科研能力变化。

表 7－1　高校科研能力评价指标体系

科研能力	科研投入	科研人员总数（X_1）
		高级职称人数（X_2）
		高级职称比例（X_3）
		科研经费总数（X_4）
		人均科研经费（X_5）

续表

科研能力	科研活动	科研课题数（X_6）
		总课题投资金额（X_7）
	学术成果	专著数（X_8）
		科研论文发表总数（X_9）
		国外及全国性刊物论文发表数（X_{10}）
		鉴定成果数（X_{11}）
		技术转让合同数（X_{12}）
		合同收入（X_{13}）
		成果获奖数（X_{14}）
	科研效率	人均论文数（X_{15}）
		万元论文数（X_{18}）

3. 因素分析法与高校科研能力

采用前后比较法分析高校合并前后高校科研能力的变迁，高校科研能力指数的获得非常重要。由于高校科研评价指标体系中各项指标具有异质性，这就使得通过原始数据分析高校科研能力出现了困难，而在多元统计分析中，因子分析的思想以及 SPSS 软件能够帮助我们处理这一问题。

（1）因子分析的基本思想。① 因子分析就是将描述事物性质或特征的一组较多变量用少数几个综合变量（即因子）的线性组合来替代的多元统计分析方法。因子分析的基本思想就是根据原始可测变量之间的相关系数矩阵，导出一个因子个数少于原始变量数、能够反映原始变量间的内在本质联系和事物特性的因子负荷矩阵，因子分析所获得的有关事物的全部信息就蕴藏在这一矩阵中。然后，从因子负荷矩阵元素体现的结构特点出发，取得对因子的解释。也就是说，因子分析的目的就是找出变量之间的内在本质联系，用反映这一本质联系的少数几个基本因子（即公共因子）来描述较多变量需要说明的原因或特性。本研究基于因子分析的思想，根据指标相关性将体现高校科研能力的指标进行分组，同组之间相关性较

① 胡咏梅．教育统计学与 SPSS 软件应用［M］．北京：北京师范大学出版社，2002：147.

高，不同组的变量之间的相关性较低，通过对相关矩阵内部结构关系的研究，找出影响高校科研能力状况的几个综合指标，称之为主因子。根据因子分析结果构建高校科研能力综合指数得分函数，对高校合并前后四年间高校科研能力综合指数的变化判断高校合并的有效性。

（2）因子分析的一般数学模型。因子分析的一般数学模型是：

设有 m 个可测变量 x_1，x_2，…，x_m，它们线性地依赖于 n 个不可观测的变量 f_1，f_2，…，f_n，即它们可以用下式表示：

$$x_i = a_{i1}f_1 + a_{i2}f_2 + \cdots + a_{in}f_n + \varepsilon_i, \quad i = 1, 2, \cdots, m$$

其中 f_1，f_2，…，f_n 称为公共因子；a_{ij}（$i=1$，2，…，m，$j=1$，2，…,n）称为因子负荷；ε_1，ε_2，…，ε_m称为特殊因子。上述模型假定特殊因子 ε_1，ε_2，…，ε_m互不相关（即相关系数为 0），且与公共因子 $f_j(j=1, 2, \cdots, n)$）互不相关。

因子负荷 a_{ij}（$i=1$，2，…，m，$j=1$，2，…，n）是第 i 个变量 x_i在第 j 个公共因子f_j上的负荷（当假定 x_1，x_2，…，x_m，ε_1，ε_2，…，ε_m，f_1，f_2，…，f_n均为标准化变量时，a_{ij}正好是 x_i与 f_j之间的相关系数），它反映了变量 x_i在公共因子 f_j上的相对重要性，同时它也是确定公共因子内涵的依据。

（3）因子分析的一般步骤。①

① 建立关于指标体系的原始矩阵 Z；

② 原始数据标准化，得到标准化矩阵 X；

③ 计算 Z 或者 X 得相关系数矩阵 R；

④ 根据因子方差贡献率，确定因子个数；

⑤ 计算特征向量和初始因子载荷矩阵 A；

⑥ 如果因子意义不明显，不妨对初始因子进行旋转，一般采用方差极大旋转，得到旋转后的主因子解；

⑦ 构造主因子得分和综合因子得分；

⑧ 根据主因子和综合因子得分情况，给出相应的评价。

---

① 廖为鲲，蔡国梁，涂文桃．基于因子分析法的城市经济发展评价［J］．统计与决策，2005（24）．

（二）研究过程和方法

1. 研究过程

在已有的研究中，采用因子分析的思想对国家科技实力、① 国家教育竞争力、② 地区高等教育状况、③ 城市竞争力④进行评价的研究已经有很多。这些研究共同的特点是，由于竞争力或者说能力是包含多个方面、受到多种因素影响的抽象的概念，各个影响因素之间具有异质性，难以比较。通过因子分析对多种因素做归一化处理，根据因子分析的结果找出竞争力的构成要素并计算因子得分，根据因子得分，即可判断竞争力强弱情况。

高校科研能力具有抽象性综合性的特点，会受到科研经费投入、科研人员数量、外部经济条件、学校科研设施等多个方面的影响，表征高校科研能力的指标也存在多样性，因此，因子分析法是分析高校合并前后科研能力变迁的理想方法。因子分析不但可以体现出科研综合实力的变化，通过各个主因素的分析，我们还可以判断到底合并会对高校科研能力的哪些方面造成怎样的影响。借鉴已有的研究，本研究对高校科研能力变迁的影响分析方法如下。

第一步，收集高校合并前一年、合并当年以及合并后两年的科研数据，构成原始数据矩阵。

第二步，将原始数据标准化。在 SPSS 软件中，系统自动将数据标准化，以消除量纲差异带来的影响。

第三步，求出标准化的数据相关系数矩阵 R。

第四步，计算相关系数矩阵的特征根 λ_i（$i=1，2，\cdots，n$）。

第五步，计算各主成分的方差贡献率 a_i（$i=1，2，\cdots，n$）。

第六步，确定主成分，一般要求各主成分的累计方差贡献率大于等于85%，这样所选主成分能解释原始变量中85%以上的信息。

第七步，计算不同年份不同学校的科研能力得分 Z。

第八步，比较同一学校不同年份综合得分对比变化量 ΔZ。

第九步，分析 ΔZ 的变化情况，如果大部分高校合并前后 ΔZ 均为正，

---

① 徐小阳，黄莞苓，李光久. 科技实力国际比较的因子分析［J］. 统计与决策，2003（1）.

② 薛海平，胡咏梅. 国际教育竞争力的比较研究［J］. 教育科学，2006（1）.

③ 张提，张长春，张式芬. 我国高等教育现状的区域比较［J］. 统计与决策，2004（12）.

④ 周春应，黄涛珍. 中心城市竞争力综合评价［J］. 统计与决策，2004（9）.

则说明高校合并对高校科研能力有正面的促进作用，反之，则证明高校合并对高校科研能力有负面的影响。

2. 研究样本的选择

本研究选择了2000年合并的25所高校组成研究的样本：

表7-2 样本高校名录

序号	合并后校名	所属部门	合并前院校	合并时间
1	河海大学	教育部	河海大学 常州水电机械制造职工大学	2000-02-28
2	苏州大学	江苏省	苏州大学 苏州医学院	2000-03-29
3	北京大学	教育部	北京大学 北京医科大学	2000-03-31
4	湖南大学	教育部	湖南大学 湖南财经学院	2000-04-11
5	重庆大学	教育部	重庆大学 重庆建筑大学 重庆建筑高等专科学校	2000-04-11
6	同济大学	教育部	同济大学 上海铁道大学	2000-04-11
7	中南大学	教育部	中南工业大学 湖南医科大学 长沙铁道学院	2000-04-11
8	北方交通大学	教育部	北方交通大学 北京电力高等专科学校	2000-04-11
9	西安交通大学	教育部	西安交通大学 西安医科大学 陕西财经学院	2000-04-11
10	东南大学	教育部	东南大学 南京铁道医学院 南京交通高等专科学校	2000-04-11
11	长安大学	教育部	西北建筑工程学院 西安工程学院 西安公路交通大学	2000-04-11
12	复旦大学	教育部	复旦大学 上海医科大学	2000-04-21
13	武汉理工大学	教育部	武汉工业大学 武汉汽车工业大学 武汉交通科技大学	2000-05-23
14	华中科技大学	教育部	华中理工大学 同济医科大学 武汉城市建设学院	2000-05-23
15	哈尔滨工业大学	国防科工委	哈尔滨工业大学 哈尔滨建筑大学	2000-05-31
16	福建农林大学	福建省	福建农业大学 福建林学院	2000-06-05
17	吉林大学	教育部	吉林大学 吉林工业大学 白求恩医科大学 长春科技大学 长春邮电学院	2000-06-05

续表

序号	合并后校名	所属部门	合并前院校	合并时间
18	河南大学	河南省	河南大学 开封医学高等专科学校 开封师范高等专科学校	2000-06-12
19	郑州大学	河南省	郑州大学　郑州工业大学 河南医科大学	2000-06-12
20	首都医科大学	北京市	首都医科大学 北京医学高等专科学校 北京职工医学院	2000-06-14
21	山东大学	教育部	山东大学　山东医科大学 山东工业大学	2000-07-14
22	武汉大学	教育部	武汉大学　武汉水利电力大学 武汉测绘科技大学 湖北医科大学	2000-07-16
23	北京工业大学	北京市	北京工业大学 北京水利电力函授学院 华北水利水电学院北京研究生部	2000-07-18
24	四川大学	教育部	四川大学　华西医科大学	2000-09-28
25	新疆大学	新疆	新疆大学　新疆工学院	2000-10-20

（三）数据处理与分析过程

课题组采集了合并前一年（1999），合并当年（2000）以及合并后两年（2001、2002）共四年的高校科研数据，形成原始数据矩阵。① 研究中采用的数据来源是中华人民共和国教育部科学技术司主编的《2000 年高等学校科技统计资料汇编》《2001 年高等学校科技统计资料汇编》《2002 年高等学校科技统计资料汇编》《2003 年高等学校科技统计资料汇编》。使用 SPSS 统计分析软件，采用因素分析法处理原始数据。② 因子分析的过程与结果如下。

① 合并前一年数据的处理方式是把合并前各个高校当做“一个学校”，在运算中将如，科研人数、经费数等指标直接相加，效率指标用总的成果数除以人员数或经费数，如，人均论文数 = 参加合并各校论文总数/参加合并各校科研人员总数。

② 原始数据见本书附录。

1. 评价指标相关性分析

表 7-3　指标相关性矩阵

Correlation Matrix

指　标	RD 人数	高职称数	高职称比	总科研费	人均科研	课题数	总课题费	专　著	论　文	内外论文	鉴定成果	技转合同	合同收入	获奖数	国家奖励	人均论文	万元论文
Correlation RD 人数	1.000	0.892	-0.159	0.582	-0.001	0.774	0.557	0.296	0.677	0.664	0.702	0.512	0.162	0.472	0.477	0.094	-0.216
高职称数	0.892	1.000	0.214	0.648	0.124	0.632	0.616	0.306	0.763	0.746	0.644	0.491	0.233	0.534	0.599	0.051	-0.240
高职称比	-0.159	0.214	1.000	0.191	0.425	-0.074	0.166	-0.019	0.153	0.166	-0.111	-0.012	0.162	0.099	0.268	0.372	-0.160
总科研费	0.582	0.648	0.191	1.000	0.719	0.659	0.968	0.287	0.729	0.737	0.295	0.354	0.243	0.280	0.335	0.340	-0.337
人均科研	-0.001	0.124	0.425	0.719	1.000	0.263	0.681	0.077	0.315	0.335	-0.155	0.030	0.137	-0.038	0.071	0.456	-0.395
课题数	0.774	0.632	-0.074	0.659	0.263	1.000	0.641	0.260	0.641	0.664	0.477	0.439	0.120	0.358	0.373	0.116	-0.268
总课题费	0.557	0.616	0.166	0.968	0.681	0.641	1.000	0.291	0.700	0.695	0.267	0.291	0.191	0.227	0.277	0.342	-0.297
专著	0.296	0.306	-0.019	0.287	0.077	0.260	0.291	1.000	0.333	0.329	0.195	0.033	0.014	0.193	0.150	0.106	-0.063
论文	0.677	0.763	0.153	0.729	0.315	0.641	0.700	0.333	1.000	0.985	0.414	0.496	0.214	0.534	0.579	0.566	-0.153
内外论文	0.664	0.746	0.166	0.737	0.335	0.664	0.695	0.329	0.985	1.000	0.382	0.516	0.270	0.497	0.571	0.559	-0.178
鉴定成果	0.702	0.644	-0.111	0.295	-0.155	0.477	0.267	0.195	0.414	0.382	1.000	0.368	0.056	0.681	0.390	-0.123	0.020
技转合同	0.512	0.491	-0.012	0.354	0.030	0.439	0.291	0.033	0.496	0.516	0.368	1.000	0.351	0.297	0.407	0.098	-0.131
合同收入	0.162	0.233	0.162	0.243	0.137	0.120	0.191	0.014	0.214	0.270	0.056	0.351	1.000	0.099	0.327	0.081	-0.097
获奖数	0.472	0.534	0.099	0.280	-0.038	0.358	0.227	0.193	0.534	0.497	0.681	0.297	0.099	1.000	0.634	0.205	0.103
国家奖励	0.477	0.599	0.268	0.335	0.071	0.373	0.277	0.150	0.579	0.571	0.390	0.407	0.327	0.634	1.000	0.244	-0.098
人均论文	-0.094	0.051	0.372	0.340	0.456	0.116	0.342	0.106	0.566	0.559	-0.123	0.098	0.081	0.205	0.244	1.000	0.172
万元论文	-0.216	-0.240	-0.160	-0.337	-0.395	-0.268	-0.297	-0.063	-0.153	-0.178	0.020	-0.131	-0.097	0.103	-0.098	0.172	1.000

从表7－3可以看出，本研究中采用的高校科研能力评价指标间具有不同程度的相关性，但基本能反映出我国高校科研能力。

2. 因子分析的适当性检验

表7－4 KMO检验结果

KMO and Bartlett's Test

Kaiser-Meyer-Olkin Measure of Sampling Adequacy.		0.737
Bartlett's Test of Sphericity	Approx. Chi-Square	1903.074
	df	136
	Sig.	0.000

表7－4为采用SPSS软件进行KMO分析的结果。一般认为，如果KMO值大于0.7，则中等程度的适合做因子分析；如果KMO值大于0.9，则非常适合做因子分析。本研究样本的KMO值为0.737，认为适合做因子分析。另外，Bartlett球形检验的卡方统计量为1903.074，自由度为136，其显著性水平值小于0.01，因而零假设“相关系数矩阵是一个单位矩阵”应当被拒绝，即说明各原始变量之间有共同因素存在，适合用因子分析方法。

3. 因子函数的确定

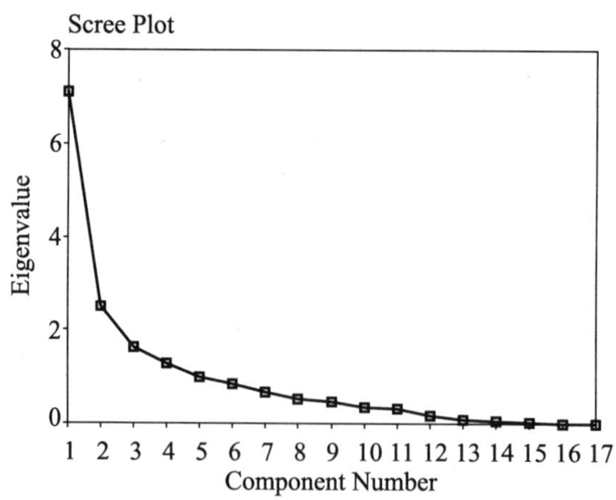

图7－1 碎石图

从碎石图中我们可以看出，当提取了四个因子之后，曲线变得平坦起来。

表 7 - 5 方差贡献率

Total Variance Explained

Component	Initial Eigenvalues			Extraction Sums of Squared Loadings			Rotation Sums of Squared Loadings		
	Total	% of Variance	Cumulative %	Total	% of Variance	Cumulative %	Total	% of Variance	Cumulative %
1	7.108	41.809	41.809	7.108	41.809	41.809	4.615	27.144	27.144
2	2.488	14.635	56.444	2.488	14.635	56.444	3.872	22.777	49.922
3	1.634	9.609	66.053	1.634	9.609	66.053	2.568	15.104	65.025
4	1.272	7.484	73.537	1.272	7.484	73.537	1.447	8.512	73.537
5	0.993	5.840	79.377						
6	0.843	4.960	84.337						
7	0.662	3.893	88.230						
8	0.511	3.006	91.236						
9	0.455	2.677	93.914						
10	0.345	2.030	95.944						
11	0.313	1.843	97.787						
12	0.176	1.033	98.821						
13	9.461E-02	0.557	99.377						
14	6.568E-02	0.386	99.763						
15	1.836E-02	0.108	99.871						
16	1.345E-02	7.912E-02	99.951						
17	8.412E-03	4.948E-02	100.000						

Extraction Method: Principal Component Analysis.

表7－5显示的是按因子分析法求得的所选高校科研能力指标相关矩阵的特征值及其所对应向量的贡献率，其中最大的四个特征值分别是：7.108、2.488、1.634、1.272，它们所对应的权重分别为41.809、14.635、9.609、7.484，在选取四个公共因子的情况下，其累计贡献率已达73.537%，已能反映所选指标的绝大部分信息。由此可得高校科研综合指数的计算公式为：

$$Z = 27.144\% \times F_1 + 22.777\% \times F_2 + 15.104\% \times F_3 + 8.512\% \times F_4$$

4. 因子载荷矩阵

表7－6 因子载荷矩阵

Component Matrix①

指 标	Component			
	1	2	3	4
论文	0.915	7.187E－02	0.177	0.156
内外论文	0.914	0.100	0.160	0.108
高职称数	0.876	－0.240	－5.73E－02	－0.105
总科研费	0.841	0.374	－0.253	7.473E－02
RD人数	0.816	－0.434	－0.274	2.678E－03
总课题费	0.800	0.381	－0.277	0.144
课题数	0.780	－0.114	－0.311	9.626E－02
国家奖励	0.645	－0.175	0.429	－0.275
获奖数	0.591	－0.391	0.438	8.408E－02
技转合同	0.573	－0.226	4.665E－02	－0.372
人均科研	0.398	0.811	－0.166	－6.81E－03
鉴定成果	0.576	－0.612	2.082E－03	5.873E－02
高职称比	0.186	0.525	0.404	－0.310
人均论文	0.357	0.551	0.582	0.306
万元论文	－0.272	－0.273	0.563	0.413
合同收入	0.307	8.272E－02	0.166	－0.637
专著	0.363	－3.73E－02	－9.83E－02	0.446

Extraction Method：Principal Component Analysis.

① 4 Components extracted.

表7－6为经计算的因子载荷矩阵，我们可以看到各因子在很多指标上都有比较大的载荷，为了使因子更加清晰，我们采用最大正交法旋转，得到表7－7。

表7－7　旋转后因子载荷矩阵

Rotated Component Matrix①

	Component			
	1	2	3	4
鉴定成果	0.828	9.349E－02	－9.84E－02	－7.83E－02
RD人数	0.815	0.499	－0.125	－1.83E－02
获奖数	0.761	－8.97E－02	0.337	3.102E－02
高职称数	0.756	0.473	0.118	0.172
国家奖励	0.638	3.325E－02	0.355	0.416
论文	0.608	0.482	0.543	3.419E－02
内外论文	0.583	0.504	0.531	8.107E－02
技转合同	0.554	0.217	4.813E－03	0.408
总科研费	0.266	0.848	0.352	6.124E－02
总课题费	0.229	0.843	0.346	－1.40E－02
人均科研	－0.332	0.701	0.461	0.169
万元论文	0.115	－0.647	0.275	－0.359
课题数	0.558	0.640	3.590E－02	－6.48E－02
人均论文	－3.70E－02	7.843E－02	0.925	－2.00E－02
高职称比	－0.176	6.491E－02	0.534	0.498
合同收入	0.172	0.100	7.462E－02	0.700
专著	0.264	0.284	0.181	－0.398

注：Extraction Method：Principal Component Analysis.

Rotation Method：Equamax with Kaiser Normalization.

经过最大正交旋转后，各主因子的含义就显现出来了。由表7－7可以看出，第一主因子在鉴定成果数、RD人数（研发人员数）、获奖数、国家级奖励数、论文数、高职称人数等指标上有较大的载荷，体现了一所高校的科研人力状况和科研成果的水平，可以将该因子命名为“科研产出能力因子”；第二主因子在科研经费、人均经费、课题经费上有较大的载荷，

① Rotation Converged in 17 iterations.

反映了高校科研经费投入能力情况，可以将之称为“科研经费因子”；第三主因子在高职称人数比与人均论文数上有高载荷，可以将之命名为“科研效率因子”；第四主因子在科技转让合同数与合同收入上有较大的载荷，可以命名为“高校科研服务能力因子”。

5. 因子得分系数矩阵

表 7－8　因子得分系数矩阵

Component Score Coefficient Matrix

指　标	Component			
	1	2	3	4
RD 人数	0. 172	0. 107	－0. 168	－0. 051
高职称数	0. 145	0. 056	－0. 057	0. 072
高职称比	－0. 091	－0. 063	0. 219	0. 324
总科研费	－0. 053	0. 241	0. 033	－0. 046
人均科研	－0. 211	0. 241	0. 122	0. 048
课题数	0. 074	0. 176	－0. 094	－0. 105
总课题费	－0. 060	0. 249	0. 040	－0. 101
专著	0. 040	0. 073	0. 077	－0. 341
论文	0. 089	0. 023	0. 176	－0. 070
内外论文	0. 078	0. 034	0. 163	－0. 034
鉴定成果	0. 230	－0. 055	－0. 087	－0. 075
技转合同	0. 120	－0. 015	－0. 090	0. 280
合同收入	0. 017	－0. 038	－0. 051	0. 510
获奖数	0. 217	－0. 191	0. 153	－0. 021
国家奖励	0. 156	－0. 153	0. 111	0. 263
人均论文	－0. 055	－0. 104	0. 460	－0. 107
万元论文	0. 119	－0. 290	0. 268	－0. 259

注：Extraction Method：Principal Component Analysis.

Rotation Method：Equamax with Kaiser Normalization.

Component Scores.

表 7－8 为因子得分系数矩阵，根据此矩阵，我们可以得到各因子得分计算公式：

F_1 = 0. 172 × 科研人员数 + 0. 145 × 高职称数 － 0. 091 × 高职称比 +… +0. 119 × 经费效率

F_2 = 0. 107 × 科研人员数 + 0. 056 × 高职称数 − 0. 063 × 高职称比 + ··· −0. 290 × 经费效率

F_3 = − 0. 168 × 科研人员数 − 0. 057 × 高职称数 + 0. 219 × 高职称比 + ··· +0. 268 × 经费效率

F_4 = − 0. 051 × 科研人员数 + 0. 072 × 高职称数 + 0. 324 × 高职称比 + ··· −0. 259 × 经费效率

其中 F_1 代表科研产出因子得分，F_2 代表科研经费投入因子得分，F_3 代表科研效率因子得分，F_4 代表科研服务能力因子得分。需要说明的是，各指标得分是标准化后的数据，SPSS 软件会自动完成各因子得分的计算。

表 7 −9 各主成分相关矩阵

Component Score Covariance Matrix

Component	1	2	3	4
1	1. 000	−1. 35E −16	0. 000	0. 000
2	−1. 35E −16	1. 000	0. 000	0. 000
3	0. 000	0. 000	1. 000	1. 167E −16
4	0. 000	0. 000	1. 167E −16	1. 000

注：Extraction Method：Principal Component Analysis.

Rotation Method：Equamax with Kaiser Normalization.

Component Scores.

从表 7 −9 中因子得分的协方差矩阵可以看出，四个公共因子之间是相互独立的，从不同的方面反映了高校的科研能力。

（四）结果分析

1. 高校科研能力变化情况

表 7 −10 高校科研能力综合得分

编　号	校　名	Z_{1999}	Z_{2000}	Z_{2001}	Z_{2002}
1	北京大学	0. 515534	0. 593693	0. 585288	0. 519907
2	北方交通大学	−0. 16865	−0. 25199	−0. 26629	−0. 20487

续表

编　号	校　名	Z_{1999}	Z_{2000}	Z_{2001}	Z_{2002}
3	吉林大学	0.282981	0.230936	0.045148	0.261778
4	哈尔滨工业大学	1.250363	0.535043	0.447955	0.515014
5	复旦大学	0.011823	0.10632	0.108929	0.162164
6	同济大学	0.293425	0.550108	0.395457	0.560697
7	东南大学	0.20691	0.142851	0.138642	0.200587
8	河海大学	-0.2302	-0.28716	-0.21671	-0.17903
9	山东大学	0.305922	0.073082	0.169368	0.294013
10	武汉大学	0.540441	0.286042	0.273201	0.179739
11	华中科技大学	0.2981	0.659548	0.719471	1.023947
12	武汉理工大学	-0.08366	-0.05594	-0.15025	-0.04991
13	湖南大学	-0.34388	-0.3465	-0.31726	-0.26031
14	中南大学	0.246735	0.191558	0.199258	0.346461
15	重庆大学	0.001925	-0.0989	0.02427	0.14862
16	四川大学	0.289819	0.017816	0.224812	0.296186
17	西安交通大学	0.307962	0.222991	0.36199	0.383651
18	新疆大学	-0.43698	-0.54633	-0.5018	-0.51171
19	北京工业大学	-0.38938	-0.29916	-0.26981	-0.1765
20	首都医科大学	-0.60718	-0.60728	-0.62586	-0.58984
21	苏州大学	-0.25391	-0.35728	-0.27904	-0.27571
22	福建农林大学	-0.49054	-0.50015	-0.41436	-0.43647
23	郑州大学	-0.23699	-0.21991	-0.37585	-0.34817
24	河南大学	-0.54634	-0.5486	-0.5783	-0.54022
25	长安大学	-0.32903	-0.39792	-0.34274	-0.20363

注：Z_{1999}、Z_{2000}、Z_{2001}、Z_{2002}分别为各校 1999 年—2002 年科研综合得分，分值的高低代表高校整体科研能力的高低。

表 7－11　各高校科研能力综合得分变化情况

编　号	校　名	Z_{00-99}	Z_{01-00}	Z_{02-01}	Z_{02-99}
1	北京大学	0.078159	－0.0084	－0.06538	0.004373
2	北方交通大学	－0.08334	－0.0143	0.06142	－0.03622
3	吉林大学	－0.05205	－0.18579	0.216629	－0.0212
4	哈尔滨工业大学	－0.71532	－0.08709	0.067059	－0.73535
5	复旦大学	0.094497	0.002609	0.053235	0.150341
6	同济大学	0.256682	－0.15465	0.16524	0.267271
7	东南大学	－0.06406	－0.00421	0.061945	－0.00632
8	河海大学	－0.05696	0.07045	0.037681	0.051172
9	山东大学	－0.23284	0.096285	0.124646	－0.01191
10	武汉大学	－0.2544	－0.01284	－0.09346	－0.3607
11	华中科技大学	0.361447	0.059923	0.304476	0.725846
12	武汉理工大学	0.02772	－0.0943	0.10034	0.033757
13	湖南大学	－0.00262	0.02924	0.056957	0.083572
14	中南大学	－0.05518	0.0077	0.147204	0.099726
15	重庆大学	－0.10083	0.123171	0.124351	0.146695
16	四川大学	－0.272	0.206996	0.071374	0.006367
17	西安交通大学	－0.08497	0.139	0.021661	0.07569
18	新疆大学	－0.10935	0.044538	－0.00991	－0.07473
19	北京工业大学	0.090224	0.029347	0.093314	0.212885
20	首都医科大学	－9.9E－05	－0.01857	0.036019	0.017344
21	苏州大学	－0.10336	0.078242	0.003322	－0.0218
22	福建农林大学	－0.00961	0.085787	－0.02211	0.054072
23	郑州大学	0.017076	－0.15594	0.027682	－0.11118
24	河南大学	－0.00226	－0.0297	0.038074	0.006112
25	长安大学	－0.06889	0.055176	0.139106	0.125394

注：Z_{00-99}、Z_{01-00}、Z_{02-01}、Z_{02-99}分别为各年度高校科研综合得分差值，体现了合并前后高校科研能力的变化，若差值为正，表示高校科研状况有所提升，若差值为负，表示高校科研状况有所下降。

表 7－12 合并前后综合得分之差的均值及正值比率

Z 差值	Z_{00-99}	Z_{01-00}	Z_{02-01}	Z_{02-99}
均 值	－0.05369	0.010507	0.070435	0.027248
正值比率	0.28	0.56	0.84	0.64

注：Z 差值，表示不同年份的综合得分差值；均值，是指综合得分差值的算术平均，表示整体高校科研能力变动的相对程度；正值比率，是指综合得分差值为正的样本数与总样本数的比值。

从表 7－10 中我们可以看出，高校合并年（2000），七成合并高校的科研综合指数在下滑，合并后第一年（2001）科研水平下滑的趋势有所遏制，有近一半的高校科研水平比合并年（2000）有所提升。实现合并后的第二年（2002），高校科研水平回升的趋势非常明显，我们可以看到，有 84% 的高校科研综合指数高于 2001 年。比较 2002 年与 1999 年高校科研综合得分，我们可以看出，到了 2002 年过半的高校科研指数高于未合并年 1999 年，当然，从综合得分差值的算术平均值可以看出，与未合并年 1999 年相比，2002 年高校科研能力增长幅度不大。

2. 合并前后产出能力因子变化情况

表 7－13 高校合并前后科研产出能力因子得分情况

编 号	学校名	$F_{1(1999)}$	$F_{1(2000)}$	$F_{1(2001)}$	$F_{1(2002)}$
1	北京大学	1.1361	0.39803	0.17841	0.26364
2	北方交通大学	－0.67092	－0.85127	－1.45252	－0.99175
3	吉林大学	2.23016	1.37059	0.43517	0.85523
4	哈尔滨工业大学	4.46177	0.5119	－0.45946	－1.36298
5	复旦大学	0.0142	0.19744	0.23395	－0.10342
6	同济大学	0.86913	2.3568	0.46207	0.14859
7	东南大学	0.71843	0.36582	－0.0076	－0.10561
8	河海大学	－0.37025	－0.91351	－0.60787	－0.85992
9	山东大学	1.95043	0.80753	0.87395	0.9997
10	武汉大学	2.0704	1.07813	0.95836	0.43029
11	华中科技大学	0.80508	0.85882	0.57148	0.95771

续表

编　号	学校名	$F_{1(1999)}$	$F_{1(2000)}$	$F_{1(2001)}$	$F_{1(2002)}$
12	武汉理工大学	0.13443	-0.26392	-0.61219	-0.64321
13	湖南大学	-0.63251	-0.91924	-1.41513	-1.0519
14	中南大学	1.23372	-0.12048	-0.52491	-0.93281
15	重庆大学	0.47605	0.1023	0.5967	0.89324
16	四川大学	1.23401	0.21546	0.48506	0.55398
17	西安交通大学	1.35803	-0.11332	-0.15097	0.14293
18	新疆大学	-0.8639	-0.87633	-0.84107	-0.94594
19	北京工业大学	-1.02058	-1.16062	-1.40701	-1.55582
20	首都医科大学	-0.75937	-0.81144	-0.74745	-0.80551
21	苏州大学	0.22474	-0.47243	-0.39152	-0.63962
22	福建农林大学	-0.33507	-0.71023	-0.85673	-0.76607
23	郑州大学	0.59951	0.52804	0.03023	0.01548
24	河南大学	0.94318	-0.76692	-0.64083	-0.75117
25	长安大学	-0.8145	-1.24781	-1.28775	-1.72307

注：$F_{1(1999)}$、$F_{1(2000)}$、$F_{1(2001)}$、$F_{1(2002)}$表示各年高校科研产出因子得分，分值的大小反映高校科研产出水平的高低。

表 7-14　产出因子得分变化情况

编　号	学校名	$F_{1(00-99)}$	$F_{1(01-00)}$	$F_{1(02-01)}$	$F_{1(02-99)}$
1	北京大学	-0.73807	-0.21962	0.08523	-0.87246
2	北方交通大学	-0.18035	-0.60125	0.46077	-0.32083
3	吉林大学	-0.85957	-0.93542	0.42006	-1.37493
4	哈尔滨工业大学	-3.94987	-0.97136	-0.90352	-5.82475
5	复旦大学	0.18324	0.03651	-0.33737	-0.11762
6	同济大学	1.48767	-1.89473	-0.31348	-0.72054
7	东南大学	-0.35261	-0.37342	-0.09801	-0.82404
8	河海大学	-0.54326	0.30564	-0.25205	-0.48967
9	山东大学	-1.1429	0.06642	0.12575	-0.95073

续表

编　号	学校名	$F_{1(00-99)}$	$F_{1(01-00)}$	$F_{1(02-01)}$	$F_{1(02-99)}$
10	武汉大学	-0.99227	-0.11977	-0.52807	-1.64011
11	华中科技	0.05374	-0.28734	0.38623	0.15263
12	武汉理工大学	-0.39835	-0.34827	-0.03102	-0.77764
13	湖南大学	-0.28673	-0.49589	0.36323	-0.41939
14	中南大学	-1.3542	-0.40443	-0.4079	-2.16653
15	重庆大学	-0.37375	0.4944	0.29654	0.41719
16	四川大学	-1.01855	0.2696	0.06892	-0.68003
17	西安交通大学	-1.47135	-0.03765	0.2939	-1.2151
18	新疆大学	-0.01243	0.03526	-0.10487	-0.08204
19	北京工业大学	-0.14004	-0.24639	-0.14881	-0.53524
20	首都医科大学	-0.05207	0.06399	-0.05806	-0.04614
21	苏州大学	-0.69717	0.08091	-0.2481	-0.86436
22	福建农林大学	-0.37516	-0.1465	0.09066	-0.431
23	郑州大学	-0.07147	-0.49781	-0.01475	-0.58403
24	河南大学	-1.7101	0.12609	-0.11034	-1.69435
25	长安大学	-0.43331	-0.03994	-0.43532	-0.90857

注：$F_{1(00-99)}$、$F_{1(01-00)}$、$F_{1(02-01)}$、$F_{1(02-99)}$分别为各年度高校产出因子得分差值，体现合并前后高校科研产出情况的变化，若差值为正，表示高校科研产出有所提升，若差值为负，表示高校科研产出有所下降。

表 7-15　合并前后产出因子得分之差的均值及正值比率

F_1差值	$F_{1(00-99)}$	$F_{1(01-00)}$	$F_{1(02-01)}$	$F_{1(02-99)}$
均值	-0.61716	-0.24564	-0.05602	-0.91881
正值比率	0.12	0.36	0.4	0.08

注：F_1差值是指不同年份的产出因子得分差值；均值是指产出因子得分差值的算术平均，表示整体高校产出能力变动的相对程度；正值比率是指产出因子得分差值为正的样本数与总样本数的比值。

分析：从产出因子变化情况可以看出，在合并年 2000 年高校科研产出受到很大的冲击，与合并前一年 1999 年相比，绝大部分（88%）高校科研产出能力有所下降。合并后第一年 2001 年，高校科研产出能力下降的趋势有所遏制，36% 的高校产出有所提升。合并后第二年 2002 年，高校科研产出比 2001 年又有所好转，体现出回升之势，但是有趣的是，绝大部分高校 2002 年科研产出因子得分都不及未合并年 1999 年的产出因子得分。也就是说，四年中，科研产出表现最好的是未合并年，高校合并后，高校科研产出能力没有提升，反倒明显下降了。

3. 高校合并前后经费投入因子变化情况

表 7－16　高校合并前后科研经费投入因子得分

编　号	学校名	$F_{2(1999)}$	$F_{2(2000)}$	$F_{2(2001)}$	$F_{2(2002)}$
1	北京大学	－0.63391	0.94442	0.10804	1.00034
2	北方交通大学	－0.31368	0.24227	0.28441	0.00098
3	吉林大学	－0.67533	0.42449	0.28685	1.48942
4	哈尔滨工业大学	0.19416	0.48449	2.28929	2.53986
5	复旦大学	0.09899	0.41851	0.6491	0.7433
6	同济大学	0.41147	2.03527	2.10925	2.83169
7	东南大学	－0.2006	0.3162	0.96533	1.22764
8	河海大学	－0.91613	0.14782	0.25344	0.4687
9	山东大学	－1.55821	－0.85334	－0.95255	－0.57278
10	武汉大学	－1.06972	0.05505	0.18357	0.56092
11	华中科技大学	－0.19433	0.24615	1.11327	1.05875
12	武汉理工大学	－0.82695	－0.16728	0.07579	0.5652
13	湖南大学	－0.27678	－0.15857	0.25201	0.27942
14	中南大学	－0.84782	0.17359	0.71806	1.51808
15	重庆大学	－0.46856	0.15095	0.30465	0.55814
16	四川大学	－0.4758	0.07229	0.83826	1.2049
17	西安交通大学	－0.79646	0.6903	1.21645	1.41334
18	新疆大学	－1.49741	－1.82276	－1.07798	－1.24964
19	北京工业大学	－0.29492	0.13851	0.428	0.68954
20	首都医科大学	－1.26327	－0.86807	－0.92597	－0.43461

续表

编　号	学校名	$F_{2(1999)}$	$F_{2(2000)}$	$F_{2(2001)}$	$F_{2(2002)}$
21	苏州大学	-1.41503	-0.61874	-0.23573	-0.10753
22	福建农林大学	-0.8514	-0.52906	-0.63133	-0.71108
23	郑州大学	-0.89177	-0.67341	-0.7839	-0.90459
24	河南大学	-4.09509	-0.47043	-0.94995	-1.01239
25	长安大学	-0.44737	-0.54307	-0.37684	0.17118

注：$F_{2(1999)}$、$F_{2(2000)}$、$F_{2(2001)}$、$F_{2(2002)}$表示各年高校科研经费投入因子得分，分值的大小反映高校科研经费投入水平的高低。

表 7-17　经费因子得分变化情况

编　号	学校名	$F_{2(00-99)}$	$F_{2(01-00)}$	$F_{2(02-01)}$	$F_{2(02-99)}$
1	北京大学	1.57833	-0.83638	0.8923	1.63425
2	北方交通大学	0.55595	0.04214	-0.28343	0.31466
3	吉林大学	1.09982	-0.13764	1.20257	2.16475
4	哈尔滨工业大学	0.29033	1.8048	0.25057	2.3457
5	复旦大学	0.31952	0.23059	0.0942	0.64431
6	同济大学	1.6238	0.07398	0.72244	2.42022
7	东南大学	0.5168	0.64913	0.26231	1.42824
8	河海大学	1.06395	0.10562	0.21526	1.38483
9	山东大学	0.70487	-0.09921	0.37977	0.98543
10	武汉大学	1.12477	0.12852	0.37735	1.63064
11	华中科技大学	0.44048	0.86712	-0.05452	1.25308
12	武汉理工大学	0.65967	0.24307	0.48941	1.39215
13	湖南大学	0.11821	0.41058	0.02741	0.5562
14	中南大学	1.02141	0.54447	0.80002	2.3659
15	重庆大学	0.61951	0.1537	0.25349	1.0267
16	四川大学	0.54809	0.76597	0.36664	1.6807
17	西安交通大学	1.48676	0.52615	0.19689	2.2098
18	新疆大学	-0.32535	0.74478	-0.17166	0.24777

续表

编号	学校名	$F_{2(00-99)}$	$F_{2(01-00)}$	$F_{2(02-01)}$	$F_{2(02-99)}$
19	北京工业大学	0.43343	0.28949	0.26154	0.98446
20	首都医科大学	0.3952	-0.0579	0.49136	0.82866
21	苏州大学	0.79629	0.38301	0.1282	1.3075
22	福建农林大学	0.32234	-0.10227	-0.07975	0.14032
23	郑州大学	0.21836	-0.11049	-0.12069	-0.01282
24	河南大学	3.62466	-0.47952	-0.06244	3.0827
25	长安大学	-0.0957	0.16623	0.54802	0.61855

注：$F_{2(00-99)}$、$F_{2(01-00)}$、$F_{2(02-01)}$、$F_{2(02-99)}$分别为各年度科研经费投入因子得分差值，体现合并前后高校科研经费投入情况的变化，若差值为正，表示高校科研经费投入有所提升，若差值为负，表示高校科研经费投入有所下降。

表 7-18 合并前后经费投入因子得分之差的均值及正值比率

F_2 差值	$F_{2(00-99)}$	$F_{2(01-00)}$	$F_{2(02-01)}$	$F_{2(02-99)}$
均值	0.76566	0.252238	0.28749	1.305388
正值比率	0.92	0.72	0.76	0.96

注：F_2差值：不同年份的经费投入因子得分差值；均值：经费投入因子得分差值的算术平均，表示整体高校科研能力变动的相对程度；正值比率：经费投入因子得分差值为正的样本数与总样本数的比值。

分析：从以上数据可以看出，高校合并后，高校科研投入能力有了极大的增长。合并年（2000），高校科研经费投入因子增长幅度最大，绝大部分学校（92%的学校）科研经费投入因子得分比上年有所增长。合并后两年（2001、2002）增长的势头有所放慢，但是依然保持了增长的势头。比较2002年与1999年经费投入因子，我们可以看出，合并后高校科研投入能力远高于未合并时的投入能力。

4. 合并前后科研效率因子变化

表 7-19 合并前后各年效率因子得分情况

编号	学校名	$F_{3(1999)}$	$F_{3(2000)}$	$F_{3(2001)}$	$F_{3(2002)}$
1	北京大学	0.28515	0.25727	0.7533	0.49486

续表

编　号	学校名	$F_{3(1999)}$	$F_{3(2000)}$	$F_{3(2001)}$	$F_{3(2002)}$
2	北方交通大学	0.00715	−0.44048	0.29026	0.44465
3	吉林大学	−1.20334	−1.54171	−0.58904	0.13092
4	哈尔滨工业大学	−0.23697	0.91414	0.81729	2.48629
5	复旦大学	−0.0806	−0.11638	−0.52201	0.29558
6	同济大学	−0.19773	−2.75452	−0.87802	−0.22272
7	东南大学	−0.02464	−0.64098	−0.60035	−0.37006
8	河海大学	0.24266	−0.27665	−0.46152	−0.09299
9	山东大学	0.40223	0.04976	0.91991	0.53013
10	武汉大学	1.35378	0.08628	−0.10499	−0.15565
11	华中科技大学	1.00037	2.84062	2.15771	4.0002
12	武汉理工大学	0.09433	−0.192	−0.14561	−0.39753
13	湖南大学	−0.65573	−0.33105	0.14518	−0.04329
14	中南大学	0.87461	1.15249	0.94758	1.4918
15	重庆大学	−0.57068	−1.05773	−1.46818	−1.51664
16	四川大学	0.39711	−0.57335	−0.31882	−0.46272
17	西安交通大学	0.46321	0.81096	0.62202	0.34272
18	新疆大学	1.17434	0.93409	−0.12808	0.29213
19	北京工业大学	−0.62718	−0.69365	−0.36005	0.09697
20	首都医科大学	−0.37388	−1.13608	−1.15047	−1.6378
21	苏州大学	0.56759	−0.40295	−0.65701	−0.19863
22	福建农林大学	−1.12032	−1.21188	−0.25088	−0.37857
23	郑州大学	−1.02381	−1.29458	−0.98042	−0.69384
24	河南大学	2.61973	−1.24636	−0.77303	−0.40644
25	长安大学	−0.08994	0.33827	0.47972	1.47515

注：$F_{3(1999)}$、$F_{3(2000)}$、$F_{3(2001)}$、$F_{3(2002)}$表示各年高校科研效率因子得分，分值的大小反映高校科研效率水平的高低。

表 7－20 效率因子得分变化情况

编 号	学校名	$F_{3(00-99)}$	$F_{3(01-00)}$	$F_{3(02-01)}$	$F_{3(02-99)}$
1	北京大学	－0.02788	0.49603	－0.25844	0.20971
2	北方交通大学	－0.44763	0.73074	0.15439	0.4375
3	吉林大学	－0.33837	0.95267	0.71996	1.33426
4	哈尔滨工业大学	1.15111	－0.09685	1.669	2.72326
5	复旦大学	－0.03578	－0.40563	0.81759	0.37618
6	同济大学	－2.55679	1.8765	0.6553	－0.02499
7	东南大学	－0.61634	0.04063	0.23029	－0.34542
8	河海大学	－0.51931	－0.18487	0.36853	－0.33565
9	山东大学	－0.35247	0.87015	－0.38978	0.1279
10	武汉大学	－1.2675	－0.19127	－0.05066	－1.50943
11	华中科技大学	1.84025	－0.68291	1.84249	2.99983
12	武汉理工大学	－0.28633	0.04639	－0.25192	－0.49186
13	湖南大学	0.32468	0.47623	－0.18847	0.61244
14	中南大学	0.27788	－0.20491	0.54422	0.61719
15	重庆大学	－0.48705	－0.41045	－0.04846	－0.94596
16	四川大学	－0.97046	0.25453	－0.1439	－0.85983
17	西安交通大学	0.34775	－0.18894	－0.2793	－0.12049
18	新疆大学	－0.24025	－1.06217	0.42021	－0.88221
19	北京工业大学	－0.06647	0.3336	0.45702	0.72415
20	首都医科大学	－0.7622	－0.01439	－0.48733	－1.26392
21	苏州大学	－0.97054	－0.25406	0.45838	－0.76622
22	福建农林大学	－0.09156	0.961	－0.12769	0.74175
23	郑州大学	－0.27077	0.31416	0.28658	0.32997
24	河南大学	－3.86609	0.47333	0.36659	－3.02617
25	长安大学	0.42821	0.14145	0.99543	1.56509

注：$F_{3(00-99)}$、$F_{3(01-00)}$、$F_{3(02-01)}$、$F_{3(02-99)}$ 分别为各年度科研经费投入因子得分差值，体现合并前后高校效率的变化情况，若差值为正，表示高校科研效率有所提升，若差值为负，表示高校科研效率有所下降。

表 7－21　合并前后科研效率因子得分之差的均值及正值比率

F_3 差值	$F_{3(00-99)}$	$F_{3(01-00)}$	$F_{3(02-01)}$	$F_{3(02-99)}$
均值	－0. 39216	0. 170838	0. 310401	0. 089083
正值比率	0. 24	0. 56	0. 6	0. 52

注：F_3 差值是指不同年份的科研效率因子得分差值；均值是指科研效率因子得分差值的算术平均，表示整体高校科研效率变动的相对程度；正值比率是指科研效率因子得分差值为正的样本数与总样本数的比值。

分析：从合并效率因子变化情况可以看出，高校合并发生当年（2000），高校科研效率严重下滑，正值比例仅为 0. 24，但合并后两年中，高校科研效率迅速回升。比较 2002 年与 1999 年科研效率因子得分，我们可以发现，超过一半的学校科研效率高于未合并年，但从整体上来说合并效率的提升并不明显，也就是说合并对高校科研效率的正面影响比较微弱。

5. 合并前后社会服务因子变化情况

表 7－22　合并高校 4 年间社会服务因子得分

编　号	学校名	$F_{4(1999)}$	$F_{4(2000)}$	$F_{4(2001)}$	$F_{4(2002)}$
1	北京大学	3. 62391	2. 72184	4. 68132	1. 71233
2	北方交通大学	0. 98487	－0. 11245	0. 22742	－0. 0359
3	吉林大学	0. 15506	－0. 05784	－0. 57967	－3. 86966
4	哈尔滨工业大学	0. 36217	1. 73483	－0. 84827	－0. 81123
5	复旦大学	－0. 02825	－0. 29393	－0. 27697	－0. 27854
6	同济大学	－0. 07456	－1. 61129	－0. 91371	－1. 06874
7	东南大学	0. 7203	0. 80293	0. 1352	0. 06494
8	河海大学	0. 49714	－0. 36512	－0. 46671	－0. 45021
9	山东大学	0. 8301	0. 47857	0. 11938	0. 85815
10	武汉大学	0. 20708	－0. 37801	－0. 15144	－0. 48532
11	华中科技大学	－0. 3203	－0. 68942	－0. 17765	－0. 95578
12	武汉理工大学	0. 63384	0. 97268	0. 24266	0. 65781
13	湖南大学	－0. 11873	－0. 12764	－0. 14648	－0. 37457

续表

编 号	学校名	$F_{4(1999)}$	$F_{4(2000)}$	$F_{4(2001)}$	$F_{4(2002)}$
14	中南大学	-0.31883	0.12512	0.41194	0.33563
15	重庆大学	0.77098	-0.01518	0.17229	0.09522
16	四川大学	0.03821	0.34616	-0.58304	-0.69005
17	西安交通大学	0.59662	-0.30506	0.37534	-0.33866
18	新疆大学	-0.45575	-0.40388	-0.10126	-0.1696
19	北京工业大学	0.58207	1.04675	0.81065	0.87066
20	首都医科大学	-0.66792	-0.20807	-0.44988	-0.29166
21	苏州大学	-0.92041	-0.32014	-0.23303	-0.55925
22	福建农林大学	-0.42823	-0.04483	-0.00139	-0.11023
23	郑州大学	-0.49299	-0.16831	-0.67459	-0.48791
24	河南大学	-3.11676	-0.52898	-0.83673	-0.52098
25	长安大学	0.0886	0.15734	0.23711	0.02678

注：$F_{4(1999)}$、$F_{4(2000)}$、$F_{4(2001)}$、$F_{4(2002)}$表示各年高校科研服务因子得分，分值的大小反映高校科研服务情况的好坏。

表 7-23 合并前后高校科研服务因子变化情况

编 号	学校名	$F_{4(00-99)}$	$F_{4(01-00)}$	$F_{4(02-01)}$	$F_{4(02-99)}$
1	北京大学	-0.90207	1.95948	-2.96899	-1.91158
2	北方交通大学	-1.09732	0.33987	-0.26332	-1.02077
3	吉林大学	-0.2129	-0.52183	-3.28999	-4.02472
4	哈尔滨工业大学	1.37266	-2.5831	0.03704	-1.1734
5	复旦大学	-0.26568	0.01696	-0.00157	-0.25029
6	同济大学	-1.53673	0.69758	-0.15503	-0.99418
7	东南大学	0.08263	-0.66773	-0.07026	-0.65536
8	河海大学	-0.86226	-0.10159	0.0165	-0.94735
9	山东大学	-0.35153	-0.35919	0.73877	0.02805
10	武汉大学	-0.58509	0.22657	-0.33388	-0.6924
11	华中科技大学	-0.36912	0.51177	-0.77813	-0.63548

续表

编　号	学校名	$F_{4(00-99)}$	$F_{4(01-00)}$	$F_{4(02-01)}$	$F_{4(02-99)}$
12	武汉理工大学	0.33884	-0.73002	0.41515	0.02397
13	湖南大学	-0.00891	-0.01884	-0.22809	-0.25584
14	中南大学	0.44395	0.28682	-0.07631	0.65446
15	重庆大学	-0.78616	0.18747	-0.07707	-0.67576
16	四川大学	0.30795	-0.9292	-0.10701	-0.72826
17	西安交通大学	-0.90168	0.6804	-0.714	-0.93528
18	新疆大学	0.05187	0.30262	-0.06834	0.28615
19	北京工业大学	0.46468	-0.2361	0.06001	0.28859
20	首都医科大学	0.45985	-0.24181	0.15822	0.37626
21	苏州大学	0.60027	0.08711	-0.32622	0.36116
22	福建农林大学	0.3834	0.04344	-0.10884	0.318
23	郑州大学	0.32468	-0.50628	0.18668	0.00508
24	河南大学	2.58778	-0.30775	0.31575	2.59578
25	长安大学	0.06874	0.07977	-0.21033	-0.06182

注：$F_{4(00-99)}$、$F_{4(01-00)}$、$F_{4(02-01)}$、$F_{4(02-99)}$ 分别为各年度社会服务因子得分差值，体现合并前后高校社会服务水平的变化情况，若差值为正，表示高校社会服务能力有所提升，若差值为负，表示高校社会服务能力有所下降。

表 7-24　合并前后科研服务因子得分之差的均值及正值比率

F_4 差值	$F_{4(00-99)}$	$F_{4(01-00)}$	$F_{4(02-01)}$	$F_{4(02-99)}$
均值	-0.01569	-0.07134	-0.31397	-0.401
正值比率	0.52	0.52	0.32	0.4

注：F_4差值是指不同年份的科研服务因子得分差值；均值是指科研服务因子得分差值的算术平均，表示整体高校科研服务水平变动的相对程度；正值比率是指科研服务因子得分差值为正的样本数与总样本数的比值。

分析：从总体上来说，高校合并后高校科研服务水平呈逐年下滑的趋势，在合并当年高校科研服务有微弱下滑，2001 年、2002 年两年高校科研服务下滑趋势更加明显，2002 年下滑尤为严重。2002 年合并高校整体科研服务能力弱于未合并年 1999 年。

（五）讨论和结论

1. 各高校的整体科研能力在合并前后呈现先降后升的变化

整体而言，各合并高校的整体科研能力在合并前后呈现出先降后升的变化趋势。在合并发生年（2000）大部分高校的整体科研能力下降（17所高校的Z_{00-99}得分为负值，Z_{00-99}的平均值为 -0.05369），此后各合并高校经过两年的“磨合期”，整体科研能力逐步恢复到合并前的水平，并比未合并时有微弱的提升（15 所高校的Z_{02-99}得分为正值，Z_{02-99}的平均值为0.027）。数据分析的结果表明，在大学合并的初期并不会为各合并高校的科研能力带来立竿见影的促进作用，相反，由于合并伊始不同高校必然会经历合并带来的“阵痛”和合并后的“磨合”。因此，合并新组建高校的整体科研能力会出现一定程度的下滑，但是随着大学合并后各方面整合管理的不断完善，各项工作步入正轨之后，各高校的整体科研能力也相应地有所提升，并随着时间的发展逐渐接近并超过合并前的水平。由此可见，大学合并对各高校的整体科研能力的提升会产生积极的影响，但这种影响并非是立竿见影的。

2. 大学合并对高校的科研经费投入能力有积极的影响

数据分析结果表明，从四个主因子的变化情况来看，科研经费投入因子的得分变化是比较独特的，这种独特性在合并当年（2000）尤其明显。在 2000 年，尽管合并高校的科研产出因子、科研效率因子和社会服务因子的得分均呈下滑趋势［$F_{1(00-99)}$、$F_{3(00-99)}$ 和 $F_{4(00-99)}$ 的均值分别为 -0.617、-0.392 和 - 0.016］，独有科研经费投入因子大幅增长［$F_{2(00-99)}$的均值为0.766］，在合并之后的两年中，这种增长趋势有所减少［$F_{2(01-00)}$和$F_{2(02-01)}$的均值分别为 0.252 和 0.287］，但是总体而言，高校合并后科研经费的投入比合并之前有了很大的增长。

从我国 20 世纪 90 年代以来的这场“大学合并”发生的背景和目的来看，这场改革是由政府主导的，在合并之初，中央和地方政府相继投入了大量的资金资源，这在一定程度上保证了合并的顺利开展。在合并高校方面，借由“合并”的发生而聚集并整合原来分属于不同高校和政府的资金和物质资源，无疑为大学自身的进一步发展创造了良好的条件，这也是大学合并对合并高校产生的积极影响之一。

3. 大学合并之后，合并高校的科研产出能力持续下降

因子分析的结果表明，高校科研能力的第一主因素是高校科研产出因子。在合并发生当年，合并高校的科研产出因子得分大幅下降 [$F_{1(00-99)}$的均值为 -0.617]，这也是合并之初高校整体科研能力指数下降的主要原因。在其后的两年间，科研产出依然在下滑，只是下滑的幅度有所减轻 [$F_{1(01-00)}$和$F_{1(02-01)}$的均值分别为 -0.246 和 -0.056]。从这一结果我们可以看出，合并发生之后合并高校的科研产出能力一直处于下滑状态，这一方面使各合并高校的整体科研能力未能得到显著提高，另一方面也提醒着我们有必要认真思考这场大学合并改革所带来的效益和合并高校内部整合管理中存在的问题。大学组织是以知识生产为其重要任务之一的，科研产出能力的下降表明大学合并这场改革并没有在促进大学的知识生产方面发挥出应有的作用；此外，伴随着科研经费投入的大幅度增长，科研产出能力却持续下降，这也能够反映出在大学内部的科研管理机制和政策导向上存在着一定的问题。

四、大学合并的效应分析——从知识生产的角度（实证研究二）

（一）研究背景

正如洪堡提出的那个引人注目的表述，大学所具备的一个独特的特征就是“把科学和设问设想为处理最终无穷无尽的任务——它们从事一个不停的探究过程……”① 知识的生产和转化的提高是大学取得发展的重要标志，而科研能力的变化是其直接的表现。对大学这一“探究的场所”,② 以合并对其“知识生产能力”的影响作为评判合并效应的视角，其必要性也是不言而喻的。从引言中关于合并效应分析的相关研究的介绍中，我们发现学者们较少从“合并大学科研能力变化”的维度对大学合并效益进行实证性的研究，同时，也缺少关于合并效益长期追踪的评价。课题组于 2006 年力图从“合并大学科研能力变化”的维度，对 2000 年合并重新组建的

① 伯顿 · R. 克拉克. 探究的场所——现代大学的科研和研究生教育 [M]. 王承绪，等，译. 杭州：浙江教育出版社，2001：5.

② 伯顿 · R. 克拉克. 高等教育系统——学术组织的跨国研究 [M]. 王承绪，等，译. 杭州：杭州大学出版社，1994：10.

25 所大学的合并效益从自然科学研究状况进行分析，研究结果表明“合并高校整体科研能力在合并前后有微弱的变化，……合并对科研投入有积极的影响，而对社会服务、科研效率等影响不大”①。这一结论从一定程度上可以说明合并所取得的效果，但由于数据只截至 2002 年，② 时间较短，且仅分析了自然科学（科技）的研究状况，未涉及高校的人文社会科学研究情况，研究有待进一步深化。

本研究是对前述研究③的延续，通过合并高校人文社科研究能力的变化情况及其发展趋势（数据至 2005 年）来分析合并高校的效益。在本研究中主要借鉴企业并购效应评估中的“综合经营能力指数评判”思想，对大学知识的生产和成果转化进行量化评价，构建能够反映出高校人文社科科研能力的综合指标体系，借助因子分析的方法对这些抽象的指标进行划一处理，计算得出高校人文社科科研能力综合指数得分作为分析的基础数值，进而从纵向时间序列和横向同类比较两个方面分析 20 世纪 90 年代以来的“大学合并”的效益。

（二）研究过程和方法

1. 研究样本

（1）研究组（合并高校）。自 1992 年以来，全国共有 923 所高校经过合并重组，形成 369 所高校④，其中重点院校和一般院校（本科）271 所（占重组高校的 73.4%）⑤，其中省属院校 221 所，教育部和其他部委直属高校 50 所。2000 年是合并的“高峰年”，经合并后新形成学校 78 所，占合并高校总数的 21.3%，各部委直属院校 24 所，占总数的 48%，省直属院校 54 所，占总数的 21.7%，明显高于其他年份。

---

① 对本研究的详细介绍参见本章第一节“实证研究一：合并高校的科研能力变迁分析”。

② 2003 年以后，教育部科技司组织的高校科技统计中不再对各个学校的具体情况进行统计，故无法获得实际数据。

③ 参见本章第一节“实证研究一：合并高校的科研能力变迁分析”。

④ 中华人民共和国教育部. 1990 年以来高校合并情况［EB/OL］. http://www.moe.gov.cn/edoas/website18/level3.jsp? tablename=621&infoid=19558.

⑤ 中华人民共和国教育部. 教育部批准的高等学校名单、新批准的学校名单［EB/OL］.［2010-01-08］. http://www.moe.gov.cn/edoas/website18/12/info1245740273339612.htm.

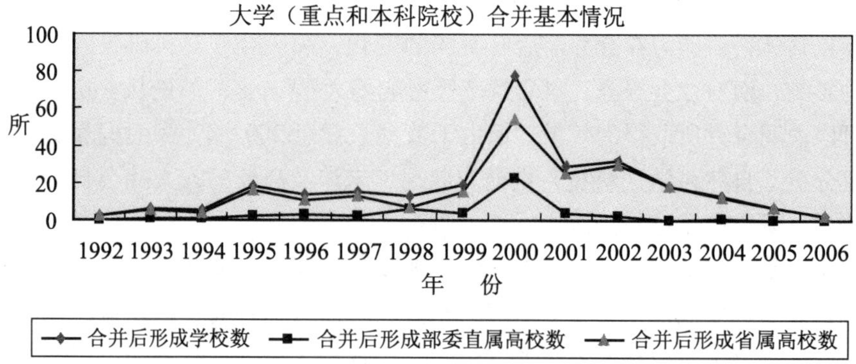

图7－2　大学（重点和本科院校）合并基本情况

本研究样本的选择采用分层随机抽样方法，选取2000年经合并形成的部委直属院校24所作为第一级分层样本。考虑到数据的可获得性和研究结果的典型性与代表性，从这24所学校中随机选取20所中央部委直属院校作为本研究的研究组样本，并从2000年合并的省属高校中随机选择10所作为样本。（如表7－25所示）

表7－25　研究的样本

合并后新形成学校	隶属单位	合并后新形成学校	隶属单位
北京工业大学	北京市	苏州大学	江苏省
福建农林大学	福建省	内蒙古民族大学	内蒙古
贵州工业大学	贵州省	上海中医药大学	上海市
郑州大学	河南省	西南科技大学	四川省
湖南师范大学	湖南省	新疆大学	新疆
北京大学	教育部	吉林大学	教育部
重庆大学	教育部	对外经济贸易大学	教育部
东南大学	教育部	山东大学	教育部
西安交通大学	教育部	武汉大学	教育部
中南大学	教育部	四川大学	教育部
湖南大学	教育部	哈尔滨工业大学	国防科工委
同济大学	教育部	河海大学	教育部
复旦大学	教育部	北京中医药大学	教育部

续表

合并后新形成学校	隶属单位	合并后新形成学校	隶属单位
北方交通大学	教育部	武汉理工大学	教育部
华中科技大学	教育部		

（2）参照样本组的选择。对合并行为带来的效果进行横向的比较，以国家教育部和其他部委直属院校中从未发生过合并行为的学校作为参照样本。目前，我国教育部和其他部委直属院校共有105所，① 从未发生过合并行为的学校有57所，将其进行编号作简单随机抽样，选取其中的20所作为参照样本组。最终确定的结果如表7－26所示。

表7－26　参照样本组

学校名称	隶属单位	学校名称	隶属单位	学校名称	隶属单位
北京林业大学	教育部	南京农业大学	教育部	北京航空航天大学	国防科工委
北京师范大学	教育部	北京理工大学	国防科工委	合肥工业大学	教育部
北京邮电大学	教育部	中国地质大学	教育部	华中农业大学	教育部
北京外国语大学	教育部	天津大学	教育部	南京大学	教育部
大连理工大学	教育部	中央民族大学	国家民委	中国海洋大学	教育部
东北林业大学	教育部	西南交通大学	教育部	中国人民大学	教育部
哈尔滨工程大学	国防科工委	厦门大学	教育部		

2. 研究指标的确定

结合目前国内公开发表的统计年鉴（教育部社政司，1998—2005）数据公布的维度，在本研究中，确定了如下指标用以评估高校科研能力：科研人员总数、高级职称人数、高职称比例、科研发展经费总数、人均科研经费、研究课题总数、当年拨入课题经费、专著数、发表学术论文总数、在国家级和国外学术刊物发表论文数、鉴定成果数、成果提交有关部门

① 该数据是根据全国普通高校名单（截至2006年5月15日）整理而得，其中包括教育部直属院校73所，国家民委、国防科工委、外交部等部委直属院校33所. 数据来源：http://www.moe.gov.cn/edoas/website18/12/info1245740273339612.htm.

数、成果获奖数、国家级和省部级奖励数、人均论文数、人均获奖数、人均鉴定成果数、百元论文数、百元获奖数、百元鉴定成果数。

本研究收集的数据为前述所有样本（包括合并高校和未合并高校）1999 年到 2005 年的各项指标原始数据,① 原始数据来源于中华人民共和国教育部社政司主编的《高等学校人文社科研究统计资料汇编（1999—2005）》。

3. 因子分析

因子分析是将描述事物性质或特征的一组较多变量用少数几个综合变量（即因子）的线性组合来替代的多元统计分析方法，其目的是要找出变量之间的内在本质联系，用反映这一本质联系的少数几个基本因子（即公共因子）来描述较多变量需要说明的原因或特性。

（1）公共因子的提取。本研究样本的 KMO 值为 0.791，适合做因子分析。采用主成分分析法提取公共因子，其中最大的五个特征值分别为：7.489、3.026、2.487、1.857 和 1.305。它们所对应的权重分别为 37.446%、15.128%、12.434%、9.285%、6.524%，在选取五个公共因子的情况下，其累计贡献率已达 80.6395%，已能反映所选指标的绝大部分信息。对因子载荷矩阵采用方差极大正交转轴法进行旋转，旋转后得到的载荷矩阵如表 7－27 所示。

表 7－27　旋转后因子载荷矩阵（旋转方法：方差极大正交转轴）

	Component				
	1	2	3	4	5
科研发展经费总数	0.925	0.147	－0.082	－0.018	－0.020
当年拨入课题经费	0.901	0.133	－0.027	－0.036	0.023
研究课题总数	0.893	0.073	－0.004	0.141	0.093
发表学术论文总数	0.887	0.072	0.057	0.267	0.167
高级职称人数	0.873	－0.047	0.048	0.217	0.269
专著数	0.818	0.015	－0.003	0.159	0.449

① 合并前一年的数据处理方式是把合并前各个高校当做“一个学校”，将参加合并的各校科研指标相加，合并为一个记录。由于资料获取存在困难，本研究数据中缺少 2004 年的数据，但是从研究结果来看，对结论的得出并不存在显著影响。

续表

	Component				
	1	2	3	4	5
科研人员总数	0.817	-0.191	0.095	0.236	0.229
在国家级和国外学术刊物发表论文数	0.733	0.016	-0.059	0.064	0.175
高职称比例	0.027	0.878	0.003	0.127	0.083
人均论文数	-0.069	0.827	0.011	0.073	-0.020
人均科研经费	0.375	0.743	-0.102	-0.087	-0.118
人均鉴定成果数	0.015	0.642	0.098	-0.022	0.606
百元获奖数	0.037	-0.032	0.959	0.046	-0.082
百元论文数	0.032	-0.023	0.948	0.007	-0.100
百元鉴定成果数	-0.075	0.034	0.772	-0.017	0.192
成果获奖数	0.209	0.023	0.001	0.925	-0.018
国家级和省部级奖励数	0.331	0.069	0.031	0.846	0.033
人均获奖数	-0.059	0.650	0.005	0.675	0.022
成果提交有关部门数	0.460	0.061	0.006	-0.039	0.755
鉴定成果数	0.308	-0.061	-0.025	0.041	0.741

（2）公共因子命名。根据此前的因子载荷矩阵，可以看出，所提取的五个公共因子分别能够解释以下指标，根据这些指标情况，对各公共因子依次命名（见表7－28）。

表7－28　公共因子及其所能解释的指标

公共因子	因子命名	所能解释的指标
F_1（公共因子1）	科研投入	科研人员总数、高级职称人数、科研发展经费总数、研究课题总数、当年拨入课题经费
F_2（公共因子2）	科研人员效率	高职称比例、人均科研经费、人均论文数、人均鉴定成果数、人均获奖数
F_3（公共因子3）	科研经费效率	百元论文数、百元鉴定成果数、百元获奖数

续表

公共因子	因子命名	所能解释的指标
F_4（公共因 子4）	科研成果获奖情况	成果获奖数、国家级和省部级奖励数
F_5（公共因子5）	科研成果转化	专著数、成果提交有关部门数、鉴定成果数

（3）计算公共因子得分。根据得分矩阵可以得出各个公共因子得分的计算函数，如下所示：

$$\begin{cases} F_1 = 0.114 \times x_1 + 0.122 \times x_2 - 0.015 \times x_3 + \cdots - 0.040 \times x_{19} + 0.027 \times x_{20} \\ F_2 = -0.097 \times x_1 - 0.046 \times x_2 - 0.303 \times x_3 + \cdots + 0.012 \times x_{19} + 0.003 \times x_{20} \\ F_3 = 0.033 \times x_1 + 0.016 \times x_2 + 0.008 \times x_3 + \cdots + 0.311 \times x_{19} + 0.392 \times x_{20} \\ F_4 = 0.059 \times x_1 + 0.034 \times x_2 - 0.013 \times x_3 + \cdots - 0.019 \times x_{19} - 0.007 \times x_{20} \\ F_5 = 0.028 \times x_1 + 0.036 \times x_2 + 0.002 \times x_3 + \cdots + 0.123 \times x_{19} - 0.078 \times x_{20} \end{cases}$$

由因子得分函数我们可以计算出各年度各类型高校的因子得分，而根据综合判定公式 $Z = a_1F_1 + a_2F_2 + a_3F_3 + a_4F_4 + a_5F_5$（余建英等，2003），可以得出各高校在科研能力的综合得分：

$$Z = 37.446\% \times F_1 + 15.128\% \times F_2 + 12.434\% \times F_3 + 9.285\% \times F_4 + 6.524\% \times F_5$$

4. 比较分析

（1）合并学校在不同年份的科研情况变化比较。以各年份各合并的部属高校的综合得分和各个公共因子得分为分析数据，运用 LSD（最小显著差异法）进行单因素方差分析，比较不同年份各学校的科研得分是否存在显著差异。

（2）合并与未合并学校在不同年份的科研情况变化比较。以各年份各所学校的科研综合得分和各个公共因子得分为分析数据，运用 LSD（最小显著差异法）和 S-N-K（q 检验）显著性检验法进行多因素方差分析，比较不同年份间合并与未合并学校的科研变化情况是否存在显著差异。

（三）数据分析结果

1. 中央部委直属高校合并前后科研变化情况

（1）中央部委直属高校合并前后“科研能力”整体变化情况。根据科研综合水平得分情况，由图 7 - 3 可知，自 2000 年合并发生以来，合并的中央部委直属高校的“科研综合能力”呈现出逐年提高的发展态势，与未发生合并的中央部委直属高校比较而言，两条线基本上平行，但合并高校“科研综合能力”的提高幅度更大一些，自 2000 年到 2005 年“科研综合能力”得分分别提高 0.47 和 0.26。

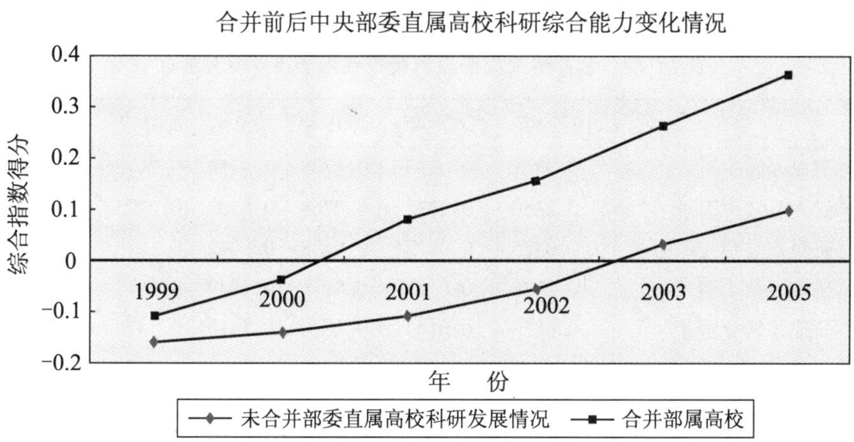

图 7 - 3　合并前后中央部委直属高校科研综合能力变化情况

将这 20 所学校作为一个整体，通过 LSD 法进行单因素方差分析，比较不同年度科研整体变化情况。根据变量的 Homogeneity 检验方法得出相伴概率为 0.126（>0.05），可以认为各组的总体方差相等，满足方差检验的前提条件。由 LSD 法多重比较的结果可知，1999 年各高校的总体科研水平（*Z* 分数）与 2002 年、2003 年、2005 年均存在显著差异（相伴概率分别为：0.010、0.009 和 0.001），而与 2000 年、2001 年之间并不存在显著差异（相伴概率分别为：0.619 和 0.137）。由此可知，在大学合并发生之后的 2000 年和 2001 年，各参与合并高校的科研水平并没有发生变化，自 2002 年以后，合并高校的科研整体水平才有所提高。

（2）中央部委直属高校合并前后各个科研公共因子变化情况。本研究采用主成分分析法提取了五个公共因子，分别表征高校科研的整体投入情况、科研人员效率、科研经费效率、科研成果获奖情况和科研成果转化情况。表7－29列出了合并中央部委直属高校各个公共因子的逐年得分情况，图7－4表示的是参与合并的中央部委直属高校在合并前后其各个公共因子得分的均值变化情况。由表7－29和图7－4可知，中央部委直属高校的科研整体投入水平在合并后逐年提高，各高校的科研人员效率自2000年至2002年有了明显的提高，并以2002年为转折点，其后科研人员效率逐年下降；而科研经费效率则在合并前后没有显著变化（2005年的科研经费效率因子得分均值比2000年的降低了0.02）。无论是科研成果获奖情况还是科研成果转化情况，从因子得分的结果来看，自2000年高校合并以来均逐年呈现下降趋势。

表7－29 合并中央部委直属高校各因子逐年得分情况

	1999年	2000年	2001年	2002年	2003年	2005年
科研投入因子	－0.2301	0.0236	0.1705	0.3759	0.7478	1.0846
科研人员效率因子	0.2850	0.2675	0.0768	0.8502	0.2995	0.0729
科研经费经费效率因子	0.0335	0.0928	0.0838	0.1042	0.1226	0.0567
科研成果获奖因子	0.2726	0.0683	0.3575	0.1049	0.2672	0.4069
科研成果转化因子	0.0250	0.0144	0.1020	0.1418	0.3420/	0.1469
综合得分	－0.1075	－0.0377	0.0803	0.1554	0.2630	0.3627

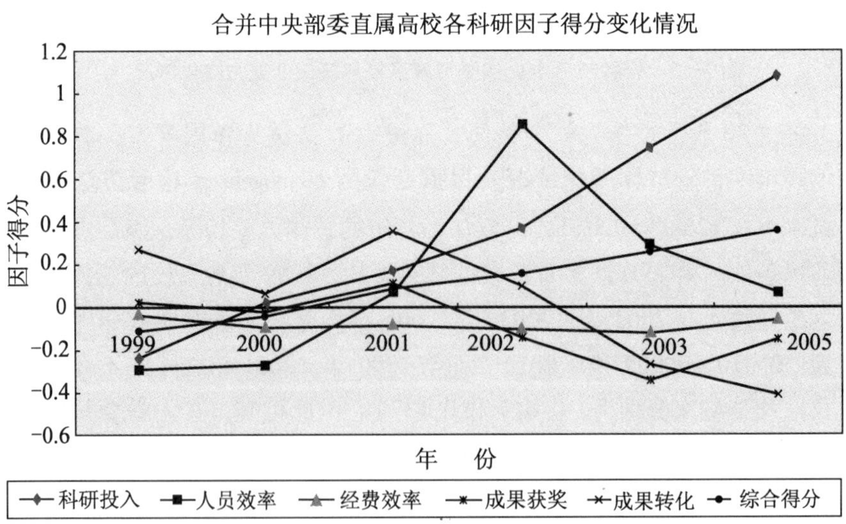

图7－4 合并中央部委直属高校各科研因子得分变化情况

2. 省属高校合并前后科研能力变化情况

（1）省属高校合并前后“科研能力”整体变化情况。根据科研综合水平得分情况，本研究样本选择的10所参与合并的省属高校的“科研能力”综合得分均值的变化情况如图7－5所示。由图7－5可知，自2000年以来，省属高校的“科研能力”整体水平逐年提高，但总体而言变化并不明显。此外，省属高校的“科研能力”整体水平明显低于中央部委直属高校的“科研能力”整体水平。

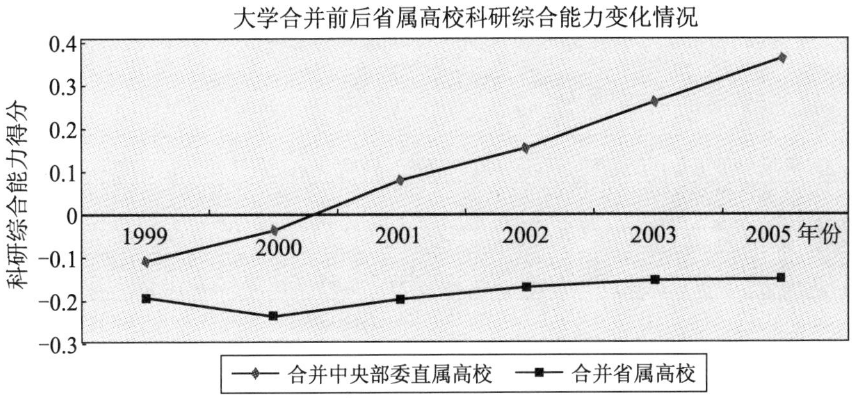

图7－5 合并前后省属高校科研总体水平变化情况

将这10所学校作为一个整体，通过LSD法进行单因素方差分析，比较不同年度起科研整体情况的变化情况。根据变量的Homogeneity检验方法，可知，相伴概率为0.063（>0.05），因此可以认为各个组的总体方差是相等的，满足方差检验的前提条件。从LSD法多重比较的结果可以看出，各高校的总体科研水平逐年之间均不存在显著差异，由此可知，尽管从均值变化来看科研整体水平有所提高，实际上，自2000年大学合并以来，省属高校的整体科研水平并未发生显著变化，不同学校分别有所变化。

（2）省属高校合并前后各个科研公共因子变化情况。由图7－6可知，自2000年以来，省属合并高校的科研投入水平逐年提高，与“科研能力”综合水平的发展情况两条线几乎平行，表明科研投入水平的提高对科研整体水平的提高有一定的影响。在科研效率方面，各高校的科研人员效率总体而言有一定的提高，虽然在2002年略有下降；各高校的科研经费效率在合并发生当年（2000—2001）明显地出现下降，随后几年保持稳定。在科研成果的产出方面，科研成果获奖情况与科研成果转化二者之间呈交替变化的景象，总体而言，科研成果获奖情况基本保持不变，而科研成果转化则略有下降。

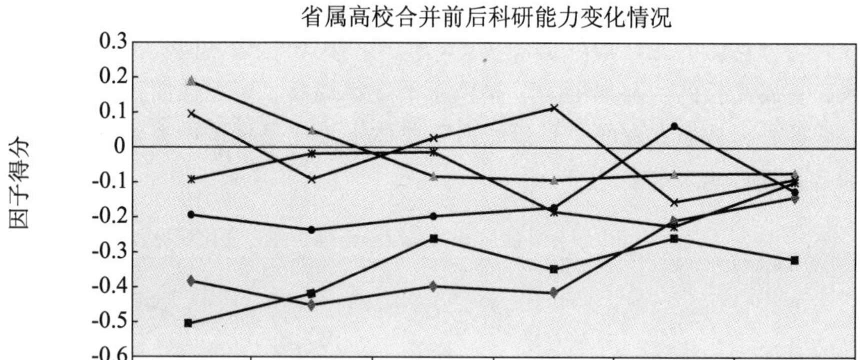

	1999	2000	2001	2002	2003	2005
科研投入	-0.383024444	-0.451616	-0.397139	-0.41544	-0.208081111	-0.14117
科研人员效率	-0.503638889	-0.418979	-0.25994	-0.346432	-0.258232222	-0.319077778
科研经费效率	0.18683	0.048396	-0.082903	-0.092752	-0.074468889	-0.072544444
科研成果获奖	0.09596	-0.091638	0.02692	0.114599	-0.154933333	-0.090152222
科研成果转化	-0.09241	-0.018255	-0.01353	-0.18377	-0.225003333	-0.098121111
综合能力	-0.193506325	-0.236177256	-0.196727727	-0.171750109	0.06342339	-0.124924836

年　份

图7-6　省属高校合并前后各科研公共因子变化情况

3. 合并部属高校与未合并部属高校科研变化情况比较

（1）科研综合水平变化情况比较。以各所合并与未合并高校的“科研能力”综合得分作为分析数据，运用 LSD（最小显著差异法）和 S-N-K（q 检验）显著性检验法进行多因素方差分析，判断合并与大学在不同年份间的自身发展这两个因素对高校科研整体水平的提高的影响程度（分析结果见表7-30）。

表7-30　合并行为和大学自身发展对高校科研能力综合得分影响的多元因素方差分析

综合得分

Source	Type Ⅲ Sum of Squares	df	Mean Square	*F*	Sig.
大学自身发展（年份）	3.814	5	0.763	4.250	0.001
是否发生合并行为	2.170	1	2.170	12.089	0.001
Error	38.773	216	0.180		
Total	45.410	228			
Corrected Total	45.105	227			

a R Squared = 0.140（Adjusted R Squared = 0.097）

从表7－30可以看出，对于中央部委直属高校而言，“大学自身的逐年发展”与“是否发生合并”这两个因素对大学“科研能力”综合得分的变化均有显著影响（$F=4.250$，Sig. <0.05；$F=12.089$，Sig. <0.05），进一步分析可知，“大学自身的逐年发展”因素贡献的离差平方和为3.814，均方为0.763；“合并行为”这一因素贡献的离差平方和为2.170，均方为2.170。由此可见，“合并行为”对“科研能力”综合得分的影响程度大于“大学自身的逐年发展”。进一步对未合并高校逐年的变化情况作单因素方差分析，运用LSD法作多组比较，可以发现不同年度之间各高校的“科研能力”综合得分没有显著性差异，可以进一步验证“大学合并行为是导致‘科研能力’综合得分发生变化的重要影响因素”这一结论。

（2）科研投入因子变化情况比较。由表7－29和图7－7可知，在整体科研投入方面，合并学校与未合并学校均呈现逐年上升的发展趋势，相比而言，合并院校的上升幅度更大（1999年至2005年的逐年因子得分依次为：－0.2301、0.0236、0.1705、0.3759、0.7478、1.0846），特别是在合并当年（2000）和第二年（2001）尤为明显。

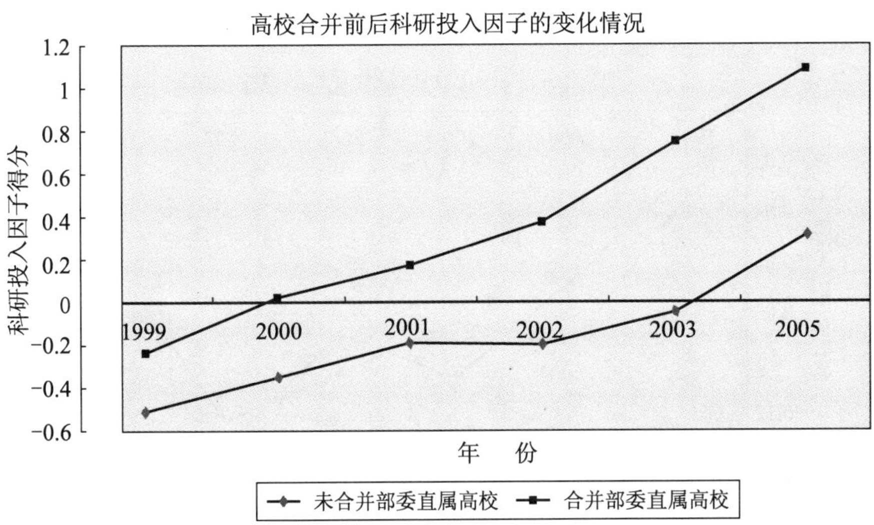

图7－7　合并与未合并中央部委直属高校的科研投入情况比较

（3）科研人员效率因子变化情况比较。合并当年（2000）合并高校的人员效率明显有所提高，持续提高到2002年后，合并高校的科研人员效率开始下降（表7－29和图7－8）。

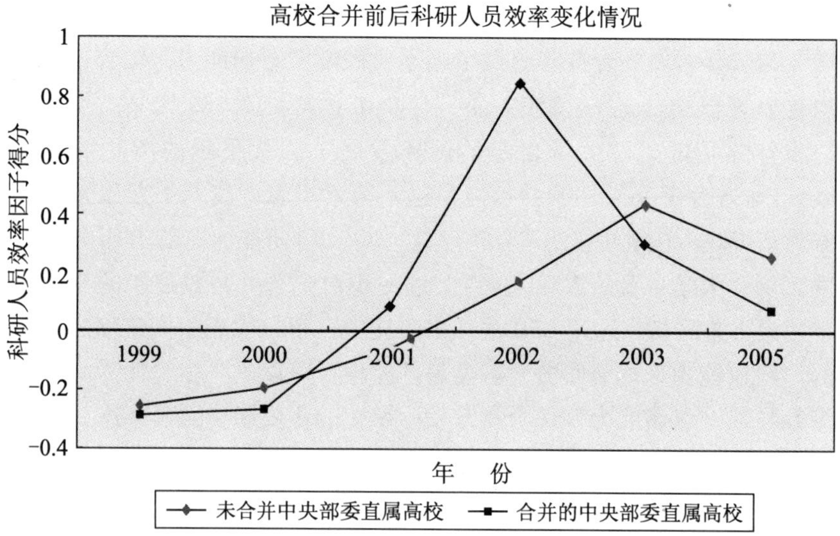

图7－8 合并与未合并中央部委直属高校的科研人员效率变化情况

（4）科研经费效率因子变化情况比较。合并高校的科研经费使用效率在合并当年（2000）和第二年（2001）有所提高，此后逐年下滑，但是到2005年，合并高校的科研经费使用效率有所提高（见图7－9）。

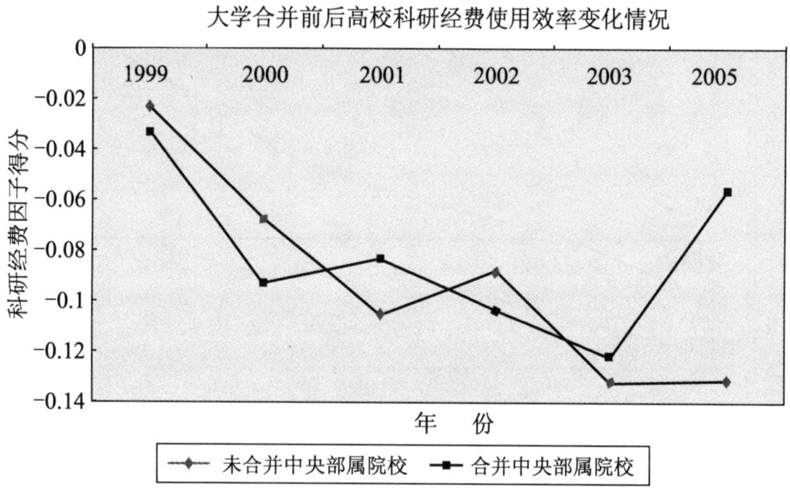

图7－9 合并与未合并中央部委直属高校的科研经费效率变化情况

（5）科研成果获奖和成果转化因子变化情况比较。在科研成果获奖和成果转化方面（见图7－10和图7－11），合并高校在合并当年（2000）都出现了明显的提高，与未合并高校在同一时期恰好出现截然不同的结果，而在后续的发展中，二者又是趋同，整体而言均出现下滑的发展状态，而近年来（2005）合并高校的科研成果转化情况开始呈现上升趋势。

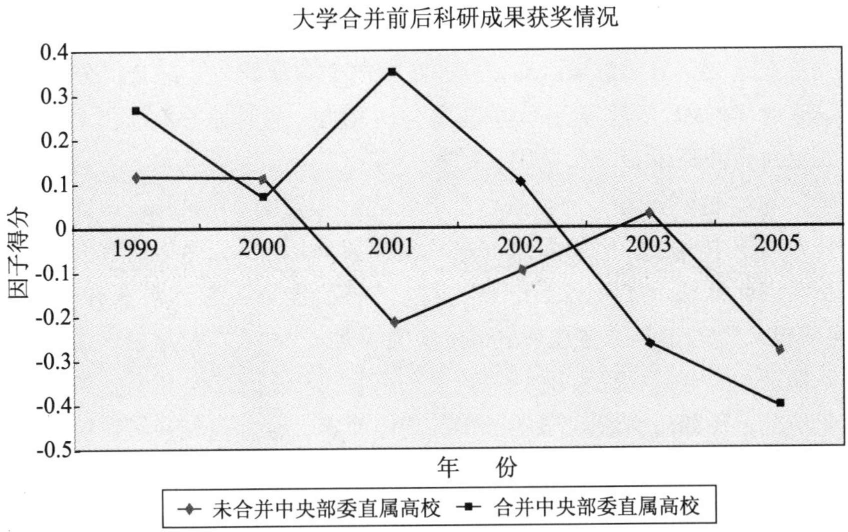

图7－10　合并与未合并中央部委直属高校的科研成果获奖因子变化情况

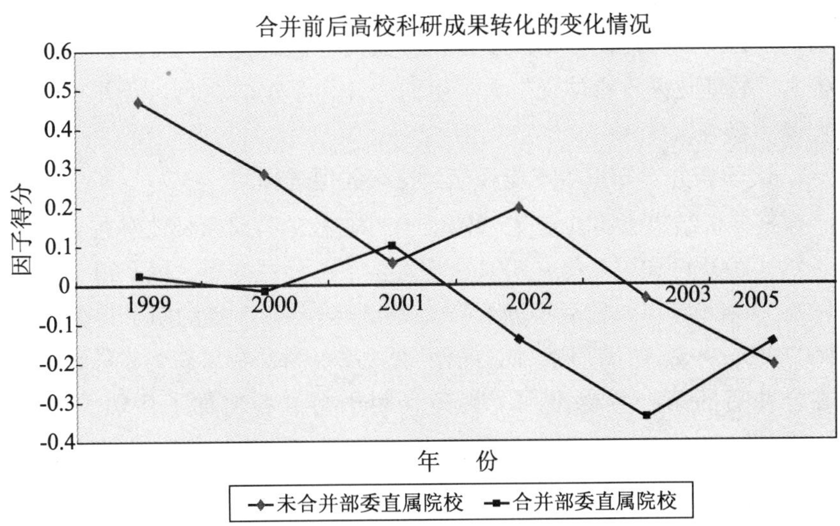

图7－11　合并与未合并中央部委直属高校的科研成果社会转化因子变化情况

（四）讨论

1. 大学合并是否有利于大学的知识生产

从以上数据分析结果可知，合并高校的“科研能力”综合得分自2002年以来逐年增加，表明合并大学的“科研能力”整体水平有所提高。根据本研究对合并高校五个公共因子的得分变化的分析结果可知，“科研投入因子”对“科研能力”的贡献率是最大的（权重为37.446%），而且这五个公共因子中得分变化最大的也是“科研投入因子”，逐年均有大幅度的提高。由此可见，之所以会出现合并后“科研能力”整体水平有所提高，“科研投入”的逐年增多是其中最主要的因素。“投入”的增多、规模的增大，保证大学合并已经实现了“做大”。进一步分析其他各个公共因子的变化情况，伴随着“投入”的增多，整体而言，合并高校在科研经费效率和科研人员效率方面并未体现出明显的提高，而且科研成果的获奖情况和成果转化都呈现出逐年下降的趋势。

由此可见，就各合并高校的科研能力整体水平而言，由于投入的增加整体水平有了提升，合并“做大了蛋糕”。但是，在大学组织这一知识生产系统中，知识生产的效率以及知识产品的社会转化是其特色所在，合并发生之后的变化并没有体现出大学组织中知识生产的特色，合并并没有完全实现“做强”。

2. 大学合并对知识生产能否起到持续的促进作用

数据分析结果表明（表7-29），合并高校的科研人员效率在合并后的第一年（2001）和第二年（2002）均发生了明显的提高（因子得分分别增加了0.34和0.77），此后得分下降（2002年至2005年的因子得分分别是0.8502、0.2995、0.0729），而科研经费效率、科研成果获奖和科研成果转化在合并后的第一年也出现了提高（因子得分各增加了0.01、0.29和0.12），此后逐年下降（表7-29）。我国这场“大学合并”改革在合并发生后的第一年，合并大学在科研投入、科研人员效率和科研经费效率以及科研成果的获奖和社会转化等方面都得到了提高，取得了“正效益”，然而在此后几年的时间里，伴随着科研投入的持续增加，科研人员效率和科研经费效率并没有得到相应的持续增加，而且科研成果的获奖和社会转化能力也有所下降。

分析产生这一结果的原因，合并的发生使得原本属于不同高校的人力和物力资源迅速集中发挥作用，带来了规模扩张的同时也会遇到“学校文化的冲突”和“学校内部管理的阵痛”（毛亚庆，吴合文，2006）。而大学合并后，“伴随着投入的增加，科研效率和科研成果却出现了下降”，这一结果便是这一冲突和管理阵痛期在大学知识生产方面的集中体现，一定程度上也能反映出在合并大学内部管理机制中存在着一定的问题。值得一提的是，大学合并发生后的真正融合必然是需要经历这样的“阵痛期”和“磨合期”的，大学合并之后的整合管理也需要一个过程，虽然合并之初合并行为对高校的知识生产并未起到持续的促进作用，然而“短期繁荣”之后的下滑并非是“长久的退步”，本研究的结果表明，到2005年各合并高校无论在科研效率还是在科研成果产出方面，均又开始呈现上升的发展态势。

3. 合并对不同类型的大学产生的影响是否相同

从本研究的结果来看，大学合并之后，中央部委直属院校的“科研投入因子”有着明显提高，其变化程度（因子得分增加了1.31）大于合并省属高校“科研投入因子”的变化程度（因子得分增加了0.24），并进而带动了“科研能力”整体水平的提高，而省属院校的“科研能力”并未发生显著变化。

究其原因，近年来，我国的高等教育发展的导向是“坚持走内涵型发展道路，要区别不同的地区、科类和学校，强调高等院校的分层”，政府对不同层次高等院校的变革方式也会有所不同，集中体现在对不同学校有不同的政策倾斜和经费支持。就合并这场变革而言，无论是政府还是合并大学自身，都希望通过“大学合并”扩大学科面，凸显学科群优势进而提高大学的知识生产能力，这样的希望对于一些研究型大学或者以研究为主的研究教学型大学（目前主要是中央部委直属高校）而言是具备现实可行性的，本研究的数据分析结果也表明，合并对中央部委直属高校的“科研能力”的影响更显著。然而，对于一般的教学科研型大学和教学型院校来说，学校的定位和政府的投入情况也导致了“合并”并不会对大学的“科研能力”的提高有显著影响。

4. 大学所生产的知识正去向何处

数据分析结果表明，合并的中央部委直属高校在合并发生后的第一年其科研成果获奖和科研成果转化都有提高（因子得分分别提高了0.29和0.12），自2001年以后逐年下降，而且科研成果获奖的下降幅度（2005年比2000年的因子得分降低了0.76）大于合并科研成果转化的下降幅度（2005年比2000年因子得分降低了0.25）。从合并发生的状况来看，在合并当年，“科研成果获奖”的因子得分要高于“科研成果转化”，这也可以反映出当时高等教育组织所追求的知识产品的认同方式。我国现阶段的政府主导的高等教育管理体制导致了政府依旧掌握着高校的“生杀大权”，财政拨款来自政府，声誉的提高、自身定位的获得均来自行政力量，大学的知识产品也在寻求来自行政力量的认同，以追求获奖为典型特征。

从研究结果中进一步分析合并之后的状况可以看出，尽管大学合并“短期繁荣”之后（2002年后）科研成果的获奖和社会转化水平均出现了下降，但仅就“获奖”和“成果转化”二者比较而言，目前大学生产出的“知识产品”越来越倾向于“成果的社会转化”，在人文社会科学研究中主要体现在提交给有关部门的报告和出版专著等形式。究其原因，随着社会的不断进步和高等教育管理体制的不断完善，高等教育在当今的知识型社会中扮演的角色已经从“社会中的高等教育”转化到“社会的高等教育”，知识生产不再仅仅是“高校的专利”，而高等教育自身也被要求呈现外在于高等教育系统的知识。作为“高等教育知识生产”的产品，科研成果的社会转化是“知识社会认同”的主要形式，合并高校近年来（2003年以来）的发展情况也表明，大学所生产的知识已经逐渐从“追求获奖”流向“强调科研成果的社会转化”。

五、结论

本研究以高校科研能力的变迁为切入点，以2000年发生合并的20所中央部委直属高校作为研究对象，采用因子分析的方法计算出高校合并前后其在人文社会科学研究中的科研能力综合得分指数和科研投入因子、科研人员效率因子、科研经费效率因子、科研成果获奖和科研成果转化因子的得分，以此为依据，通过纵向时间序列和横向同类比较分析各高校科研能力的变化情况及其发展趋势（至2005年），从而更好地理解和认识20世纪90年代以来的这场“大学合并”改革所产生的效益。主要得出以下结论：

（1）大学合并之后，发生合并的中央部委直属高校“科研能力”整体水平总体上有了提高，这主要得益于科研投入水平的提高。以2002年

（合并发生两年后）为转折点，此后各高校的总体科研水平发生了显著提高。各高校的科研经费效率在合并前后没有发生显著变化，科研成果获奖和科研成果转化则先提高后下滑，总体呈下降趋势，这表明合并所取得的效果并未体现出高校知识生产的特色。

（2）大学合并后，在合并发生后的第一年，合并大学在科研投入、科研人员效率和科研经费效率以及科研成果获奖和社会转化等方面都得到了提高。自 2002 年起，伴随着科研投入因子的持续增加，其他因子得分下降，这表明合并大学内部在整合管理机制中尚存在一定的问题，合并并未对大学的知识生产起到持续的促进作用。

（3）就“获奖”和“成果转化”二者比较而言，目前，大学所生产的知识已经逐渐从“追求获奖”流向“强调科研成果的社会转化”。

第八章
知识创新与大学核心竞争力构建

第一节　高等教育发展的知识解读

我国高等教育发展由精英向大众化转换，这说明高等教育与社会之间的关系也在发生着根本性的变化，以往高等教育游离于社会发展之外独善其身的象牙式的发展，已经不符合这个时代的发展要求，而今，高等教育越来越被整合到社会发展的主旋律之中，高等教育在社会中扮演的角色已从“社会中的高等教育”转化到“社会的高等教育”，从边缘走到了中心。在以往与知识和社会的相互关系中，高等教育扮演着传授知识给社会的角色，有着自己的知识定义，知识的主旨是对学术的追问。然而到了当今社会，社会的旨趣已不仅仅是对学术的观照，人们日益把在劳动力市场中具有使用价值的操作知识置于优先考虑的地位，高等教育越来越被视为经济的产物，这导致对高等教育的描述和对学生质量的诉求上，直觉、理解、反思、智慧和批判被淡化了，高等教育的发展呈现出关注规划、数量、收入、产出、绩效、产品的提供能力以及社会的贡献率的发展取向。如何超越这一取向，本文从知识认识论重新转向的角度探讨了高等教育未来发展的走向。

吉登斯在对社会发展的现代性进行解读之后认为现代性的重要标准之一就是知识的获取已从古代社会所强调的自我“在场”发展到现代社会依赖于对“不在场”的他人的知识和技术的精确性的信任，知识获取的确定性已从“有目共睹”“眼见为实”的“即时性”转换到依赖于专家掌控的跨越时空的知识系统。基于此，在现代社会拥有知识和技术的专家被人们充分信任，因而，专家在现代社会的人民大众心目中也就拥有了神圣的地位。与此同时，培养专家的重要系统——高等教育也因此产生了前所未有的发展变化，怎样解读当前高等教育的发展，在其中有哪些值得我们深思的问题，今后发展的方向又应如何确立，尤其是高等教育作为知识生产的知识型组织，从知识生产的视角对高等教育的发展进行观照，解读当前高等教育在其发展过程中存在的问题，从知识的角度对今后高等教育的发展进行一个合理的说明与阐释，这的确是当前高等教育发展需要认真斟酌与思考的问题。

一、高等教育的发展变化与知识范式的转换

从世界范围来看，当前高等教育发展最为显著的变化是由精英向大众化的转变，这种转变反映着高等教育与社会之间许多基本关系的急剧变化。其中高等教育在社会中扮演着主要角色的判定，高等教育的定位仍以学术取向所主导的认识以及高等教育在传承文化方面起着不可替代作用的理解，都在现实社会急剧变迁面前面临着挑战，这种挑战在高等教育与知识、社会之间的关系上得以充分彰显。

从高等教育内部来看，在高等教育中所涉及的活动主要就是学术活动以及这种活动的专业化过程，而这种活动以及这种活动的专业化努力从中世纪的大学就已经开始了。“中世纪大学的历史加强了这样的观点，如果要使智力活动的契机不被消散，那么在取得学术成就之后，必须迅速做出制度上的反应。缺乏固定的组织，在开始时也许为自由探究提供机会，但是经久不息和有控制的发展只有通过制度上的构架才能得到。”① 大学的产生是适应保存知识和学术成就孕育而生的制度性安排。因此高等教育通过围绕知识的特性所进行的学科分工和制度安排；通过学术组织所遵循的学术信念和价值观所具有的与众不同的、强有力的象征性作用；通过在高等教育系统中所从事的学科以及伴随而生的学术信念而产生的学术权力，使得高等教育成为了控制高深知识和方法的社会机构。由于它所传承的是各个国家以及各个民族文化中较为深奥的思想和相关的技能，从而使生活在高等教育组织中的教师的活动主要就是发现、保存、提炼、传授和应用知识。“如果说木匠的工作就是手拿榔头敲打钉子的话，那么教授的工作就

① 伯顿·R．克拉克．高等教育系统——学术组织的跨国研究［M］．王承绪，等，译．杭州：杭州大学出版社，1994：4.

是围绕一组一般的或特殊的知识，寻找方式扩大它或把它传授给他人”。①因此“知识材料，尤其是高深的知识材料，处于任何高等教育系统的目的和实质的核心。不仅历史上如此，不同的社会也同样如此”。②

因此，自中世纪大学诞生以来的近 8 个世纪里，认为学科和专业为学术思想所独有的理念逐渐在大学里大行其道，人们遵从大学的本质是发展纯学术的大学发展理念。纽曼主张大学是保存和传授普遍知识的场所，断言大学存在的目的不是追求功利的目的，而是传播永恒的真理，大学的核心是知识的发现。高等教育这一学术组织呈现的高深知识专门化的特征，使学术专业的发展日新月异，专业的发展越来越细化，内部也越来越有序，专业化的过程也越发需要更多的时间和更为独特的路径及方法。这一取向导致融于高等教育组织中的人们热衷保存、提炼和传授的不再仅仅是普通的知识，而是他们以专家的身份所拥有的特定、高深的知识体系。

但这种大学发展的理念在现实生活中越来越成为“只是代表一种对理想化了的过去的回忆，一种并不能阻止现实向另外方向发展的怀旧观念”。③ 在人们看来，这是因为在知识型社会之前，知识的生产和传播是小规模的，是艰深的，社会能够赋予这些数量不多的拥有极大自主权和特有权利的大学履行这些职责。大学扮演的角色仅仅是社会的点缀物与装饰品，并没有发挥巨大的社会作用，发挥的作用仅仅只是在传播高深的知识。高等教育扮演的角色和定位仅仅是“社会中的高等教育”，在高等教育、知识、社会三者的关系中所凸现着的高等教育的地位和作用是相对独立的，它无需更多地了解社会的需要，游离于社会的发展之外。现今一切都被颠转了过来，在发生着变化，社会、知识、高等教育三者关系的重新排列重构着三者的关系，高等教育在社会中扮演的角色已从“社会中的高等教育”转化到“社会的高等教育”，它很难游离在社会的现实需要之外独善其身，它需满足、适应社会发展变化的需求。因为：④

第一，社会和高等教育在旨趣和承担的义务上的重叠正变得日益扩大

---

① 伯顿·R. 克拉克. 高等教育系统——学术组织的跨国研究［M］. 王承绪，等，译. 杭州：杭州大学出版社，1994：12，13，21.

② 同①，第 13 页。

③ 同①，第 21 页。

④ Ronald Barnett. The Limits of Competence-knowledge, Higher Education and Society［M］. Buckingham：Open University Press，1994：22.

和彰显，高等教育越来越成为社会的组织，而不简单地仅仅是一个在社会中的组织。

第二，社会正在建构自己对知识定义的界定与理解，知识生产不再仅仅是高等教育独此一家，知识正日益变成游离于高等教育之外的一个独立的力量。

第三，高等教育正在被要求呈现这些外在于高等教育系统的知识定义，而且满足这些要求是高等教育发展的必由之路。

在以往的高等教育与知识和社会的相互关系中，高等教育通过研究强化人们的理解，通过教学满足人们求知的欲望，高等教育扮演着传授知识给社会的角色，它有着自己的知识定义，并把自己所理解的知识通过所培养的学生和通过研究成果的传播两种途径来影响社会的发展。然而，到了当今社会，以学术取向为标准进行知识生产和传递知识的这两种方式已经不能适应现代社会传递技术知识的现实需要。这是因为技术知识日益产生在大学之外科学家工作的大型工厂的实验室里，他们也在进行知识和技艺的生产并寻求在知识传递中的学术认可，所以大学不可能是也不再是提供知识和技艺的唯一场所，也不可能是培养高水平专家的唯一地方。在现代社会里，社会的旨趣已不仅仅是对学术的追问，随着市场化的取向，人们日益把在劳动力市场中具有可操作的、可计算性质的，具有使用价值的知识类型置于优先考虑的地位。在这种知识观的关照下高等教育越来越被视为经济的产物，不仅仅被个人所关注，而且在很大的层面上也被社会越来越关注。由于高等教育所具有的传授知识的作用，在现代社会越来越被看做是一种经济投资，当今高等教育特征的变化，突出地表现在人们日益关心的是高等教育发展的规划、数量、收入、产出、绩效、产品的提供能力以及社会的贡献率，而不是其他。

二、高等教育中的两种知识范式与能力的培养

现代社会正日益按照自己的愿望决定着它所希望的知识类型的生产，它对知识的理解与诉求不再让位于对学术的理解。它要求高等教育对知识的解读应从更为广义的社会角度做出应有的回答。尤其是在现代国家都致力于提升经济和产品能力的背景下，在现代社会里的国家、市场和经济组织对高等教育的特征都产生着直接的、深刻的影响。现代社会正在构建着

自己明确的发展旨趣和意向，这突出体现在面对全球经济竞争的背景下如何在激烈的竞争中立于不败之地以及如何能够通过教育社会的群体，使他们达成对国家自身目标的共识，从而使人们在对知识的诉求上呈现出一种实用主义的取向。高等教育作为现代社会知识生产的关键组织，并不游离于这些旨趣的影响之外，而且从更广泛的社会意义上来讲，这些旨趣和取向已经溢出了高等教育所赋予的学术知识的定义之外，受到了现代社会所盛行的技术思想发展观的极大影响。

现代社会所盛行的技术思想在很大程度上决定着现代社会人们的生活秩序以及现代社会生活自身的意义。现代社会往往将技术看成是社会文化发展的决定性因素，人们把当代文明称为科技文明，并将科学与技术当做文明的本质特征。在技术与文化之间的相互条件关系中，技术的发展是自变量，而社会文化的发展是因变量，技术的利用与发展决定着社会的自由程度与发展，人与社会都被“技术形态化”。这种文化上的技术决定论虽然遭到来自不同方面的反驳：作为文化发展指示器的财富的增长和文化发展本身之间并不完全成正相关，但这种社会的发展理念在高等教育的发展中也必然有所反映。作为现代社会这些旨趣反映的就是“操作主义”取向在高等教育中日益占据了主导的地位，现代社会召唤着高等教育发展所有的学生有效操作的能力，否则，高等教育就没有适应社会的发展需要。

为此高等教育的发展方向就要有一个基本的转化，这一转化突出地表现在高等教育应从培养学生对问题的沉思到对问题的解决。因而在高等教育中出现了一个日渐起主导作用的观念，它的话语表现就是“操作主义”。它出现的结果导致对高等教育的描述和对学生质量的诉求上，直觉、理解、反思、智慧和批判被淡化了，取而代之的是技巧、能力、输出、信息、技术和灵活性。因此，在高等教育中把知识仅仅视为来自于学科的观点，把知识视为“给予”的观点，把知识解读为关于知识的理解的观点，在操作主义的眼中都是可怀疑的、虚妄的。在操作主义看来，学生应是具有运用知识的能力个体，应是展现操作能力于实际工作中并高效工作的个体。

因此，在当前的高等教育中应主要注重两种知识与能力的培养，一是学术知识与能力，它是建筑在学生对学科知识的基础之上孕育而生的；一是操作知识与能力，从讲求绩效尤其是像公司讲求经济绩效的基础上来理解的知识与能力。这种从认知文化到绩效文化的转换，引起了对知识和能力的解读的变化，这种变化正是对大学定义本身解读发生微妙变化的具体反映。在现代社会要更好地解读高等教育本身的发展，我们就必须对操作能力和学术能力进行更好地辨析和区分，进而能够了解大学在当代社会所扮演的角色以及社会对它的形象设计。

（1）在认识论上，关注“知道什么”和“知道怎样”，这是学术知识与能力和操作知识与能力最为天然的区别。操作能力在知识的取向上强调的是“它能够确保我们做什么”，对有效知识的追求呈现出一种实用主义的取向；学术能力在知识的取向上强调的是“我们的知识在世界上是领先的吗”，优先追求的是能力中学术含金量的大小。

（2）在关注的焦点上，操作知识与能力关注的焦点是对实用结果的追问，关注的是具体活动产生的结果，强调的是对控制产出和修正产出的能力的培养。学术能力关注的是对有益的学术命题的追问，在教学中强调的是对命题的思考，在研究中关注的是对新命题的探索。

（3）在传授的途径上，操作知识与能力强调的是通过具有实效的技艺的传授来实现操作能力的培养。学术知识与能力强调的是通过从一个认知情形迁移到另一个认知情形的理解能力的培养来实现学术能力的提升。

（4）在学习的途径上，操作知识与能力强调通过经验的学习来获得操作能力的进一步增长。操作能力的增长和发展不是靠对核心观点的“脚注”获得的，而是通过经验学习而得以提升和发展的，经验学习已经成为人类操作模式中学习的主要方式。学术知识与能力强调的是通过学科的学习和认知，通过系统化的知识的理解和传授，通过对命题的解读和阐释，从而获得进一步前行的基础。

（5）在评价上，操作知识与能力的评价是以效率和效能为标准的取向，关注的是实际的绩效如何，具体的效果怎样。学术知识与能力的评价是以学科共同体的信念、价值、范式来加以评判。

（6）在价值的取向上，操作知识与能力在价值的定位上倾向于为经济上的生存而奋争，关注于具体的情形和更结构化的事物，而回避对人的真实生存状态和需要的关照，遵循的规则是减少信仰因素的影响，而更多反映实用化的取向。而学术能力的价值定位建立在对获取真理的愿望上。

在高等教育的发展里这两种知识与能力都获得了自身发展的合法性，都有自己运转的空间和施展拳脚的领域，这两种知识观都是对社会结构和旨趣的一种回应，在此基础上进而确定了自己在高等教育发展中扮演的角色和定位，但它们对高等教育的解读都只是对高等教育部分的而非全面的观照，具有自己的片面性，在一定的程度上，这两种知识和能力观是一种相互竞争的、矛盾的、冲突的乃至敌对的知识观，因而对高等教育的理解也存在着偏差。

三、高等教育发展的失衡与操作知识的误区

当前在社会转型的过程中存在着这样一些现象：人不把自己当做活生生的人，而作为待价而沽的商品，追求的目标是在市场上成功地出卖自己。在生活中的学习、工作，就是对它的投资，让它生利，人的品质、人格、技术、知识、情感都融化在商品之中，转化为有利于在人格市场上的更高的价格，进行有利可图的交易。正因如此，人只知道尽力去适应外界的需要，体验不到自我的存在，成为了没有自我的物品。这些问题的产生与当前我们对知识的误读有着极大的关系。尤其是知识被狭隘地理解为科学和工艺，成为了知识的唯一表达方式。这种知识在运作过程中所遵循的是效率原则，总希望在运作过程中消耗最小的能量而获得最大的输出。受这种效能标准的影响，在大学教育中人们对知识的追问，所关心的问题已不再是“这是真理吗”，而是“这有什么用”，这句话意味着追问“这种知识有没有销售市场”，“这种知识能否保证我在激烈的竞争中能够居于不败之地”，从而导致了在教育内容上的功利化倾向。因此人们评价说，过去的大学有钱钟书、梁思成这样的集大成者，现在的大学呢？越来越像技校了，教你用电脑、考托福和 GRE！学生在现时生活中越来越缺失智慧、理想和社会责任感。

如何解读高等教育发展中存在的这种失衡，就需要我们对高等教育中日益占据了主导地位的知识系统——“操作主义”有一个合理的理解。“操作主义”的定义应当如何理解，当“给现象下定义的操作方法只有在其本身变成为一种一般理论——大意是我们能够用操作的术语构成关于现象的详尽无遗的定义——的时候，才成为操作主义”。[①] 我们可以用一个例子来加以说明。例如我们用某种方法来进行色盲的测验，如果我们断言色盲仅仅是这种测验的结果，那就是操作主义。尽管这种测验无疑能够为确

---

① C. A. 冯．皮尔森．文化战略［M］．刘利生，等，译．北京：中国社会科学出版社，1992：108.

定色盲提供一个科学的标准，但是我们不应当把这个标准等同于所观察的现象本身。归根结底，对于被测验的对象而言，色盲是先在于并脱离于某种特定的标准而存在的。因此“人和社会溶化在精巧的操作之网中，在这个网中，任何人也不再真正的是他自身了。因为操作主义把全部意义都转变成了操作本身的固有性；而且在这种转变中，它堵塞了所有可避免陷入这种个性丧失之绝境的其他途径”。① “如果我们真的坚持用一个词的狭义的操作意义来决定它的全部意义，那么我们就会在探讨这种或那种现象时，断绝了发现更深刻的其他解释的可能性。对于这种操作主义来说，现象的意义完全是在作为上述现象的控制着的人所进行的操作中被赋予的。在这种方式中，超越性——或者说得更简单一些，人的行动能力——便丧失了。”②

哈耶克对技术文明冲击下教育尤其是人文教育在人的发展中作用的示威以及对人的发展产生的分裂性影响进行了深入的分析。“我们的技术文明越进步，不同于对人及其观念的研究的对物的研究越是获得更为重要而有影响的地位，这两种类型的头脑之间的分裂就变得越发严重：一种类型的代表是这样的人，他们最大的雄心是把自己周围的世界改成一架庞大的机器，只要一按电钮，其中每一部分便会按照他的设计运行；另一种类型则是以这样的人为代表，他们主要关心的是人类头脑的全方位发展，他们从历史或文学、艺术或法律的研究中认识到，个人是一个过程的一部分，他在这个过程中作出的贡献不受支配，而是自发的，他协助创造了一些比他或其他任何单独的头脑所能筹划的东西更伟大的事物。可悲的是，单纯的科学或技术教育未能提供的，正是这种身为社会过程一份子的意识、这种个人的努力相互作用的意识。”③

操作主义所关注的焦点是人们怎样去“处理”世界，“处理”在这里所蕴涵的意义不是对世界的思考，对世界的反思，也不是构建对事物的判断，它强调的是在屈从于操作的环境和条件下人们智力能力的发挥。因此，它更为关注的是人们在给定的情景下如何反应，如何发挥作用。它褒奖的不是人们在一个环境下对其真实世界的人格化的解读以及内在世界的

---

①② C. A. 冯．皮尔森．文化战略［M］．刘利生，等，译．北京：中国社会科学出版社，1992：118，109.

③ F. A. 哈耶克，罗伯特·诺齐克．知识分子为什么反对市场［M］．秋风，译．长春：吉林人民出版社，2003：30.

体验，关注的是对有效的数据与标准的再生产。因而，“产出”的概念在操作主义的世界中被给予了优先考虑的地位，“输入—产出”成为了操作能力的最好标签。“操作主义”在高等教育的知识传授中日益占据主导地位的结果是导致对高等教育的形象描述和对学生质量的诉求上，直觉、理解、反思、智慧和批判能力被淡化了，取而代之的是技巧、能力、输出、信息、技术和灵活性，导致高等教育对学生发展的关照呈现失衡的现象。

四、高等教育未来的发展与知识的重新定位

现代社会对高等教育在知识的构成和传承上所起的激励和引导作用是存在偏差的。“现代社会强调的是知识的转换，这种转换应从知识作为过程转换到知识应作为产品。在广义的教育和人的发展上，大学拥有的空间日益狭小。”① 高等教育的含义日益成为一个技术性的事业，在这种诉求的关照下高等教育被要求拓宽课程的种类和内容，以适应新的职业领域发展要求，高等教育日益被知识仅仅就是科学和技术的知识的认识迷惑，对这种显在知识的关注导致了对与具体职业活动紧密相关的缄默知识的遗忘。高等教育在知识传授中的单一化取向，使其培养出来的人越来越呈现出躯壳化的倾向。“在现代社会里，我们依赖于预先罐装的计算机的知识和文化越多，我们对社会整体批判性的思考、言说以及撰写也就会越少。”②

知识在这个社会现实中，不再与实践融为一体，真、善、美的世界在他们的眼中事实上只是一个“理想”的世界。崇高的真理、崇善的德行、悦人的体验，这些构成人类真正内涵的东西，在根本上与人类生存所必需的东西完全分割开来，逐渐成为了一种“奢侈品”。人的灵魂被追逐财富的欲望所驱使，永无休止地追寻那些外在于自己生命价值的东西，除了占有欲外，便一无所有。在追求效率化为倾向建构起来的这个世界中，个体的发展已被转化为经济的竞争，人的需求与满足被抛入到市场之中，人的灵魂在物化的侵染之下，也只好向物化投降。而“灵魂一词，赋予高贵人一种内在生存的感受，让人在所有真实和业已定形的东西中，还能提取一种对他的生命、他的命运、他的历史之最隐秘和最真切的潜能的确切感

① Ronald Barnett. The Limits of Competence-knowledge, Higher Education and Society [M]. Buckingham: Open University Press, 1994: 13.

② 同①，第 14 页。

受。在所有文化的早期语汇中，‘灵魂’一词是一个标准，它意味着任何超越尘世的东西”，[①] 因为“精神自由，预示着一个更高的真理，即在这个世界上，社会生存方式应当使个体的整体生活不要被经济弄得一无所有。人并不是仅仅为面包才活着”。[②]

由于以往高等教育发展的视野更多的是展开于人类的生产世界和科学世界，是为了适应发展科学，推进工业生产的需求而进行建构的，人们总是用这两个世界的眼光、这两个世界的原则和这两个世界的方法来看待、要求和发展高等教育。虽然在高等教育发展的视野中能够看见人、说到人，但那都是抽去了许多人的规定性的简化的人，是功利化、对象化以及物化了的人。为此高等教育发展的视野应从只关照生产世界和科学世界到应凸显人类的生活世界，使高等教育发展的视野也关注人的日常生活，关注一个以价值、意义为根本的绚丽多彩的世界。

在生活的世界里需要我们用更开放的和可替代的眼光来看待世界，从更广泛的人的意义和价值的角度来理解人类所面临的问题。操作能力和学术能力尽管非常有价值，也很重要，但它仅仅是我们作为人的发展需要运用的重要资源之一，而不是人的发展所需要的唯一依托，我们还需要其他丰富的内容：人的关心与关爱、真实的情感与体验、集体的协调与合作、相互的理解与共识、价值的选择与发展，这些都是人类在生活世界中应该予以考虑的内容。为此，我们需要建立新的认识论以及在其关照下的知识观，这一新的认识论就是“生活认识论”。

“生活认识论”不是指仅限于现代哲学所说的日常生活，我们所谓的“生活认识论”中的“生活”既包括日常生活，也包括非日常生活。在“生活认识论”之外就再也没有其他的认识论，认识就是生活。传统认识论是知识论，它只关注科学认识和技术能力，试图为它们的发展提供一个坚实的基础；而生活认识论则关心人的生活，或是从生活来看待“认识”，从生活的视角来解读“认识”，科学和技术仅仅是“认识”的一个重要的组成部分，而不是知识的唯一和全部。宗教、艺术、语言等也是知识的一部分，而被纳入到知识论的视野。“生活认识论”的本质旨趣不是追求事物结果的统一性，而是活动、过程、意义和功能的统一性。它强调的是在

---

① 马尔库塞. 现代文明与人的困境——马尔库塞文集［M］. 李小兵，译，上海：上海三联书店，1995：138－139.

② 同①，第140页。

生活的过程中或者在人的生成与实践的基础上将所有的活动统一起来，它的宗旨与目的就是要揭示所有这些活动的生活性和作为人的生成样式的特质。

“生活认识论”所希翼的知识和能力聚焦在对话和讨论的过程中，通过持续不断地努力和更新已有的认识和观念，提倡在对话和讨论中获取新的知识，来重新认识事物。因此它所希望的知识和学习能力最好是能够基于事物的不断变化来更新自己的认知图式，发展自己的能力，能够不断地学习，赋予对事物的学习在元认知上的意义。这种能力更为重要的内涵是它能够自愿地、主动的、批判性地检验自己的学习，学习应该是自己的学习，是一个没有终点的可持续的过程。因此，“生活认识论”所希翼的知识与学术知识和操作的知识有所不同。学术知识关注的是人们在交流中被结构化的学科的规范以及在这种规范熏陶下的能力获取；操作知识关注的是人们在交流中结构性的构成和标准化的获取；生活世界所关注的是交流中的对话结构以及在这一过程中共识的获取。因此高等教育的发展应定位在对学术文化和操作文化的超越上，既不定位在操作和技术的层面，也不定位在智力发展和学科能力上，而是定位在人的整个的经验的世界上，即在“生活的世界”的基础上来建构高等教育的发展。基于“生活世界”的高等教育的发展，应该是对人的整个的生活世界的关照。

高等教育对知识的关照既应该超越关注“知道什么”的学术能力，也应超越“知道怎样”的操作能力，它关照的是生活世界中人们应该具有的反思知识和能力的获得，强调拥抱知识，获得知识的同时，也要质疑知识。在对待知识的态度上，坚决反对操作文化和学术文化把各自的偏好和旨趣作为至高无上的、独断的、先在的和优先考虑的认识取向。它既不打碎已有的认识论对世界固有的解读和地位，但同时又接受每种认识论关照下的知识都有助于我们更好地认识世界、理解世界。所以在知识观上它“知道所有的知识都是部分的，因而应该保持一种偏见的目光来审视所有的知识，不应允任何一种知识被置于特权的地位。科学不应该理所当然地被人们情有独钟，同样实践性的‘知道怎样’的知识也不应该被置于至高无上的地位。因而，所有的其他知识的拥有者都应该被视为一个严肃的候选者，只要他们愿意接受连续不断的严格地审查”。① 为此，在高等教育中我们应该提倡系统地对自己的行动反思，这种反思包括对自己的思考问

① Ronald Barnett. The Limits of Competence-knowledge, Higher Education and Society [M]. Buckingham: Open University Press, 1994: 180.

题、认识事物的方式自身的反思；课程不再仅仅是被视为要求学生掌握的现在结构，而应被视为使学生自己积极参与建构的一个开放的和召唤性的结构；教学的环境是开放的，是能够促使学生真诚打开自己，能够开诚布公地进行对话，在分享中进而促进学生的发展。

第二节　知识管理与大学核心竞争力提升

知识性是大学核心竞争力的本质特征，这种理念要求我们大学在管理上采取一种新的管理模式——知识管理。大学要为当前以知识为推动力的经济和社会不断的发展提供可资利用的资源，这就要求大学这样的知识型组织能够进行有效的知识管理，使学校在知识的选择、获取、应用和创新上发挥自身的作用，对知识的投入、知识的创造、知识的传播、知识的转化进行有效的管理，并能在不断变化的学校组织环境中灵活地运用这些知识，从而促进学校的有效发展。在大学进行知识管理的目标就是力图使大学能够最大限度地发挥自身的潜能，去推动知识的生产、传播、转化和运用。

一、大学知识管理的两种范式

在以往的学校管理中也存在着知识管理，但人们更关注的是“易于被转变为话语、被记录下来和以手册或教科书的方式传授下去”这样可以清晰表述的知识。① 它常常表现为理论化和科学化的知识，但这种可以言传的知识，远非教育中的全部知识。在学校的知识管理中有很多被我们所遗忘的知识。正如波兰尼在《个人知识——迈向后批判哲学》中所论述的那样，“当科学中的言述内容在全世界数百所新型大学里成功地接受的时候，科学研究中不可言传的技艺却并未渗透到好多这样的大学中”。② 因此，在这本书里，波兰尼提出了“个人知识”的概念。从字面上来讲，它似乎是自相矛盾的，因为既然是“知识”，它就必须是普遍适用的、客观的以及

① 柯武刚，史漫飞．制度经济学：社会秩序与公共政策［M］．北京：商务印书馆，2000：58，51，50，70.

② 波兰尼．个人知识——迈向后批判哲学［M］．许泽民，译，贵阳：贵州人民出版社，2000：91.

公共的，与个人无关。知识必须经得起经验的检验，不得超越经验，如果知识与经验相冲突，人们必须随时准备把这种“知识”抛弃。波兰尼认为这种以主客观相分离为基础的客观主义的知识观所产生的科学和理论化的知识，把个人的、人性的成分从这些知识中清理了出去。而在他的眼中，“所有的科学知识都必然包含着个人系数”，包含有默会的成分，它在一定的程度上是不可言传的，从这个意义上说，知识也是具有个人性的。

在知识的划分中，知识被划分为缄默知识和显在知识两大类。① 基于知识的不同类型，在学校管理中形成了两种不同的知识管理范式。一种是强调显在知识的选择、获取、应用；另一种范式是注重缄默知识的共享来创造条件促进新的知识的产生。依据它们知识管理的侧重点不同，我们将其贴标签为显在型知识管理范式和缄默型知识管理范式。

在显在型知识管理范式中，知识管理集中在搜集、分配、重新利用和测量已被编码的知识和信息。这种知识管理范式在管理职能上强调预测、计划、组织、指挥、激励、评价，注重知识的利用而不是开发和创造，关注学校发展的短期收益。标准化成为了这种知识管理模式的象征。教师要做什么和怎样去做都是程序化和条文化的；系统、严密的课程体系和结构化、模式化的知识传授系统是标准化工作过程的表征。作为一种控制形式，标准化要求教师教育教学输出相同的产品和达到一样的工作绩效。在学校中，这一目标的实现要求与标准化的考试、可度量的目标以及按规章制度行事相适应。“这种模式对于常规的简单工作能发挥最佳作用。对一家快餐店而言，直接的监督可能是一种非常恰当的控制策略，但对于工作更为复杂的学校来说，就不是这样了。”② 这种追求量化标准产出的知识管理模式最终可能会损害学校组织成员在工作过程中的工作自由度，导致学校只注重学校发展过程中的眼前的收益，关注数量的变化，而对质量产生负面的影响。也许下面的话能够说明这一问题。“从某种意义上来说，把一名教授终身工作的质量还原为一个简单的数字是完全没有道理的。事实上，要对一种思想、一种理论或研究发现的质量加以量化看来是不可

① 关于这两种知识类型的阐述详见第三章第二节“知识的学习机制”。

② 托马斯·J. 萨乔万尼. 道德领导：抵及学校改善的核心［M］. 上海：上海教育出版社，2002：109，43，57－58，10－11，41，33.

能的。”①

在缄默型知识管理范式中，缄默知识受到了更多的关注，这种关注立足于对学校发展的长期收益和回报。相对于显在知识，缄默知识更是组织不可移植的资源，是核心竞争力最深层次的体现。缄默知识不是存在于某些学科、某些个人、某些院系中的实体，而是存在于大学整个知识体系之中的，不仅表现在成员个体之中，而且也表现在学校中的群体、职能部门以及学校总体层面上，包括群体掌握的技艺以及群体、部门之间合作过程中的默契和协调能力以及学校的文化、价值体系和共同的组织愿景等。缄默知识促进了大学的知识生产系统、知识转化系统、知识学习机制持续地发挥作用，从而使大学获得一种长期发展的优势。

二、大学知识管理的职能与组织范式

大学知识管理很重要的职能就是促进组织成员的知识创新，通过知识创新扩充大学组织的知识积累，增强大学发展以及竞争的能力。而大学知识创新的实质就是显在知识和缄默知识相互作用而形成的一个知识不断更新和积累的螺旋式的上升过程。对于两种知识的相互作用构成的知识转化，日本学者野中郁次郎（Ikujiro Nonaka）提出了社会化（Socialization）、外在化（Externalization）、联合化（Combination）以及内在化（Internalization）四种转化的模式，即SECI模式。②

所谓社会化，就是通过共享的经验，来分享新的缄默知识的过程，这一过程是一个组织成员个体共享缄默知识的过程，它强调缄默知识的交流要通过共同的活动来进行。为此良好团队的建设，亲密、和谐、共享、相互关心的组织氛围和文化，是保证组织成员缄默知识得以交流的重要条件。

所谓外在化，就是通过对话和反思，让缄默知识“说话和发声”的过程，这是一个将缄默知识转化为显在知识的过程。这一外在化过程的实现，通常运用的是隐语、比喻、类比以及讲故事或者图像等手段将组织成

---

① 乔治·里茨尔．社会的麦当劳化——对变化中的当代社会生活特征的研究［M］．顾建光，译．上海：上海译文出版社，1999：110.

② Edward Sallis，Gary Jones. Knowledge Management in Education：Enhancing Learning & Education［M］. London：Kogan Page，2002：3.

员的缄默知识呈现出来，让组织中的其他成员来分享。

所谓联合化，就是将显在知识聚合到更复杂和更系统的显在知识储备中的过程，是一个将显在知识转变为更复杂、更系统的显在知识过程。这一阶段需要解决的关键问题是知识的沟通、扩散以及系统化的问题。这一聚合化的过程常常依赖于三个环节。一是从组织内外捕捉和整合新的显在知识；二是通过会议、讲解等手段直接传播显在知识，使新的显在知识在组织成员中传递；三是编辑和加工显在知识，使其变得更为有用。通过这三个环节，显在知识就演变为一种运作知识。

所谓内在化，就是将显在知识收容入缄默知识的过程，这一过程是将新的显在知识转化为组织的缄默知识的过程，从而使个体的缄默知识转化为组织的缄默知识的一部分。在这一阶段组织成员个体可以通过组织进行的培训来获得蕴涵于组织中的缄默知识，从而通过反复地实践使组织中的缄默知识内化为组织成员自身的知识。

上述知识转化模式如何管理，野中郁次郎（Ikujiro Nonaka）和 Konno 提出了“Ba”（即“场”）的概念。① 与上述四种知识转化模式相对应，野中郁次郎（Ikujiro Nonaka）和 Konno 于 1998 年提出了源发“场”、互动“场”、网络“场”、练习“场”四个与之相对应的知识管理环境。

知识转化的模式②

转化过程	知识变化	知识类型	知识管理空间
社会化	缄默知识到缄默知识	交感型	源发场
外在化	缄默知识到显在知识	概念型	互动场
联合化	显在知识到显在知识	运作型	网络场
内在化	显在知识到缄默知识	系统型	练习场

源发“场”（originating ba）：对应于知识转化的社会化阶段，是知识创新和转化的起点。在这一空间里，自我和他人之间的隔阂消除了，人们共享融于感觉、情绪、经验和心智中的缄默知识，通过面对面的接触，实现缄默知识向显在知识的转化。

---

① 野中郁次郎（Ikujiro Nonaka）于 1997 年 12 月在加州大学伯克利分校召开的关于“知识与公司”学术年会上，提出了“Ba 的概念，“Ba” 即日文的“场”，与中文的“场 相对应。

② 唐京，冯明．知识类型与知识管理［J］．外国经济和管理，2000（2）．

互动“场”（interacting ba）：对应于知识转化的外在化阶段。在这一空间里，缄默知识逐渐变得明晰，个体通过相互的交流、对话、讨论、分析，使个体的心智模式和技能转化为团体共同的术语和概念，个体享有他人的心智模式的同时，也促进了个体对自己的心智模式的反思，从而达成对知识的共同理解。

网络“场”（cyber ba）：对应于知识转化的联合化阶段，这是一个新的显在知识被整合到已有的显在知识，并被组合、储存在以因特网等以信息技术作为支撑的虚拟空间里，在这里以实现组织成员的知识共享。因此如何加大运用网络在学校知识管理中的作用，这是当前学校管理者需要关注的问题。

练习“场”（exercising ba）：对应于知识转化的内在化阶段，在这一空间里被整合的显在知识内隐化到组织成员，形成组织的内隐知识，使组织具有独特的特点和性质，从而形成组织与众不同的核心竞争力。在这一空间里需要组织通过岗位轮换、情景化参与及自我强化学习等方式，不断强化知识的内在化，使知识不断增强内隐的成分。

从“场”的理论中，我们可以明了要实现大学知识管理的知识创新职能，就必须建立与其相匹配的组织范式。这种组织范式强调人不是可以通过各种方法和制度加以控制的工具性客体，而是具有精神文化属性和自由意志的主体。组织的主要构成要素是知识工作者，对于他们来讲，实现知识的传播和创新应该是建立在交换和共享的基础上。为此，学校的组织形式不可能是一种完全自上而下的自组织系统，这会导致组织自身目标的丧失，组织自身也会无效率。因此，在知识管理中，学校组织应该是一个拥有组织目标吸引力，且组织成员具有较大自由度的协同系统。在这个协同系统中，维持组织运转和演化的关键是形成相互协同合作的内聚力。所谓的相互协同合作的内聚力的形成就是如何使自由度相对较大的学校组织成员为实现组织的目标而齐心协力。为此，需要从组织文化的建设入手，在组织中树立创新、共享和共同发展的组织理念，通过建立组织内的共同的价值体系，塑造组织成员的一种共有的知识愿景，形成组织的精神内聚力。

1. 创新

创新是知识的源泉。大学作为一个知识型组织要强调创新精神，就是要创设一种促进组织成员不断学习、追求卓越的组织文化。不断学习就是要将学校组织改造为学习型的组织，通过学习来控制和促进组织的发展，促使组织成员的系统思考、超越自我、完善心智模式和团体学习的能力得到不断地加强，从而通过内在知识的积累，为创新打下牢固的基础。追求卓越就是要营造一种强调组织成员最大潜力发挥的组织文化，并以此促进组织成员的自我控制和自我超越。

2. 共享

知识创新是一个复杂而协同的过程。知识创新遵循着通过个体知识创新、个体知识的组织共享、组织知识积累、组织知识的个体化这样的过程，使得学校的知识积累不断扩大。这个知识扩大和积累的过程需要创建一种知识共享的组织文化。

3. 共同发展

创建知识共享的组织文化的目的就在于使组织的成员在体现差异的基础上获得共同的发展。要实现共同发展的组织文化的主要途径是合作和对话，这是实现共同发展的组织文化的关键，通过不同文化背景的组织成员的合作与对话建立组织的共同发展的文化理念。

三、知识管理下的学校管理创新

知识资源是大学可持续发展的根本推动力，并且这种资源与作为它的载体的组织成员无法分解，因此，创设宽松和谐的学校内部环境，调动学校组织成员的积极性和创造性，是知识要素得以充分发挥作用的前提条件。但由于我国学校管理体制长期运行在一种以强调行政约束为主的制度环境，在这种背景下，学校管理体制总的说来是一种外在控制的管理体制，在一定的程度上是忽视“自我”的管理模式，这种管理体制一定程度上呈现出对知识要素的拒斥，突出表现在以下几方面。

（1）大学扮演的角色在一定程度上仅仅是完成游离于大学之外的教育主管部门所赋予的标准化的教育任务的工具，整齐划一的外在监督与检查成为了引导学校教育教学活动目标的唯一推动力，以至于学校没有自己的教育理想，在这里大学没有自主发展的权利。

（2）大学领导扮演的角色通常只是外在目标的守望者，他们的主要工作是避免学校不履行教育主管部门的命令和条例，学校领导的主要职能被设想为是调整他们的行为以适应环境的变化，而不是质疑组织的发展目标，他们既不期望下属的绩效超过通常的极限，也不期望改变下属的信念、价值、态度、动机。在这里是以信赖为依据而不是以能力为依据，管理者自身的素质被忽视了。

（3）就大学组织的观念而言，学校的活动不是基于学校自身的特点而开展的，学校仅仅是一个完成目标的手段。在这里学校自身作为知识组织的特点被抹杀了。

（4）大学教师仅仅是员工，他们的价值是工具性的，是被管理和控制的对象，组织文化在一定程度上是僵化的和禁锢的，是一种钳制的组织文化。在这种组织文化中，组织成员之间的人际关系是一种等级式的上下关系。在这里教师是完成任务的工具，而不是知识工作者。

为此，与知识管理相适应，需要大学的管理体制发生转变，把大学建设为一个有共享的价值观和信念的学习共同体。

（1）作为一个学习共同体，大学应是代表组织成员共享的期望、信念和价值的学习共同体。共享的学校理念在学习共同体中非常重要，对融于学校组织中的缄默知识而言尤其重要，因为缄默知识是决定学校知识创新和独特竞争力的主要源泉，而这种知识的掌握是需要在特定的情景环境，在共同的情景下具有相同的“波长”才能感受，进而能够分享，“这些感受可以与人分享，但这些人必须在场”。①

（2）就大学领导者而言，首要角色是一个教育者。要把一种价值观念由开始的灌入到最终融入到一个组织中，他需要建筑在组织成员需要的基础之上来创建组织的目标，他的重要作用是在塑造组织的文化和确定组织的任务。为此，作为领导，他应该是未来组织目标的筹划者，他塑造着组织成员的信念、价值和态度，发展他们未来选择的能力。在学习共同体中，“领导应该是源于共享价值观、理念、理想的义务和责任为表现形式的道德权威”。②

（3）就大学组织的观念而言，学校应成为平等、对话、交往的场所，是促使组织成员不断成长、提供人们发展空间的地方，而不仅仅是一个完成目标的工具。在这里人们的人际关系应是开放的、合作式的和平

① 马克斯 · H. 布瓦索. 认识组织、制度和文化的一种框架［M］. 王寅通，译. 上海：上海译文出版社，2000：79.

② Edward Sallis，Gary Jones. Knowledge Management in Education：Enhancing Learning & Education［M］. London：Kogon Page，2002：121.

等的。

（4）随着大学工作和其所依赖的外在环境日益复杂，学校的目标常常是不清楚的和变化的，学校的目标是多元的，而且学校的任务也是复杂的，因此它需要更多人的智力、想象力和极大的努力才能实现。要想使学校成员的知识有施展的空间，就必须使他们有感受成功的氛围。同时，学校需要权力下放，因为“我们必须用到的知识，从不以集中和整合的形式出现，而是孤立地以不完整、常常相互矛盾的知识碎片形式出现，所有的个人具备的即是这样的知识”。① 这种“碎片”的知识是依赖于个体的“时间、地点的特定情况”，正是基于此，所以基本上每一个人都有一些独一无二的信息和优势，所以“即便是最专制的管理者也发现，他们必须依赖具备‘时间、地点的特定情况’知识的下级。这种信息垄断尽管不起眼，却使得有必要进行一定程度的权力下放或决策权分享”。②

第三节　基于大学模式的核心竞争力建设

基于知识观的大学核心竞争力理论为我们提供了认识大学的新的视角。知识的多元发展要求我们对大学认识不能采取“一刀切”的认识理念。实际上，营利性大学、公司大学以及多种混合体制的大学是我国高等教育在大众化阶段发展的新产物，它们的出现一方面说明了原有大学的发展不能满足我国高等教育的需求，另一方面说明了这些新兴大学模式具备了适合高等教育发展的独特理念。体现于这些新兴大学模式之上的独特性是这些大学发展的动力之源，也是这些新兴院校构建核心竞争力的起点。然而，这些新兴大学模式要想真正构建起自身的核心竞争力，还需要在知识理念和管理体制上进行创新，在办学水平上予以提高，在未来发展上加强可持续性，同时，也要求国家在制度建设和激励机制上给予支持。

一、知识理念与操作创新

对大学类型不断增加的情况进行分析，我们需要查明的第一个问题

---

① 盖瑞·J. 米勒. 管理困境——科层的政治经济学［M］. 上海：上海三联书店，2002：111.
② 同①，第 112 页。

是：大学的理念究竟是什么，大学应该追求什么样的知识，以及大学如何操作知识。任何一种类型的大学首要要解决的就是这些问题，对这些问题的不懈探索的过程就是大学不断塑造自身核心竞争力的过程。

任何一所大学都应该把知识的生产、传播和发展作为自己的核心价值观，而且采取措施去保护这些核心价值观。传统大学就是通过“学术自由”这一理念去保护大学关于知识的核心价值观。而营利性大学区别于传统大学就在于它对知识的资本化操作，知识成为一种用来产生利润的工具。营利性大学基于市场需求关注知识发展，但并不在意学术自由，对它来说，知识只是“过过手”的工具，它只需要在知识的“导入”与“导出”这一过程中有利可图。对于这一问题的认识，导致社会上对这些营利性大学的评价较低。实际上，这是一种工具论的认识，从本体论的意义上，营利性大学和传统大学并无多大区别。而且，正是营利性大学的知识理念为我们提供了认识知识操作的新视角。

营利性大学知识理念的创新点在于知识的市场导向。追求利润的本质决定了营利性大学必须关注市场需求，这与传统大学市场反应迟钝刚好相反。传统大学代表了知识的长远发展，并为知识市场提供产品。而营利性大学则作为“知识经纪人”的身份出现，将传统大学生产的知识进行包装，到市场上去营销。由此，营利性大学必须识别那些市场需求的知识产品，特别是占据传统大学在知识市场上的空白部分。

企业大学是企业常设的员工培训基地，有的企业大学则面向社会开展培训服务。企业大学是一种培训机构，它本身不具备颁发学位的权利。但是在公司内部，经过企业大学培训而获取的证书或学分，在实际工作中其含金量高于到高等学校的在职进修。企业大学实际上从事的是原来传统大学所经营的对外培训职能。它和营利性大学实际上扮演了同样的角色——知识经纪人。而且，它的独特性更在于它是在直接应用中扮演“知识经纪人”角色。企业大学的知识来自两个方面的结合，一方面是生产、技术和管理方面的理论知识，一方面是企业发展实际需要的知识，这两方面的结合促成了理论和实践的互动。在企业大学中，经验知识和理论知识成为一个熔炉，学员通过理论学习开阔视野，并在这里分享经验和教训。企业大学是一个知识网络，传统大学的学生在知识结构上差异不大。与传统大学不同，企业大学各个学员在学习之前都具有自身的经验知识结构，他们本身就是知识的来源，最终形成一个知识交流的网络。在此意义上，每一个学员都既是知识的接受器，也是知识的发射器。

营利性大学和企业大学都是一种新的知识创新模式，一种代表了知识的市场模式，一种代表了知识的应用模式。

表 8－1　企业大学、营利性大学与传统大学在知识理念与操作上的区别

	企业大学	营利性大学	传统大学
知识来源	公司实际经验 理论知识	理论知识	理论知识为主 社会、经济发展经验知识
知识操作方式	培训	传播知识	教学、研究、转化应用
知识特质	前沿理论与公司发展实践的结合，具有高端性，成为公司战略的一部分。	满足各类知识需求市场，具有大众性	满足社会长远发展，提供基本的高深知识教育，不关注单位个体需求，但关注个人
需要的管理手段	结合公司战略进行管理	需要根据市场对知识进行包装，关注顾客	采用学术自由保护知识生产者，依据知识业务单元长期发展的惯性进行管理，并有科层管理的特征

二、纵向发展与横向扩充

几乎没有哪一所大学能够在多种领域打造一流的核心竞争力。如果一所大学将自己的全部职能都看做是核心竞争力，那么这只能说明大学还没有认识到自己的核心竞争力。如果大学确定了自己的核心竞争力，但是没有依据这些核心竞争力进行相应的战略规划和管理，那么认识到的核心竞争力对大学来说也没有发挥其最大的价值。

通常来说，公司是通过签订许可协议和建立联盟来获得核心竞争力中缺少的组成部分，或者把影响自己核心竞争力发展的部分“外包”出去，这不但降低了单位的成本，而且也提高了“组织注意力”，使组织能够集中精力建设和提升核心竞争力。

对大学来说，基于核心竞争力采取合并、联盟和外包的策略还不多见。多数大学几乎从未基于核心竞争力考虑自己的知识发展问题。对传统大学来讲，其主要任务是保持悠久的价值和传统。因此，永久职工任命倾向于保持大学现状，而共同管理的程序为教师提供了一个减慢甚至是阻碍变化出现的机制。[①] 而我国 20 世纪 50 年代实施的大学调整事实上削弱了绝大多数大学的核心竞争力，影响了整个时代的大学发展。然而，目前的竞争现状，以及知识逻辑将成为大学竞争主导时，所有大学都要认真研究惯性发展和不重视核心竞争力建设的风险。

惯性发展的表现就是各个单位都基于自身的人员编制和职能进行扩充，学校整体层面又不断扩充各种职能，比如，研究型大学还要在成人教育市场上展开低层次竞争，而几乎所有大学都要扩充自己的研究职能。营利性大学和公司大学的出现刚好打破了这一局面。它们面向市场保持和扩充自己的核心业务，并不在其他弱势领域和传统大学展开竞争，从而确保自己的核心竞争力不被削弱。

传统大学和这些新兴大学采取了两种不同的战略，传统大学是横向扩充策略，在规模和职能上不断延伸，而新兴的营利性大学和公司大学采取的是纵向一体化策略，围绕自己的核心业务不断提升。

我们需要思考的是，这两种发展策略是否还有完善的空间？在利润的驱动下，公司之间的合并和业务外包变得十分频繁，而在高等教育市场中这种现象十分罕见。如果研究型大学在成人教育、公司员工培训上显得力不从心，成为“弃之可惜、食之无味”的“鸡肋”，那么营利性大学和公司大学为什么不去和这些传统大学进行战略联盟，将传统大学的这些业务进行“包租”，利用传统大学原有的市场和自身在这方面的强项拓展业务，提升自身的核心竞争力呢？而研究型大学也能从这些业务的外包中收取租金，从而达到双赢的局面。这对双方的核心竞争力建设来说，都是大有裨益的合作。而各种类型的大学也正是在这种合作中不断挖掘、认识、保护和提升自身的核心竞争力。

三、行政与学术中心的权衡

对早期的传统大学来讲，人员精少、机构简单、目标单一，大学的学术治理和机构治理常常是交织在一起的。而且学者们也形成了一个观念：

① 詹姆斯 · 杜德斯达，弗瑞斯 · 沃马克. 美国公立大学的未来［M］. 刘济良，译. 北京：北京大学出版社，2006：149.

大学的事务应该由学术人员来管理，学术人员也有这个能力来担此重任，外在的干预只会损害学术自由。此时的大学是真正的“象牙塔”，学术人员在大学里，只要不违背当局要求的一些规则就可自由地追求学问，著书立说。这也和当时的社会对大学的“直接需求”不多有关，大学更多的时候是一个精神象征。

在后来的大学发展中，机构愈来愈复杂。大学需要花费很大精力去筹集资金，管理学校，应对社会。这是大学已经从一个“象牙塔”成为一个社会的枢纽，大学需要与社会各个方面打交道。因此行政机构和人员在大学中的地位愈来愈重要，由此引发了行政主导能否侵蚀学术自由的争论。

而营利性大学和公司大学成为行政中心主导学校发展的另一个极端。在这里，行政中心是作为一个指路人的角色出现的，它操纵着学校的知识发展。虽然从微观层面来讲，营利性大学的课堂教学行为和特征与传统大学并无多大区别。然而，当你走进营利性大学的机构层面时，它们更像企业，而不怎么像学术机构。① 营利性大学将自己的主要精力放在学校发展筹划上，这与传统大学行政机构的服务和管理角色相差甚远。对营利性大学和公司大学来讲，行政部门实际上是一个战略性组织。由此，我们可以看出，对传统大学来讲，学术组织是大学战略发展的核心，而对营利性大学来讲，行政组织则成为大学战略发展的核心。这种选择本身就体现了各类院校基于核心竞争力建设而构建的独特管理体制。

从微观层面来讲，我们选择一个行政和学术交叉的代表——大学学院院长——来考察不同类型院校学术和行政管理的差异。从营利性大学和非营利性大学院长的角色中，我们可以看出学术和行政在个体身上的不同体现。

---

① 理查德·鲁克. 高等教育公司·营利性大学的崛起［M］. 于培文，译. 北京：北京大学出版社，2006：101.

表 8-2 营利性大学院长和非营利性大学院长的角色①

非营利性大学	营利性大学
代表教师对学校内部和学校外部的利益	监督教师工作
支持现有课程	管理新课程的启动
保护地盘	处理快速的变化
对新资源的配置提供解释	测算学生成绩和学生满意程度

非营利性大学院长的角色代表了一种学术文化，院长更多的是扮演代言人的角色，并不干涉学院的学术运作。而对营利性大学院长来讲，他必须对学院的整体运作全面负责，在必要的时候可以干涉教师的课堂教学。

而对类似沃里克大学这样富有开拓精神的大学，则采取一种“集中的分权”将学术和行政整合起来。行政骨干把新的经营价值观和传统的学术价值观融合起来。包括创业精神概念在内的管理观点，被从校部中心带到学术心脏地带，而教授的价值观渗透到管理的空间。② 这种管理策略形成的程序就成为知识生产和操作有机结合的系统，赋予组织更大的集体能力，“使之在很多知识领域中能做出艰难的抉择去支持一些领域从而不利于其他领域……”③ 从而巩固了大学的核心竞争力。

当知识生产和操作都可以作为提升大学核心竞争力的手段时，学术中心和行政中心之争已经没有实质意义了。重要的是要根据自身的知识特性去发展自身的管理体制，权衡二者的关系。

四、中央集权还是分散管理

从那些具有核心竞争力的大学中，我们既可以看到牛津大学这种传统精英大学那种极其分散的管理，也可以看到营利性大学在战略规划上高度集中，但在业务单位上高度分散的管理。

分散管理的好处是能够使每个战略单位以市场为导向，并能降低学校

① 理查德·鲁克. 高等教育公司 营利性大学的崛起［M］. 于培文，译. 北京：北京大学出版社，2006：101.

② 伯顿·R. 克拉克. 建立创业型大学：组织上转型的途径［M］. 王承绪，等，译. 北京：人民教育出版社，2002：168.

③ 同②，第 169 页。

总体工作任务的复杂性，使学校总部能够集中进行战略规划。沃里克大学虽然在校部实施集体领导，但是并不干预院系业务单元的决策和创收行为。这些业务单位在一种激励机制下自发进行创收，并以此支持自身的学术发展，以此促使了业务单位的面向市场办学和经营的灵活性。

与此相对应，西欧国家的大学不仅在学术上，就是在行政上也采取高度分散的管理模式。他们的学院评议会的权力要比校长的权力大得多。①这些大学虽然在决策上比较缓慢，然而正是这种缓慢的决策机制保护了大学的学术研究。这是大学核心竞争力学习机制自发作用的结果。而西欧国家目前正在采取中央集权机制去替代这种分散决策机制。这种转型能否促进大学发展还有待观察。

我们认为，对于不同类型的大学来讲，其核心竞争力构成及培育机制各不相同，因此，在它们的发展过程中自然会生成一些适合其机制的管理模式。完全分散化和完全集中化都不是绝对令人满意的组织方案。大学需要从“两元”思想中超脱出来，将大学各类活动进行分类，考察这些活动在大学核心竞争力建设中扮演何种角色。如果校部活动是大学核心竞争力的构成部分，那就要在校部活动中采取集中管理。比如，营利性大学校部的营销和拓展就是该大学核心竞争力的构成部分，因此，它必然采取集中管理体制。如果学术单位的活动是该大学核心竞争力的构成部分，那就应该在学术单位采取分散管理的体制，以保护学术发展。这两种不同的管理模式是基于组织知识操作特性而发展起来的，因此也必然要随着知识转型而发生变化。牛津大学在极端分散管理体制限制了学校整体竞争力的时候，也开始采取措施强化中央校部管理。而其改革思想正体现了：根据单元或活动在大学核心竞争力的角色，和知识操作模式不同而采取不同的管理体制。

① 理查德·鲁克. 高等教育公司　营利性大学的崛起［M］. 于培文，译. 北京：北京大学出版社，2006：13.

附录：实地调研研究工具

学校管理人员访谈提纲

访谈时间：____________________ 访谈地点：____________________

访 谈 者：____

接受访谈人员：____________________________________

1. 请介绍一下您的工作经历。
2. 您是否参与了合并成立新浙江大学的规划和具体实施工作？请您介绍一下当时合并规划的一些背景信息。
3. 您是如何理解国家“大学合并”政策的？您认为，新浙江大学的合并成立，是属于政府行为还是学校自身发展的意愿呢？政府和学校各自的原因（动机）是什么呢？
4. 请您详细地介绍一下合并是如何进行的（如果有的话，请提供相关文献资料）。
5. 根据您的切身经历，您在参与合并工作过程中，遇到了哪些问题？您（或学校其他部门）采取了哪些措施解决这些问题？效果如何？能否进一步改进？
6. 请您简要介绍一下合并后成立的新浙江大学的整个组织和管理机制。这一体制的建立经历了怎样的过程？有什么经验与教训？
7. 在各个分校区，是如何开展相应工作的？针对不同校区，从管理方式到行政制度等，是否存在差异？
8. 作为学校管理人员，您认为新浙江大学的成立，给整个学校带来了哪些变化？给浙江大学的教师和学生带来了哪些变化？

9. 从您个人来说，合并前后对您个人的心理和工作有哪些影响和变化吗?
10. 根据您的切身经历，现在新浙江大学已经成立近八年了，您如何看待这次合并?您认为合并的效果如何?据您的了解，学校教师和学生如何评价新浙江大学的合并成立?
11. 根据新浙江大学这些年取得的成绩和您个人的工作经验，您认为对于合并大学而言，实现进一步发展的关键是什么?
12. 对于今后的大学合并，您对政府、社会公众、学校和研究机构分别有什么好的建议吗?

行政部门负责人员访谈提纲

访谈时间：________________ 访谈地点：________________

访 谈 者：________________________________

接受访谈人员：____________________________

1. 请介绍一下您的工作经历。
2. 您是否参与了合并成立新浙江大学的规划和具体实施工作？请介绍一下当时合并规划的一些背景信息（时间、参与人员、主要过程）。
3. 您是如何理解国家“大学合并”政策的？您认为，新浙江大学的合并成立，是属于政府行为还是学校自身发展的意愿呢？政府和学校各自的原因（动机）是什么呢？
4. 请您详细地介绍一下合并是如何进行的。
5. 请您简要介绍一下合并后成立的新浙江大学的整个组织和管理机制，您所在的部门在其中发挥了怎样的作用？在合并过程中和合并之后，为配合学校的整体规划工作，您所在的部门做了哪些工作？
6. 作为学校管理人员，您认为新浙江大学的成立，给整个学校带来了哪些变化？给浙江大学的教师和学生带来了哪些变化？
7. 从您个人来说，合并前后对您个人的心理和工作有哪些影响和变化吗？
8. 根据您的切身经历，现在新浙江大学已经成立近八年了，您如何看待这次合并？您认为合并的效果如何？据您的了解，学校教师和学生如何评价新浙大的合并成立？
9. 根据新浙江大学这些年取得的成绩和您个人的工作经验，您认为对于合并大学而言，实现进一步发展的关键是什么？
10. 对于今后的大学合并，您对政府、社会公众、学校和研究机构分别有什么好的建议吗？

教师访谈提纲

访谈时间：＿＿＿＿＿＿＿＿＿＿　访谈地点：＿＿＿＿＿＿＿＿
访 谈 者：＿＿＿＿＿＿＿＿＿＿＿＿＿＿＿＿＿＿＿＿＿＿＿＿
接受访谈人员：＿＿＿＿＿＿＿＿＿＿＿＿＿＿＿＿＿＿＿＿＿＿

1. 请您简单介绍一下自己的经历。
2. 您是如何理解国家“大学合并”政策的？您认为，新浙江大学的合并成立，是属于政府行为还是学校自身发展的意愿呢？政府和学校各自的原因（动机）是什么呢？
3. 请您回忆一下合并时发生的一些事情？您所在的院系或专业是否经历了合并与重建？您认为，专业重组的目的是什么？是如何进行的？
4. 作为一名教师，您认为新浙江大学的成立，给整个学校带来了哪些变化？
5. 从您个人来说，合并前后对您个人的心理和工作有哪些影响和变化呢？
6. 根据您的切身经历，学校在合并过程中，遇到了哪些问题？采取了哪些措施解决这些问题？效果如何？
7. 根据您的切身经历，现在新浙江大学已经成立近八年了，您如何看待这次合并？您认为合并的效果如何？
8. 根据新浙江大学这些年取得的成绩和您个人的工作经验，您认为大学合并后，实现有效整合和进一步发展的关键是什么？
9. 对于今后的大学合并，您对政府、社会公众、学校和研究机构分别有什么好的建议吗？

学生访谈提纲

访谈时间：________________　　访谈地点：________________
访 谈 者：____
接受访谈人员：____________________________________

1. 请您简单介绍一下自己（年级、专业、过去的学习经历）。
2. 您是如何理解国家“大学合并”政策的？您认为，新浙江大学的合并成立，是属于政府行为还是学校自身发展的意愿呢？政府和学校各自的原因（动机）是什么呢？
3. 请您回忆一下合并时发生的一些事情。您所在的院系或专业是否经历了合并与重建？
4. 作为一名学生，您认为新浙江大学的成立，给整个学校带来了哪些变化？给您个人的学习和将来的就业带来了哪些影响和变化？
5. 根据您的切身经历，学校在合并过程中，遇到了哪些问题？采取了哪些措施解决这些问题？效果如何？
6. 现在新浙江大学已经成立近八年了，您如何看待这次合并？您认为合并的效果如何？
7. 从您个人的感受来看，大学合并后，学校所做的哪些工作是最重要的？还应该做哪些努力？

地方合并高校实地调研访谈提纲

1. 该校合并时，当地社会经济发展背景是什么？
2. 请简要介绍一下学校合并的历史进程，几次合并的意向是怎样达成的，合并的基础是什么，现在看，当时有没有忽略的地方？
3. 合并后该校发展定位和近远期的发展规划是什么？
4. 在合并后这几年的发展过程中，学校在自身的定位和发展方向方面的实际情况怎样？发展中存在什么问题和困惑？您认为问题的原因是什么？
5. 学校现在的就业情况怎么样，学生中存在的考研热和专升本热，您认为原因是什么？您认为该怎样来解决这个问题？
6. 合并给该校的发展带来了怎样的变化？这些变化对当地的社会经济发展带来的效益和影响怎样？
7. 在学校最初达成合并意向、合并进程、合并后学校的发展定位以及地方服务这方面，政府的角色是什么？您认为政府为促进学校发展以及服务地方都做了哪些工作？在其中发挥了怎样的作用？除此之外，您觉得政府还应该做出怎么样的努力？
8. 请您从您对学校发展现状的了解，谈谈学校应该从哪些方面着手努力或者调整，才会发展得更好、更长远？

关于合并大学的访谈提纲

1. 我们大学合并是基于什么样的考虑呢？在这些推动力中，政府、学校各扮演了什么样的角色？
2. 大学合并后，作为大学的一员（校长、管理者、教师、学生），您认为合并后大学发生了哪些明显的变化？请具体举例说明。这些变化给大学又带来了什么样的影响？
3. 大学合并后，在您的工作、经验中出现了哪些您以前未曾出现过的问题或现象？您认为可以通过什么样的方法避免或改善这种情况？
4. 合并后大学发生的这些变化和您预想的有偏差，您认为是什么因素造成了这些偏差？或者说没有达到的原因是什么？
5. 您作为学校的一员，您认为合并后大学的整合存在哪些困难？目前我们学校还应该做好哪些方面的工作？您认为合并后大学融合和发展的关键因素是什么？为什么？
6. 透过大学合并这个案例，您认为大学合并后成功的关键因素是什么？
7. 除此之外，您觉得政府还应该做出怎样的努力？
8. 对于今后的大学合并，您认为我们应该如何做才能更好？

责任编辑　杨晓琳　王利华
版式设计　贾艳凤
责任校对　张　珍
责任印制　曲凤玲

图书在版编目（CIP）数据

基于知识观的大学核心竞争力研究/毛亚庆，吴合文著. --北京：教育科学出版社，2010.2
ISBN 978-7-5041-4886-5

Ⅰ.①基… Ⅱ.①毛… ②吴… Ⅲ.①高等学校—竞争—研究—中国 Ⅳ.①G649.2

中国版本图书馆 CIP 数据核字（2010）第 005573 号

出版发行	教育科学出版社		
社　　址	北京·朝阳区安慧北里安园甲 9 号	**市场部电话**	010-64989009
邮　　编	100101	**编辑部电话**	010-64989593
传　　真	010-64891796	**网　　址**	http://www.esph.com.cn
经　　销	各地新华书店		
制　　作	北京大有图文信息有限公司		
印　　刷	保定市中画美凯印刷有限公司	**版　　次**	2010 年 2 月第 1 版
开　　本	169 毫米×239 毫米 16 开	**印　　次**	2010 年 2 月第 1 次印刷
印　　张	18	**印　　数**	1-3000 册
字　　数	281 千	**定　　价**	36.00 元